COURS D'ÉTUDE

POUR L'INSTRUCTION

DU PRINCE DE PARME

COURS D'ÉTUDE

POUR L'INSTRUCTION

DU PRINCE DE PARME,

AUJOURD'HUI

S. A. R. L'INFANT

D. FERDINAND,

DUC DE PARME, PLAISANCE, GUASTALLE,
&c. &c. &c.

Par M. l'Abbé de CONDILLAC, de l'Académie françoise & de celles de Berlin, de Parme & de Lyon ;
ancien Précepteur de S. A. R.

TOME PREMIER.

GRAMMAIRE.

A PARME,
DE L'IMPRIMERIE ROYALE.

M. DCC. LXXV.

TABLE
DES MATIERES.

GRAMMAIRE.

Objet de cet ouvrage.

PREMIERE PARTIE.

De l'analyse du discours.

CHAPITRE I.

Du langage d'action.

en faire une méthode analytique. *Pourquoi on a commencé, dans cette grammaire, par observer le langage d'action. A quoi se reduisent tous les principes des langues.*

CHAPITRE II.

Confidérations générales fur la formation des langues & fur leurs progrès.

Pag. 18.

L'homme est conformé pour parler le langage des fons articulés. *Les mots n'ont pas été choisis arbitrairement. C'est une erreur de croire que les noms de la langue primitive exprimoient la nature des chofes. En formant les langues nous n'avons fait qu'obéir à notre manière de voir & de fentir. Comment les langues, en proportion avec nos idées, forment un fyftème qui est calqué fur celui de nos connoiffances. Quelles langues font plus parfaites. Comment il s'établit une proportion entre les befoins, les connoiffances & les langues. Toutes les langues portent fur les mêmes fondements. En quoi les langues différent. Comment elles fe perfectionnent. Connoiffances préliminaires à l'analyfe du difcours.*

a 4

ments qui n'étoient que des perceptions, deviennent des affirmations. Comment toutes les parties d'un raisonnement, quoique simultanées dans l'esprit, se développent successivement par le moyen des signes artificiels. Tout homme a été dans l'impuissance de démêler ce qui se passe dans son esprit. Tout animal qui a des sensations, a la faculté d'appercevoir des rapports.

CHAPITRE V.

Avec quelle méthode on doit employer les signes artificiels pour se faire des idées distinctes de toute espece.

Pag. 45.

L'analyse des objets qui sont hors de nous ne peut se faire qu'avec des signes artificiels. Cette analyse est assujettie à un ordre. On découvrira cet ordre si on considére l'objet que se fait l'analyse. La nature indique cet ordre. Elle nous a donné des sens qui décomposent les objets sans aucun art de notre part. Pour les décomposer avec art, l'ordre de l'analyse doit être celui de la génération des idées. L'ordre de la génération des idées est de l'individu au genre, & du genre aux especes. Cet ordre est fondé *fur la nature des chofes. La méthode, qui fuit l'ordre de la génération des idées, eft l'unique pour analyfer les chofes, & pour acquérir de vraies connoiffances. Il y a deux méthodes; l'une pour parler aux perfonnes inftruites, & l'autre pour parler aux perfonnes que l'on inftruit. Avantage de la méthode d'inftruction.*

CHAPITRE VI.

Les langues confidérées comme autant de méthodes analytiques.

Pag. 58.

C'eft comme méthodes analytiques qu'il faut confidérer les langues. Comment les langues font des méthodes analytiques plus ou moins parfaites. C'eft à leur infu, que les hommes, en formant les langues, ont fuivi une méthode analytique. Cette méthode a des regles communes à toutes les langues, & des regles particulieres à chacune. Objet de la grammaire.

CHAPITRE VII.

Comment le langage d'action décompose la pensée.

Pag. 65.

Comment la pensée de celui qui parle le langage d'action, se décompose aux yeux de ceux qui l'observent. Comment il apprend à la décomposer lui même. Idées distinctes qu'offre cette décomposition.

CHAPITRE VIII.

Comment les langues, dans les commencements, analysent la pensée.

Pag. 68.

Précautions à prendre pour ne pas se perdre dans des conjectures peu vraisemblables. Les accents ont été les premiers noms. Comment les organes des sens ont été nommés. Comment les objets sensibles ont été nommés. Les langues ont été long-temps fort bornées. Elles n'étoient dans l'origine qu'un supplé-

CHAPITRE IX.

Comment fe fait l'analyfe de la penfée dans les langues formées & perfectionnées.

Pag. 83.

nent lieu d'alinéa & de points. Les repos, mar‑
qués par des points, ne font pas tous égaux.
Comment toutes les parties d'un grand ouvrage
fe développent avec la même methode que les
parties d'une penfée peu compofée. Une ana‑
lyfe mal faite met du défordre & de l'obfcurité
dans le difcours. Comment Racine développe les
trois principales parties de fa penfée. Comment
il diftingue les parties dans lefquelles il les
fubdivife.

CHAPITRE X.

Comment le difcours fe décompofe en pro‑
pofitions principales, fubordonnées, inci‑
dentes, en phrafes & en périodes.

Pag. 93.

Tout jugement, exprimé avec des mots,
eft une propofition. Trois efpeces de propofi‑
tions. Caractere des propofitions principales.
Caractere des propofitions fubordonnées. Ca‑
ractere des propofitions incidentes. Les propo‑
fitions fubordonnées peuvent avoir deux places
dans le difcours, & les propofitions incidentes
n'en ont qu'une. Ce qu'on entend par période.
Ce qu'on entend par phrafe. Ellipfe on phra‑

CHAPITRE XI.

Analyfe de la propofition.

CHAPITRE XII.

Analyfe des termes de la propofition.

& du verbe. *Nous ne donnons des noms qu'aux choses qui exiſtent dans la nature ou dans notre eſprit. Noms propres. Noms généraux. Tous ces noms ſont compris ſous la dénomination de* ſubſtantifs. *Le ſujet d'une propoſition eſt toujours un nom ſubſtantif. En quoi le ſubſtantif & l'adjectif différent. Les adjectifs modifient en déterminant le ſujet, ou en le développant. Il n'y a, en général que deux ſortes d'acceſſoires & deux ſortes d'adjectifs. Les acceſſoires peuvent s'exprimer par un ſubſtantif précédé d'une prépoſition. Différentes manieres dont le ſujet d'une propoſition peut-être exprimé. Différentes manieres dont on exprime l'attribut d'une propoſition, lorſque cet atrribut eſt un ſubſtantif. Le ſubſtantif qui eſt attribut ne ſauroit être un terme moins général que le ſubſtantif qui eſt ſujet. Différentes manieres d'exprimer l'attribut d'une propoſition lorſque cet attribut eſt un adjectif.*

CHAPITRE XIII.

Continuation de la même matiere, ou analyſe du verbe.

Pag. 117.

Le propre du verbe eſt d'exprimer la coexiſ,

tence de l'attribut avec le sujet. Les éléments du discours se réduisent à quatre especes de mots. Verbes adjectifs. Verbes substantifs. Il ne faut pas confondre le verbe substantif avec le verbe être, pris dans le sens d'exister. Les verbes expriment avec différents rapports. Le rapport du verbe à l'objet est marqué par la place. Les autres rapports se marquent par des prépositions. Les ellipses sont fréquentes dans toutes les langues. De tous les accessoires du verbe, les uns appartiennent au verbe substantif être, les autres appartiennent plus particuliérement aux adjectifs dont on a fait des verbes. Le discours réduit à ses vrais éléments.

CHAPITRE XIV.

De quelques expressions qu'on a mises parmi les éléments du discours, & qui, simples en apparence, sont, dans le vrai, des expressions composées équivalentes à plusieurs éléments.

Pag. 117.

Mots qui ne doivent pas être mis parmi les éléments du discours. L'adverbe. Le pronom. La conjonction.

GRAM-

GRAMMAIRE.

SECONDE PARTIE.

Des élémens du difcours.

Pag. 132.

Principes qui ont été prouvés dans la premiere partie de cet ouvrage. Objet de la feconde partie.

CHAPITRE I.

Des noms fubftantifs.

Pag. 134.

Ce que l'on entend par le mot fubftance. Subftantif vient de fubftance. Il fe dit proprement des noms de fubftance. Il fe dit par extenfion des noms de qualités. Deux fortes de fubftantifs. Les fubftantifs, plus ou moins généraux, font differentes claffes des objets.

Tom. I. b

CHAPITRE II.

Des adjectifs.

Pag. 141.

CHAPITRE III.

Des nombres.

Pag. 147.

noms propres n'ont point de nombre pluriel. Ni les noms de métaux. Autres noms qui n'ont pas les deux nombres. Marque du nombre pluriel. Il y a des langues qui ont un duel. L'adjectif se met au même nombre que le substantif.

CHAPITRE IV.

Des genres.

Pag. 150.

Etymologie du mot genre. Fondement de la distinction des noms en deux genres. Comment on a souvent oublié ce qui a servi de fondement à la distinction des deux genres. Comment les deux genres ont été distingués par la terminaison des noms. Terminaison masculine, terminaison féminine. Les noms substantifs ne font en général que d'un genre. Quelques uns font des deux. Les adjectifs font toujours des deux genres. Marque du genre féminin dans les adjectifs. Variations qu'on remarque dans la terminaison féminine. Des avantages des genres.

CHAPITRE V.

Obſervations ſur la maniere dont on accorde, en genre & en nombre, les adjectifs avec les ſubſtantifs.

Pag. 157.

Adjectif qu'ont met au ſingulier, quoiqu'il ſe rapporte à deux ſubſtantifs. Adjectifs qu'on met au pluriel, quoiqu'il paroiſſe devoir ſe rapporter à un ſubſtantif ſingulier. Les adjectifs n'ont point de genres, lorſqu'ils ſe rapportent à des ſubſtantifs de genre différents. Ils n'ont point de genre, lorſqu'ils ſe rapportent à une idée qui n'a point de nom.

CHAPITRE VI.

Du verbe.

Pag. 160.

Etymologie du mot verbe. *Les obſervations que nous avons à faire ſur les verbes ſont communes aux verbes ſubſtantifs & aux verbes adjectifs. On diſtingue dans les verbes les perſonnes.* **Les temps. Les modes.**

CHAPITRE VII.

Des noms des perfonnes confidérés comme fujets d'une propofition.

Pag. 163.

Noms de la premiere & de la feconde per-fonne. Ufage de tu & vous. Les noms de la premiere & de la feconde perfonne font de vrais fubftantifs. Les noms de la troifieme perfonne font différents fuivant les genres. Origine de il, elle ; ce font de vrais adjectifs. Pourquoi on les a pris pour des noms mis à la place d'un autre. On ainfi que l'on, nom de la troifieme perfon-ne, eft un fubftantif. Ufage que l'on doit faire d'on & l'on.

CHAPITRE VIII.

Des temps.

Pag. 167.

Chaque forme du verbe ajoute quelque ac-ceffoire à l'idée principale dont il eft le figne. Trois époques d'après lefquelles on détermine

b 3

le préfent, le paffé & le futur. Les époques auxquelles fe rapportent les formes du paffé, pourront être déterminées ou indéterminées. Il en eft de même des époques, auxquelles fe rapportent les formes du futur. Il n'y a qu'un préfent dans les verbes. Il y a dans les verbes des paffés plus ou moins paffés & des futurs plus ou moins futurs. Différentes efpeces du paffé. Formes de paffé que quelques grammairiens propofent, & que l'ufage n'autorife pas. Différentes efpeces de futur. Formes de futurs que quelques grammairiens propofent, & qu'on ne peut pas admettre.

CHAPITRE IX.

Des modes.

Pag. 178.

Mode indicatif. Impératif. Mode conditionnel. Subjonctif. L'infinitif eft un nom fubftantif. Les participes font des adjectifs. L'infinitif avoir joint à un participe eft comme un fubftantif.

CHAPITRE X.

Des conjugaisons.

Pag. 190.

Comment on a distingué quatre conjugaisons. En considérant les verbes par rapport aux conjugaisons, on en distingue de trois especes. Verbes auxiliaires. La distinction des verbes actifs, passifs & neutres ne doit pas être admise dans notre langue. Ni celle des verbes réfléchis, réciproques & impersonnels. Fausses dénominations qu'on a données aux temps des verbes. Moyen d'y suppléer.

CHAPITRE XI.

Des formes composées avec les auxiliaires, *être* ou *avoir*.

Pag. 199.

Le verbe être *entre dans les formes composées qui expriment l'état du sujet, & le verbe* avoir *entre dans les formes composées qui expriment l'action. Exception à cette regle. Con-*

b 4

CHAPITRE XII.

Observations sur les temps.

Pag. 203.

CHAPITRE XIII.

Des prépositions.

Pag. 206.

jamais employées dans des cas obſolument ſemblables. *Prévoſitions qui s'employent avec ellipſe.* Apres avoir ſervi pour exprimer des
rapports entre des objets ſenſibles, les prépoſitions ont été employées pour exprimer des
rapports entre les idées abſtraites. *Quelquefois
les dernieres acceptions d'une prépoſition reſſemblent fort peu aux premieres. Premier uſage de la prépoſition* à. *Par quelle analogie elle
a paſſé à un ſecond.* A un troiſieme. A un
quatrieme. A un cinquieme. A un ſixieme.
A un ſeptieme. A un huitieme. *Qelles ſont les
premieres acceptions de la prépoſition* de, *&
par quelle analogie elle paſſe à d'autres.* Comment elle exprime les rapports d'appartenance.
Ceux de dépendance. *En quoi diffèrent des hommes des plus ſavants, & des hommes les plus
ſavants.* Il y a ellipſe lorſque à *&* de ſe conſ-
truiſent enſemble. *Ces deux prépoſitions paroiſſent quelquefois pouvoir s'employer l'une
pour l'autre.* L'ellipſe peut enpêcher d'appercevoir l'eſpece de rapport qu'exprime la prépoſition de. *Acception de la prépoſition* dans.
En quoi elle diffère de la prépoſition à. *En quoi
en diffère de* dans. En, *exprime des acceſſoires tous différents de ceux des prépoſitions* à
& dans. *Premieres acceptions de la prépoſition*
par. *Autres acceptions.*

CHAPITRE XIV.

De l'article.

Pag. 218.

Ecrivains qui ont les premiers connu la nature de l'article. On nomme article l'adjectif le, la. Changement qui arrive à l'article. L'article est un adjectif qui détermine un nom, soit par ce qu'il le fait prendre dans toute son étendue, soit par ce qu'il concourt à le restraindre. L'article se supprime lorsque les noms sont déterminés par d'autres adjectifs qui les précédent. Il ne se supprime pas lorsque le substantif, ne fait qu'une seule idée avec l'adjectif qui le précéde. Proverbe où il est supprimé. Quand l'article se met devant les noms propres il faut de deux choses l'une, ou qu'ils soient employés comme noms généraux, ou qu'il y ait ellipse. L'article avec les noms des métaux. Usage de l'article devant les noms de ville, de royaume, de provinces. Usage de l'article avec les noms des quatre parties de la terre. Avec les noms de quelques royaumes. Avec les noms des astres. Avec les noms de riviere & de mer. L'article modifie toujours un substantif. Dans quel cas on répété l'article devant plusieurs adjectifs.

CHAPITRE XV.

Des pronoms.

CHAPITRE XVI.

De l'emploi des noms des personnes.

CHAPITRE XVII.

Des adjectifs possessifs.

Pag. 146.

a ſes beautés, de ce tableau a des beautés.
Difficulté ſur les adjectifs ſes & leurs.

CHAPITRE XVIII.

Des adjectifs démonſtratifs.

Pag. 254.

Ce qu'on entend par adjectifs démonſtratifs. *De ce nombre ſont* ci & là. Ci & là
ajoutés à ce. Ce *avec le verbe être.* Celui, celle.
Celui-ci, celui là.

CHAPITRE XIX.

Des adjectifs conjonctifs.

Pag. 258.

Quelle eſt la nature des ajdectifs conjonctifs qui , lequel, *&c. Souvent les* adjectifs conjonctifs *déterminent des noms qui n'ont point
été exprimés. Des* adjectifs quoi & où. *Des*
adjectifs quel & quelle.

CHAPITRE XX.

De l'emploi des adjectifs conjonctifs.

Pag. 263.

Les adjectifs conjonctifs ne peuvent se rapporter qu'à des noms pris déterminément. Tous les conjonctifs se disent ils - indifféremment des personnes & des choses ? Distinction à faire à ce sujet. Quelle conjonction on doit préférer pour exprimer le sujet de la proposition incidente. Pour exprimer l'objet du verbe. Pour exprimer le rapport qui seroit indiqué par la préposition de. *Quel conjonctif on doit employer avec la préposition* à. *Emploi du conjonctif* quoi *avec les prépositions* à *ou* de. *Que* employé *pour* à qui *& pour* dont. *Où & d'où ne se disent que des choses. Emploi des conjonctifs avec tout autre préposition qu'à & de. Il n'est pas nécessaire de s'arrêter long-temps sur les regles de grammaire. Question.*

CHAPITRE XXI.

Des participes du préfent.

Pag. 271.

Les participes du préfent ne font fufcep-
tibles ni de genre ni de nombre. Comment
d'adjectifs les participes du préfent deviennent
fubftantifs. Analyfe de ces participes employés
foit comme fubftantifs, foit comme adjectifs.
Equivoque à laquelle ils donnent lieu, & qu'il
faut éviter.

CHAPITRE XXII.

Des participes du paffé.

Pag. 276.

Les participes du paffé font adjectifs, ou
fubftantifs, fuivant la maniere dont on les em-
ploie. Quelle eft la nature des participes fubf-
tantifs. Comment on emploie les participes
adjectifs, lorfqu'ils fe conftruifent avec le ver-
be être. Comment s'emploient les participes
adjectifs, lorfqu'ils font fuivis d'un verbe ou d'un

CHAPI-

CHAPITRE XXVI.

De la syntaxe.

CHAPITRE XXVII.

Des constructions.

Tom. I.   c

FIN de la Table, *du Tom. I.*

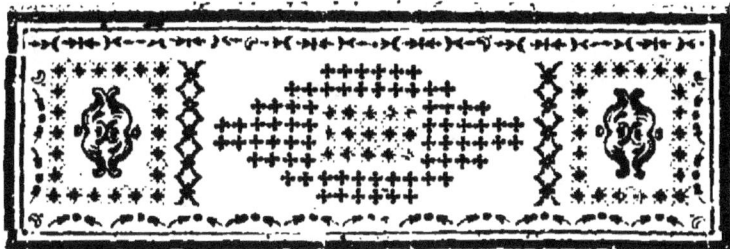

DISCOURS

PRÉLIMINAIRE.

LA méthode que j'ai fuivie pour
l'inftruction du Prince, paroîtra
nouvelle, quoique dans le fond elle
foit auffi ancienne que les premieres
connoiffances humaines. Il eft vrai
qu'elle ne reffemble pas à la maniere
dont on enfeigne : mais elle eft la
maniere même dont les hommes fe
font conduits pour créer les arts & les
fciences. C'eft ce dont on fera convaincu par le plan raifonné dont je
vais rendre compte.

Tom. I.

On suppofe que les enfants font incapables des connoiffances qui demandent quelques réflexions ; & on attend, pour leur donner ces connoiffances, qu'ils aient un certain âge qu'on nomme l'âge de raifon, & qu'on ne fixe pas. On diroit qu'il y a dans la vie un moment où la raifon, que nous n'avions pas le moment d'auparavant, nous eft tout-à-coup infufe. Voyons quelle eft la caufe de ce préjugé.

Dans l'origine des fociétés, il n'y avoit encore ni arts ni fciences. Toutes les connoiffances fe bornoient à quelques obfervations que le befoin avoit fait faire, & qui étoient en trop petit nombre pour qu'on fentît la néceffité de les diftribuer dans différents corps.

Lorfque les obfervations en tous genres fe furent multipliées, on eut befoin d'y mettre de l'ordre, & c'eft alors qu'on les diftribua par claffes.

On fit une collection de celles qui appartenoient à l'agriculture, une autre de celles qui concernoient l'aftronomie, &c.

Pour ne rien confondre dans ces collections, on réduifit à des principes généraux les obfervations qu'on avoit faites. Par ce moyen toutes les connoiffances fe trouverent exprimées d'une maniere abrégée, & il fut facile de les parcourir en defcendant des plus générales aux moins générales.

Ceux qui rédigerent ainfi les connoiffances humaines, parurent avoir créé les fciences. Leur méthode étoit bonne pour eux & pour toutes les perfonnes qu'ils fuppofoient inftruites. Mais il eft évident qu'elle expofoit les connoiffances dans un ordre contraire à celui dans lequel on les avoit acquifes. Car enfin on n'avoit pas commencé par des principes généraux; on avoit commencé par des obfervations.

Cependant, parce que cette méthode étoit claire, qu'elle étoit même la plus simple pour ceux qui avoient observé; on jugea qu'elle devoit être encore la plus propre à l'instruction, & on oublia qu'on s'étoit instruit par une autre méthode. Au lieu donc de conduire les enfants d'observation en observation, comme des ignorants qu'on veut instruire, on commença avec eux, comme s'ils avoient été instruits, & qu'il ne restât plus qu'à mettre de l'ordre dans leurs connoissances. Ils ne purent rien comprendre aux principes généraux, parce que ces principes supposoient des observations qu'on ne leur avoit pas fait faire, & ce fut alors qu'on dit : *ils ne sont pas capables de connoissances ; il faut attendre qu'ils aient l'âge de raison.* Mais il n'y a point d'âge, où l'on puisse comprendre les principes généraux d'une science, si on n'a pas fait les observations, qui ont conduit à ces principes. L'âge de raison est donc celui où l'on a obfervé ; & , par conféquent, la raifon viendra de bonne heure , fi nous engageons les enfants à faire des obfervations.

Pour favoir comment nous devons nous conduire avec eux , la premiere précaution à prendre eft de favoir comment nous concevons nous-mêmes les chofes que nous avons apprifes. Il faut décompofer l'efprit humain, c'eft-à-dire , obferver les opérations de l'entendement, les habitudes de l'ame & la génération de idées.

Auffitôt que cette analyfe eft faite, le plan d'inftruction eft trouvé : on fait du moins par où on doit commencer, & il n'en faut pas davantage. On verra que la vraie & l'unique méthode eft de conduire un éleve du connu à l'inconnu ; qu'il fuffit, par conféquent, de commencer par ce qu'il fait , pour lui apprendre quelque chofe qu'il ne fait pas encore ; & qu'en reprenant à chaque connoiſſance qu'on lui aura donnée, on pourra le faire paſſer, ſans effort, à une connoiſſance nouvelle. Il faudra ſeulement être attentif à ne franchir aucune des idées intermédiaires : encore cette précaution deviendra-t-elle inutile, lorſque ſon eſprit plus exercé, les pourra ſuppléer.

Ce plan eſt ſimple. Il ne condamne pas le précepteur à étudier les ſciences dans les ſyſtêmes qu'on a faits. Au contraire, il faut qu'il oublie tous les ſyſtêmes, & que, paroiſſant les ignorer autant que ſon éleve, il commence avec lui, & aille avec lui d'obſervation en obſervation, comme s'ils faiſoient enſemble les mêmes découvertes. C'eſt ainſi que les peuples ſe ſont éclairés. Pourquoi donc chercher une autre méthode pour nous éclairer nous-mêmes ?

Mais, dira-t-on, les peuples ſe ſont inſtruits par des moyens bien lents, &

leur enfance a duré plusieurs siecles.
Comment donc une méthode, qui semble avoir ralenti les progrès de leur
esprit, pourroit-elle s'employer dans
une éducation qui doit finir après peu
d'années ?

Je réponds que la nature a indiqué aux premiers hommes l'unique méthode des découvertes ; puisqu'elle les
a mis dans la nécessité d'observer ; &
que s'ils n'ont fait d'abord que des progrès bien lents, ce n'est pas que cette
méthode soit lente par elle-même,
c'est que l'instrument, avec lequel ils
observoient, ne leur étoit pas assez
connu.

Ils se seroient servi de leur esprit,
avec la même facilité qu'ils se servoient
de leurs bras ; si, dès les commencements, ils avoient connu les facultés
de leur entendement, aussi bien qu'ils
connoissoient les facultés de leur corps.
Capables de régler toutes les opéra-

tions de la penſée, ils auroient bientôt appris à lui donner de nouvelles
forces. Ils auroient trouvé des méthodes, comme ils ont trouvé des leviers;
& nous remarquerions en eux des progrès rapides, toutes les fois qu'ils auroient ſenti le beſoin d'employer les
forces de leur eſprit, comme ils ont
ſenti le beſoin d'employer les forces
de leur corps.

Le progrès des connoiſſances humaines n'a donc été retardé, que parce que les hommes n'ont ni aſſez connu leur eſprit, ni aſſez ſenti le beſoin
de l'exercer. Par conſéquent, pour faire uſage, dans l'éducation, de l'unique méthode à laquelle nous devons
tout ce que nous avons appris, il faut
d'abord faire connoître à un enfant
les facultés de ſon ame, & lui faire
ſentir le beſoin de s'en ſervir. Si on
réuſſit à l'un & à l'autre, tout deviendra facile : car au lieu d'imaginer autant de principes, autant de regles,

autant de méthodes, qu'on en diftingue dans les arts & dans les fciences, on n'aura plus qu'à obferver avec lui.

Ce projet n'eft pas impoffible à exécuter. Car fi les facultés de l'entendement font les mêmes dans un enfant que dans un homme fait, pourquoi feroit-il incapable de les obferver ? Il eft vrai qu'il les a exercées fur moins d'objets : mais enfin il les a exercées, & fouvent avec fuccès. Pourquoi donc ne pourroit-on pas lui faire remarquer ce qui s'eft paffé en lui, lorfqu'il a fait des jugements & des raifonnements, lofqu'il a eu des defirs, lorfqu'il a contracté des habitudes ? Pourquoi ne pourroit-on pas lui faire remarquer les occafions, où il a bien conduit fes facultés, celles où il les a mal conduites, & lui apprendre, par fa propre expérience, à les conduire toujours mieux ? Quand on lui aura fait faire ces premieres obfervations, il en exercera fes facultés avec plus de connoiffance :

dès-lors il fera plus curieux de les exercer, & en les exerçant davantage, il
fe fera infenfiblement une habitude de
cet exercice.

Or dès qu'un enfant connoîtra l'u-
fage des facultés de fon efprit, il n'aura plus qu'à être bien conduit pour
faifir le fil des connoiffances humaines, pour les fuivre dans leurs progrès depuis les premieres jufqu'aux
dernieres, & pour apprendre en peu
d'années ce que les hommes n'ont appris qu'en plufieurs fiecles. Il fuffira
de lui faire faire des obfervations, lorfqu'il fera à portée d'en faire; & lorfqu'il ne pourra pas obferver par lui-
même, il fuffira de lui donner l'hiftoire des obfervations qui ont été faites.

Cette méthode a plufieurs avantages. Elle débarraffe nos études d'une
multitude de fuperfluités, qui nous ar-
rêtent fans nous inftruire. Elle prof-
crit ces fciences vaines, qui ne s'oc-

cupent que de mots ou de notions va-
gues ; & qu'on appelle *ſciences premieres* ou *élémentaires*, comme s'il falloit
perdre du temps à ne rien apprendre,
pour ſe préparer à étudier un jour avec
fruit. Elle écarte les dégoûts qu'un enfant ne peut manquer d'éprouver, lorſque rencontrant, dès les commencements, des obſtacles qu'il ne peut vain-
cre, & condamné à charger ſa mémoire de mots qu'il n'entend pas, il
eſt puni pour n'avoir pas retenu ce
qu'il n'a pas compris, ou pour n'avoir
pas appris ce qu'il n'a pas ſenti la
néceſſité d'apprendre. Elle l'éclaire au
contraire & promptement, parce que,
dès la premiere leçon, elle le conduit
de ce qu'il ſait, à ce qu'il ne ſavoit
pas. Elle excite ſa curioſité, parce
qu'il juge, aux connoiſſances qu'il
acquiert, de la facilité d'en acquérir d'autres ; & que ſon amour propre, flatté de ſes premiers progrès,
lui fait deſirer d'en faire encore. Elle
l'inſtruit preſque ſans efforts de ſa part,

parce qu'au lieu d'étaler des principes, elle réduit les fciences à l'hiftoire des obfervations, des expériences & des découvertes. Enfin, comme elle ne varie jamais, & qu'elle eft la même dans chaque étude, elle lui devient tous les jours plus familiere : plus il s'inftruit, plus il a de facilité à s'inf- truire ; & fi le temps de fon éduca- tion a été trop court, il peut, fans fe- cours & par lui-même, acquérir feul les connoiffances qu'on ne lui a pas données.

Je conviens que l'éducation, qui ne cultive que la mémoire, peut faire des prodiges, & qu'elle en a fait. Mais ces prodiges ne durent que le temps de l'enfance. D'ailleurs ce n'eft pas fur les enfants qui font nés avec d'heureu- fes difpofitions, que cette méthode a plus de fuccès. Ils ont au contraire un éloignement naturel pour des étu- des, où la réflexion n'a point de part, & où la mémoire ne fe remplit que de mots. Auffi montrent-ils peu de talents, & fi par la fuite ils fe diftinguent, c'eft qu'ils ont eux - mêmes recommencé leur éducation. Mais combien d'inutilités ont - ils à oublier! combien de préjugés à détruire! combien d'idées fauffes à corriger! quel travail pour fe débarraffer des entraves, où l'on a tenu les facultés de leur ame! & quels obftacles au développement & au progrès de leur raifon!

Ce n'eft pas qu'on doive négliger la mémoire : mais fi l'éducation, qui fe borneroit à la cultiver, eft d'autant plus mauvaife, qu'elle ne cultiveroit en effet que cette faculté : celle qui paroîtroit la négliger, l'exerceroit encore affez, lors même qu'elle s'occuperoit uniquement de la réflexion. Celui qui a beaucoup réfléchi, a beaucoup retenu. Si quelque chofe lui échappe, il le peut retrouver; parce que les réflexions, qui lui font devenues familieres, tiennent les unes aux autres,

& peuvent toujours le reconduire où elles l'ont déja conduit. Celui au contraire, qui ne fait que par cœur, ne fait rien en quelque forte ; & ce qu'il a oublié, il ne le retrouve plus, ou du moins il ne peut s'affurer de le retrouver.

C'est donc à la réflexion à préparer les matériaux de nos connoissances, à les mettre en ordre dans la mémoire, à en regler toutes les proportions ; & celui qui n'a pas appris à réfléchir, n'est pas instruit, ou il l'est mal ; ce qui est pire encore.

Cependant on se récrie & on admire, lorsqu'un enfant récite sans intelligence de longs morceaux d'histoire, ou qu'il parle plusieurs langues, sans savoir encore ce qu'il dit dans aucune. Ce ne font pas là des connoissances ; on est forcé d'en convenir : mais on croit que l'enfance n'est pas capable de meilleures études. On juge donc que pour ne pas perdre un temps fi précieux, il faut fe hâter de remplir la mémoire de quelque maniere que ce foit; & on fe flatte qu'il reftera toujours quelque chofe, parce qu'il reftera toujours des mots : comme fi des idées ne refteroient pas plus fûrement, & qu'il n'y en eût pas, pour tout âge, à la portée de l'efprit.

On demandera peut-être quel terme on doit fe propofer dans l'inftruction d'un enfant. Je réponds que, s'il ne faut pas négliger de l'inftruire, on ne doit pas non plus fe propofer de le rendre profond dans toutes les chofes qu'on lui enfeigne. Ce projet feroit chimérique ou même nuifible. Son âge n'étant pas capable d'une application affez foutenue pour fuivre les fciences dans leurs derniers développements, il fuffira de lui en ouvrir l'entrée, & d'affurer fes premiers pas, en écartant tous les embarras. Son éducation fera achevée, lorfqu'il aura de bons éléments fur les chofes qu'il eft de fon état de favoir. S'il a des talents, il avancera dans la fuite de lui-même, & il avancera rapidement. S'il en a, dis-je: car les talents ne fe donnent pas.

Il ne s'agit donc pas de donner à un enfant toutes les connoiffances, qui lui ferviront un jour ; il fuffit de lui donner les moyens de les acquérir. Il importe peu qu'il exerce fon efprit fur une chofe jufqu'à ce qu'il l'ait approfondie, ou fur plufieurs fans en approfondir aucune : c'eft affez qu'il l'exerce, qu'il fe plaife à l'exercer, & qu'il fe faffe toujours des idées juftes. En un mot, il s'agit de lui apprendre à penfer.

Pour lui donner de pareilles leçons, il faut favoir comment nous penfons nous mêmes.

L'ame penfe par habitude ou par réflexion. Elle penfe par habitude,
lorf-

lorfqu'elle juge d'après une maniere
de juger, qui lui eſt devenue familiere;
& ſes jugements ſont alors ſi prompts,
qu'elle eſt incapable de remarquer dans
le moment tous les motifs qui la déterminent, & toutes les idées qui s'offrent à elle. C'eſt ainſi, par exemple,
que nous jugeons, au premier coup
d'œil, de la beauté d'un tableau.

L'ame penſe par réflexion, toutes
les fois qu'elle obſerve des objets qui
ſont nouveaux pour elle. Alors elle
conduit les opérations de ſon entendement avec une lenteur, qui lui permet de remarquer ſucceſſivement les
idées qu'elle ſe fait, & les jugements
qu'elle porte. C'eſt ainſi que nous étudions les arts & les ſciences.

Au premier moment qu'un peintre
ſe récrie à la vue d'un tableau, il ne
démêle pas encore tous les jugements,
qui déterminent ſon admiration. C'eſt
qu'ils s'offrent à lui tous à la fois; &

qu'il ne peut les démêler, qu'autant
qu'il les prononce les uns après les
autres.

Il y a donc cette différence entre
juger par habitude & juger par réflexion ; que dans le premier cas, les jugements ne se remarquent pas, parce
qu'ils se font tous ensemble ; & que
dans le second, ils se remarquent, parce qu'ils se succedent.

Toutes les habitudes du corps ont
pour principe des jugements d'habitude. Quand j'évite une pierre, dont je
suis menacé, c'est que je juge de sa
direction, du mal qu'elle me fera, si
elle me frappe, & du mouvement que
je dois faire pour l'éviter. Tous ces
jugements se font en moi, & si je ne
les remarque pas, c'est qu'ils se font
tous au même instant.

Ces habitudes veillent à notre con-
servation: elles font un secours prompt.

Il eſt évident que la réflexion ſeroit
trop lente pour nous ſecourir.

Si on ne comprend pas qu'il a fallu comparer, juger & raiſonner pour
les acquérir, c'eſt que nous ne pouvons
nous rappeller le temps où nous ne
les avions pas. Mais jugeons de ces
habitudes par celles que nous nous
ſouvenons d'avoir acquiſes, & qui ont
demandé de notre part une longue
étude. Telle eſt, par exemple, l'habitude de lire.

Il eſt à remarquer que dans les habitudes que l'eſprit contracte, les idées
ſe lient entr'elles de deux manieres.
Si elles s'aſſocient pour s'offrir toujours à nous, toutes au même inſtant,
nous avons de la peine à les obſerver
les unes après les autres. Si, au contraire, elles ſe lient pour former des
ſuites, nous les voyons ſe ſuccéder,
& une ſeule ſuffit pour en rappeller
ſucceſſivement pluſieurs. Ces liaiſons,

lorfqu'elles deviennent familieres, font autant d'habitudes, auxquelles la pénfée obéit, fans aucune réflexion de notre part.

On voit par-là que la liaifon des idées eft le principe de la mémoire : elle eft, pour ainfi dire, l'unique reffort de la penfée. C'eft elle qui lui donne une rapidité qui nous étonne; & c'eft par elle que l'imagination fait avec promptitude une multitude de combinaifons.

Comme le corps paroît fe mouvoir par inftinct, lorfqu'il obéit à fes mouvements d'habitude ; l'ame paroît penfer par infpiration, lorfqu'elle obéit à fes liaifons d'idées. L'un & l'autre doivent à leurs habitudes toutes les graces & tous les talents dont ils font fufceptibles.

C'eft ainfi, par exemple, que le goût fe forme d'après les habitudes que nous avons contractées. Il n'eft que le

résultat de plusieurs idées que nous
avons liées ; & ces liaisons conservent
en nous des modeles, que nous n'exa-
minons plus , & d'après lesquels nous
jugeons rapidement du beau.

Mais quoique les habitudes se soient
acquises par une suite de comparaisons
& de jugements, il ne s'ensuit pas
que nous y ayons toujours assez réfléchi , avant de les contracter. La facilité avec laquelle nous les acquérons,
ne le permettoit pas. Voilà pourquoi
elles sont bonnes & mauvaises. Si elles sont le principe de toutes les graces & de tous les talents , elles sont
aussi la cause de tous nos défauts &
de toutes nos erreurs. Locke a remarqué que la folie vient uniquement
de quelque association d'idées, c'est-
à-dire , de quelques faux jugements,
d'après lesquels nous nous sommes fait
une habitude de juger. Ce sont de pareilles associations qui nous font un
mauvais goût & un esprit faux.

b

D'après ces confidérations, j'avois en général pour objet de faire prendre de bonnes habitudes à l'efprit du Prince, de lui donner, par conféquent, des idées de bien des efpeces, de l'accoutumer à les lier, & de le garantir des fauffes liaifons.

Mais par où devois-je commencer? Pour m'en affurer, je confidérai par où les peuples, qui fe font inftruits, ont commencé eux-mêmes.

Je voyois dans l'origine des fociétés quelques loix ou des ufages qui en tenoient lieu, quelques arts groffiers, quelques connoiffances aftronomiques, un commencement d'agriculture & un commencement de commerce. On faifoit dans chaque genre des progrès fort lents, parce que les hommes, peu recherchés dans leurs befoins, & contents des premiers moyens qui s'offroient à eux, fentoient moins la néceffité d'obferver, & attendoient du hafard de nouvelles découvertes.

Or les premieres connoiſſances des peuples, qui commencent à ſortir de l'ignorance, étoient certainement à la portée d'un enfant qui avoit appris à réfléchir ſur lui-même. Le prince avoit déja obſervé le développement de ſes facultés & la génération de ſes idées; il pouvoit obſerver, avec plus de facilité encore, les ſociétés dans leur origine & dans leurs premiers progrès.

En lui faiſant faire cette étude, je lui donnois une multitude de connoiſſances, qui tenoient toutes les unes aux autres. Les liaiſons ſe trouvoient faites, & ſon eſprit pouvoit, ſans effort, ſe faire une habitude de paſſer & de repaſſer rapidement ſur toute la ſuite des idées qu'il auroit acquiſes.

Si d'un côté je lui faiſois comprendre comment les obſervations ont conduit aux découvertes, de l'autre, je lui faiſois remarquer comment, en les

négligeant, en les faifant mal, ou en
fe hâtant trop de juger , on eſt tom-
bé dans l'erreur ; & comment on s'eſt
éclairé , à meſure qu'on a mieux obſervé, & avec moins de précipitation.

Les hommes fe font rarement trom-
pés ſur les moyens de ſatisfaire aux
beſoins les plus preſſants. S'ils ont
jugé avant d'avoir fait aſſez d'obſervations, ou après les avoir mal faites,
l'expérience les aura bientôt avertis
de leurs méprifes.

Il n'en étoit pas de même des choſes de ſpéculation. Lorſqu'ils en jugeoient mal, l'expérience ne les éclairoit pas, ou ne les éclairoit que diffi-
cilement, & ils devoient reſter dans
leurs erreurs pendant des ſiecles.

Les ſociétés, obſervées dans leur
origine, étoient donc une occaſion de
faire remarquer au Prince, qu'il y a
des études où il eſt très facile d'ac-

quérir des connoiſſances exactes ; & qu'il y en a d'autres où il eſt très difficile d'éviter l'erreur. Or, il eſt auſſi curieux qu'utile d'obſerver les aſſociations d'idées, qui, donnant aux peuples différentes manieres de penſer, différents uſages & différentes mœurs, avancent ou retardent le progrès des connoiſſances humaines, & tranſmettent quelquefois, juſqu'aux ſiecles éclairés, des reſtes de la premiere barbarie.

Un préjugé, commun à tous les hommes dans leur enfance, eſt de croire que les choſes ont toujours été comme elles ſont : car dans l'âge où nous commençons, il ſemble que nous ſoyons portés à croire que rien n'a commencé. Auſſi le Prince penſoit-il que les uſages, les coutumes & les opinions avoient toujours été les mêmes, & il n'imaginoit pas que les arts euſſent eu un commencement.

Mais plus il étoit prévenu que les choſes avoient toujours été telles qu'il

les voyoit, plus il fut curieux de savoir ce qu'elles avoient été dans leur
origine & dans leurs progrès. Il s'en
occupoit, lorſqu'il travailloit avec moi,
& il s'en occupoit encore dans ſes moments de récréation ; ſe faiſant un
amuſement d'imiter l'induſtrie des pre-
miershommes, & prenant les arts
naiſſants pour des jeux de ſon enfance. Ce fut alors que Mr. de Keralio
lui fit commencer un petit cours d'a-
griculture, dans un jardin qui tenoit
à l'appartement. Le Prince bêcha ſon
champ, ſema du bled, le vit croître,
le vit mûrir, & le moiſſonna. Plus
curieux de ſon jardin, depuis qu'on en
avoit arraché les fleurs, il deſira de ſe-
mer d'autres grains, & il voulut voir
croître des arbres de différentes eſpeces. Il étoit alors à peu-près au même point, où ſe trouverent les hommes, lorſqu'ils eurent pourvu aux beſoins de premiere néceſſité.

Les peuples n'ont fait des recher-

ches, que parce qu'ils ont senti la nécessité de s'instruire ; & les connoissances, d'abord en petit nombre parce qu'on avoit peu de besoins, se font
multipliées ensuite, à mesure que de
nouveaux besoins ont fait faire de
nouvelles études.

Il devoit donc arriver un temps,
où les sociétés, assurées de leur subsis-
tance, rechercheroient les choses qui
pouvoient contribuer aux commodités
& aux agréments de la vie. Ce fut
alors que commencerent les beaux-
arts, & le goût commença avec eux.

Le goût se perfectionna, parce
qu'on raisonna sur les choses, qui en
font l'objet, comme on avoit raison-
né sur les choses de premiere nécessité.
A mesure qu'on se crut plus capable
de raisonner, on appliqua le raisonnement à de nouvelles études. Peu-à-
peu on raisonna sur tout : les esprits,
toujours plus avides de connoissances,
se porterent à des recherches de pure

ſpéculation; & on eut des philoſophes,
comme on avoit des poëtes.

Tel eſt donc l'ordre des études,
dans leſquelles les peuples ont été en-
gagés par leurs beſoins : ils ont commencé par des obſervations ſur les
choſes de premiere néceſſité, ils ont
enſuite recherché les choſes de goût,
& ils ont fini par raiſonner ſur les
choſes de ſpéculation.

L'hiſtoire de l'eſprit humain me
montroit, par conſéquent, l'ordre
que je devois ſuivre moi-même dans
l'inſtruction du Prince. Elle m'apprenoit qu'après l'avoir fait réfléchir ſur
les commencemens des ſociétés, mon
premier ſoin devoit être de lui former le goût ; & qu'il falloit réſerver,
pour un autre temps, les recherches
qui occupent les philoſophes. Mais
quelle méthode devois-je ſuivre dans
ces études? L'hiſtoire de l'eſprit humain me l'apprenoit encore.

En effet, on n'avoit pas créé les arts & les fciences, lorfque les peuples ont commencé à s'inftruire. Il faut donc qu'un enfant s'inftruife, fans favoir encore qu'il y a des arts & des fciences. Il faut qu'il refaffe lui-même ce que les peuples ont fait : je veux dire, que c'eft à lui à généralifer fes idées, à mefure qu'il en acquiert. Lorfque, de la multitude des connoiffances qui s'accumuleront dans fon efprit, & de la multitude des rapports qu'il appercevra entr'elles, il verra naître les principes généraux & les regles générales ; alors on lui fera remarquer que ces principes & ces regles, auparavant inutiles à fon inftruction, lui deviennent néceffaires pour mettre de l'ordre dans fes connoiffances. En le conduifant d'après cette méthode, il fera lui-même différentes diftributions des chofes qu'il aura apprifes, & il paroîtra créer à fon tour les arts & les fciences.

On n'a fait, par exemple, des recherches fur l'art de parler, que lorfqu'on a pu obferver les tours que l'ufage autorife : on n'a obfervé ces tours, qu'après que les grands écrivains en ont eu enrichi les langues ; & il y a eu des poëtes & des orateurs, avant qu'on imaginât de faire des grammaires, des poëtiques & des rhétoriques. Il feroit donc inutile & même peu raifonnable d'enfeigner ces arts à un enfant, qui n'auroit pas encore appris de l'ufage les tours propres à fa langue ; & qui, par conféquent, n'étant pas capable de fentir le beau, n'eft certainement pas capable de juger s'il a des regles.

En conféquence de ces réflexions, je crus que, pour former le goût du Prince, je devois lui donner des modeles du beau, & m'appliquer fur-tout à les lui rendre familiers. Il falloit donc lui faire lire & relire les meilleurs écrivains. Je choifis les poëtes dramatiques. Si tous les peuples ont été fenfibles à la poëfie, pouvois - je croire que mon éleve y feroit infenfible ? Il fe plut dans la lecture des poëtes, il apprit fa langue, en paroiffant moins étudier que s'amufer.

En fe familiaifant avec les meilleurs écrivains, le Prince obfervoit ce qu'il avoit éprouvé dans fes lectures ; & fes obfervations le conduifoient naturellement à la découverte des regles de l'art de parler. C'eft pour le foutenir dans ces recherches, que je fis une *Grammaire* & un *Traité de l'Art d'Ecrire*. En compofant ces ouvrages, mon deffein étoit moins de lui apprendre fa langue, que de le faire réfléchir fur ce qu'il en favoit déja. Je voulois développer, d'une maniere plus diftincte & plus étendue, les obfervations qu'il avoit faites dans fes lectures, & par-là le confirmer dans l'habitude de juger des beautés de ftyle.

Son goût fe formoit : je crus pouvoir effayer de lui donner des connoiffances philofophiques. Puifqu'il s'étoit
déja exercé à faire des obfervations
fur les facultés de fon ame, fur l'o-
rigine des fociétés, & fur la langue,
je ne doutai point qu'il ne fût capable d'obferver avec les philofophes, &
de les fuivre dans leurs découvertes.
Car fi on conduit, de vérité en vérité, un efprit qui fait réfléchir, je ne
vois pas pourquoi il y auroit des connoiffances hors de fa portée.

L'ouvrage., que j'intitule *L'Art*
de Raifonner, a pour objet de mettre
fous les yeux du Prince une partie des
découvertes des philofophes. Je ne
me propofe pas, comme dans une lo-
gique, d'enfeigner les regles du raifonnement, en faifant raifonner fur
rien; parce que je ne conçois pas de
quelle utilité il eft de raifonner, quand
on ne penfe pas à faire des découvertes, ou à s'affurer des découvertes
des

des autres. Je crois donc que l'art de
raisonner n'est, dans le fond, que l'art
de bien observer & de bien juger.

Le Prince connoissoit déja cet art.
Il ne s'agissoit pas de lui en apprendre les regles : il suffisoit de les lui
faire appliquer à de nouveaux objets.
Je dis plus : c'est qu'il savoit raisonner,
avant que j'arrivasse à Parme : car s'il
n'avoit pas su faire un raisonnement,
j'avoue qu'il n'auroit rien appris avec
moi. Qu'avois-je donc fait pour l'instruire ? Je l'avois engagé dans des études, auxquelles il ne se seroit pas porté
de lui-même ; & je l'avois fait étudier
avec moi, comme il étudioit seul,
quand il étudioit bien.

L'art de raisonner n'enseigne donc
pas de nouvelles regles. Nous lui devons les commencements mêmes des
arts & des sciences : mais les hommes n'ont pas toujours su en faire usage. Les philosophes qui raisonnoient

bien fur les chofes de goût, ont été
des fiecles avant de favoir raifonner
fur les objets de leurs recherches; en
forte que l'art d'appliquer le raifonnement à la philofophie, eft un art tout
nouveau.

Quoique nous commencions à connoître l'art de penfer, lorfque nous
commençons à faire ufage de nos fens;
cet art néanmoins ne peut être connu
dans toute fon étendue, qu'après que
les trois autres ont été portés à leur
perfection. Il n'eft qu'un dernier développement des obfervations qu'on
a faites en les étudiant. Je donne
ce développement dans un ouvrage
qui eft à la fuite de l'Art de Raifonner.

Au refte, l'art de parler, l'art d'é-
crire, l'art de raifonner & l'art de penfer ne font, dans le fond, qu'un feul
& même art. En effet, quand on fait
penfer, on fait raifonner; & il ne refte
plus, pour bien parler & pour bien

écrire, qu'à parler comme on penſe, & a écrire comme on parle.

Si on conſidere d'ailleurs combien, ſans l'uſage des ſignes, nous ſerions bornés dans nos connoiſſances ; on jugera que, ſi nous avions moins de mots, nous aurions moins d'idées, & que, par conſéquent, nous ſerions moins capables de penſer & de raiſonner. L'art de parler n'eſt donc que l'art de penſer & l'art de raiſonner, qui ſe développe à meſure que les langues ſe perfectionnent ; & il devient l'art d'écrire, lorſqu'il acquiert toute l'exactitude & toute la préciſion dont il eſt ſuſceptible. Mais quoique, dans le vrai, tous ces arts ſe réduiſent à un ſeul, & qu'il ſoit même utile de les conſidérer ſous ce point de vue, afin de les ramener aux mêmes principes ; il eſt cependant néceſſaire de le traiter ſéparément, quand on veut ſuivre le développement de nos facultés & le progrès de nos connoiſſances.

J'ai fait voir que tous ces arts fe confondent dans un feul. Je dirai plus : c'eft qu'ils fe réduifent tous à l'art de Parler.

Je ne faurois exprimer un jugement avec des mots, fi, dès l'inftant que je vais prononcer la premiere fyllabe, je ne voyois pas déja toutes les idées, dont mon jugement eft formé. Si elles ne s'offroient pas toutes à la fois, je ne faurois par où commencer, puifque je ne faurois pas ce que je voudrois dire. Il en eft de même, lorfque je raifonne : je ne commencerois point, ou je ne finirois point un raifonnement, fi la fuite des jugements qui le compofent, n'étoit pas en même temps préfente à mon efprit.

Ce n'eft donc pas en parlant que je juge & que je raifonne. J'ai déja jugé & raifonné, & ces opérations de l'efprit précédent néceffairement le difcours.

En effet, nous apprenons à parler, parce que nous apprenons à exprimer par des fignes les idées que nous avons, & les rapports que nous appercevons entre elles. Un enfant n'apprendroit donc pas à parler, s'il n'avoit pas déja des idées, & s'il ne faififfoit pas déja des rapports. Il juge donc & il raifonne, avant de favoir un mot d'aucune langue.

Sa conduite en eft la preuve, puifqu'il agit en conféquence des jugements qu'il porte. Mais parce que fa penfée eft l'opération d'un inftant, qu'elle eft fans fucceffion, & qu'il n'a point de moyen pour la décompofer; il penfe, fans favoir ce qu'il fait en penfant; & penfer n'eft pas encore un art pour lui.

Si une penfée eft fans fucceffion dans l'efprit, elle a une fucceffion dans le difcours, où elle fe décompofe en autant de parties, qu'elle ren-

c ∫

ferme d'idées. Alors nous pouvons
obſerver ce que nous faiſons en pen-
ſant, nous pouvons nous en rendre
compte : nous pouvons, par conſéquent, apprendre à conduire notre réflexion. Penſer devient donc un art,
& cet art eſt l'art de parler.

Pour s'en convaincre, il ſuffit de
conſidérer que l'art de décompoſer nos
penſées, par le moyen d'une ſuite de
ſignes qui en repréſentent ſucceſſivement les parties, eſt une analyſe, qui,
comme toutes les méthodes analytiques, conduit l'eſprit de découverte
en découverte, ou de penſée en penſée.

Car autant la faculté de penſer eſt
bornée dans celui qui n'analyſe pas ſes
penſées, & qui, par conſéquent,
n'obſerve pas tout ce qu'il fait en pen-
ſant; autant cette faculté doit s'étendre dans celui qui analyſe ſes penſées,
& qui en obſerve juſqu'aux plus petits
détails.

Un enfant, qui ne parle pas encore, eſt donc très borné à cet égard. Mais en apprenant à exprimer ſes jugements par des mots, il apprend à les analyſer, parce qu'il apprend à les obſerver partie par partie. Il apprend donc ce qu'il fait quand il juge, & il en eſt plus capable de juger. L'art de penſer n'eſt, par conſéquent, pour lui que l'art de parler; & c'eſt à cet art qu'il devra le développement de ſes facultés & le progrès de ſes connoiſ-ſances.

Voilà pourquoi je conſidére l'art de parler comme une méthode analytique, qui nous conduit d'idée en idée, de jugement en jugement, de connoiſſance en connoiſſance; & ce ſeroit en ignorer le premier avantage, que de le regarder ſeulement comme un moyen de communiquer nos penſées.

Les langues ſont donc plus ou moins parfaites, à proportion qu'elles ſont

plus ou moins propres aux analyses.
Plus elles les facilitent, plus elles donnent de secours à l'esprit. En effet,
nous jugeons & nous raisonnons avec
des mots, comme nous calculons avec
des chiffres; & les langues sont pour
les peuples ce qu'est l'algebre pour les
géometres. En un mot, les langues
ne sont que des méthodes, & les méthodes ne sont que des langues. Par
conséquent, si les géometres n'ont fait
des progrès, qu'autant qu'ils ont perfectionné leurs méthodes; l'esprit d'un
peuple ne fera des progrès, qu'autant
qu'il perfectionnera sa langue : & comme l'imperfection des méthodes met
des bornes à l'art de calculer, l'imperfection du langage met des bornes à
l'art de penser. Un peuple n'a donc
pas le même goût, la même intelligence, la même étendue d'esprit dans
tous les temps, par la même raison, que
les géometres de tous les siecles n'ont
pas été capables de résoudre les mêmes problêmes. On voit par-là que

l'art d'écrire, l'art de raifonner &
l'art de penfer fe réduifent à l'art de
parler ; comme toute la géométrie fe
réduit à l'art de calculer avec méthode.

Dès que toutes les études que le
Prince avoit faites jufqu'alors, n'é-
toient, dans le fond, qu'un feul &
même art ; il eft évident qu'elles con-
couroient enfemble à le familiarifer
avec les mêmes idées, & par conféquent à faire prendre les mêmes habitudes à fon efprit. L'une ne faifoit
pas diverfion à l'autre : toutes ten-
doient au même but, c'eft-à-dire, à
lui apprendre à penfer.

Si nous recherchons, dans nos palais, la grandeur & la magnificence,
nous nous contentons de trouver des
commodités dans nos maifons, &
lorfque nous ne pouvons bâtir, que
pour avoir un abri, nous ne bâtiffons
que des chaumieres.

Voilà l'image des différences, qui doivent se trouver dans l'éducation des citoyens. Puisqu'ils ne font pas faits pour contribuer tous de la même maniere aux avantages de la société; il eft évident que l'inftruction doit varier, comme l'état auquel on les deftine. Il fuffit aux dernieres claffes de favoir fubfifter de leur travail : mais les connoiffances deviennent néceffaires, à mefure que les conditions s'élevent.

La difficulté eft d'y préparer les efprits, comme le plus difficile eft quelquefois de difpofer les lieux où l'on veut bâtir. Il y a des fituations ingrates : il y a tel fol, où l'on ne peut qu'à grands frais affeoir des fondements : on pourroit même s'y tromper, & le bâtiment s'écrouleroit de toutes parts. Cependant un Prince, deftiné à commander, devroit s'élever au milieu de fon peuple, comme un palais régulier & folide s'éleve au milieu des campagnes, dont il eft l'ornement,

Toutes les études, que j'avois fait faire au Prince, se bornoient à l'art de parler, considéré comme l'art qui apprend à penser. Elles avoient formé son esprit, & elles le préparoient à d'autres connoissances. Ce fut alors que je lui fis étudier l'Histoire.

Je considere l'histoire comme un recueil d'observations, qui offre, aux citoyens de toutes les classes, des vérités rélatives à eux. Si nous savons y puiser les choses à nôtre usage, nous nous éclairons par l'expérience des siecles passés. Il ne s'agit donc pas de ramasser tous les faits, & d'en charger sa mémoire. Il y a un choix à faire.

Un Prince doit apprendre à gouverner son peuple. Il faut donc qu'il s'instruise, en observant ce que ceux qui ont gouverné, ont fait de bien, & ce qu'ils ont fait de mal. Il faut qu'il respecte leurs vertus, qu'il ché-

riſſe leurs talents, qu'il plaigne leurs
fautes, & qu'il haïſſe leurs vices. En
un mot, il faut que l'hiſtoire ſoit
pour lui un cours de morale & de
légiſlation.

Cette étude embraſſe, par conſéquent, tout ce qui peut contribuer au
bonheur ou au malheur des peuples :
c'eſt-à-dire, les gouvernements, les
mœurs, les opinions, les abus, les
arts, les ſciences, les révolutions, leurs
cauſes, les progrès de grandeur, & la
décadence des empires, conſidérée
dans ſon principe, dans ſon accéléra-
tion & dans ſon dernier terme. Elle
embraſſe, en un mot, toutes les choſes qui ont concouru à former les ſociétés civiles, à les perfectionner, à
les défendre, à les corrompre, à les
détruire.

Telle eſt en général la maniere dont
j'ai cru devoir enviſager l'hiſtoire. Lorſque nous n'avons beſoin de connoître
les faits, qu'afin de pouvoir ſuivre le

fil des événements, je me contente de
les indiquer: mais je les développe avec
toutes les circonſtances qui ſe ſont tranſ-
miſes juſqu'à nous, lorſque ce ſont des
germes, où ſe préparent des révolutions
qui doivent éclore avec le temps. Pour
traiter ainſi l'hiſtoire, je la diviſe en
une multitude de périodes, qui ſont
plus ou moins longues, & qui chacune
ſe terminent à une révolution. Par-là
chaque morceau d'hiſtoire eſt un. Le
dernier terme, auquel tout ſe rapporte,
décide ſur le choix des faits, & je pré-
pare le développement d'une période
entiere, par l'expoſition que je fais,
avant de la commencer. Un coup d'œil,
propre à faire connoître les acteurs &
le lieu de la ſcene, eſt un préliminaire
que je crois néceſſaire; & je le donne,
toutes les fois que je le puis. Mais il
feroit trop long d'entrer dans les détails que ce ſujet demande. Je remarquerai ſeulement, que m'étant fait une
loi d'apprendre au Prince où je veux
le conduire, & comment je le con-

duis, j'indique, à chaque époque principale, l'objet que je crois devoir me
propofer.

Par l'expofé que je viens de faire,
on voit que le Prince fe portoit à l'é-
tude de l'Hiftoire avec un efprit exercé.
Il connoiffoit les facultés de fon ame :
il avoit obfervé les fociétés dans leur
origine : fon goût s'étoit formé par la
lecture ; & les découvertes des philofophes avoient achevé de développer fa
raifon. Si la Grammaire, l'Art d'Ecrire,
l'Art de Raifonner & l'Art de Penfer
avoient varié fes études, il retrouvoit
dans toutes la même méthode & les
mêmes principes, puifque tous ces arts
fe confondent dans un feul. Il fe fami-
liarifoit, par conféquent, avec les connoiffances qu'il avoit acquifes, & il lui
devenoit facile d'en acquérir encore.

COURS D'ÉTUDE

POUR L'INSTRUCTION

DU PRINCE DE PARME.

MOTIF

DES LEÇONS PRÉLIMINAIRES.

Nous ne favons que ce que nous avons appris (*). Nous ne jugeons, par exemple, des objets au tact, que parce que nous avons ap-

---

(*) Je vais encore prouver que les enfants font capables de raifonner. Quand on combat un préjugé, on est obligé de l'attaquer à plufieurs réprifes.

pris à en juger. En effet, une grandeur n'étant déterminée, que par les rapports qu'elle a à d'autres; s'en faire une idée, c'est la comparer avec d'autres qu'on observe, & juger qu'elle en différe plus ou moins. Avec quelque promptitude que nous acquérions de pareilles idées, il est donc évident, puisqu'elles font relatives, que nous ne les avons acquises, que parce que nous avons comparé & jugé. Il en est de même des idées de distance, de figure, de pesanteur : en un mot, toutes les idées, qui nous viennent par le toucher, supposent des comparaisons & des jugements.

A peine le toucher est instruit, qu'il devient le maître des autres sens. C'est de lui que les yeux, qui n'auroient par eux-mêmes que des sensations de lumière & de couleur, apprennent à juger des grandeurs, des figures & des distances; & ils s'instruisent même si promptement qu'ils paroissent voir sans avoir appris.

Il

Il eft donc démontré que la faculté de raifonner commence, auffi-
tôt que nos fens commencent à fe développer; & que nous n'avons de bonne heure l'ufage de nos fens, que parce que nous avons raifonné de bonne heure.

Mais s'il faut raifonner pour acquérir jufqu'aux premieres idées qui nous
font tranfmifes par les fens, il faudra fans doute raifonner encore pour
apprendre l'art de communiquer nos
penfées.

La nature a mis dans notre orga-
nifation les premiers éléments de cet
art. En nous formant fur le même
modele, elle nous a donné des organes, qui font voir les mêmes actions,
lorfque nous éprouvons les mêmes fentiments : ces actions deviennent donc
naturellement l'expreffion des fentiments que nous éprouvons; & il ne
refte plus qu'à les obferver, pour ju-

ger des fentiments, que les autres
éprouvent.

Or, avant d'avoir appris à parler,
un enfant a déja quelque connoiſſance
de ce langage d'action. Il a donc obſervé ce qui ſe paſſe dans ſes organes,
il a donc obſervé quelque choſe de
ſemblable dans les organes des autres.
Il peut s'y tromper ou plutôt il s'y trompe ſouvent : mais ſes erreurs mêmes
prouvent qu'il a obſervé, qu'il a comparé, qu'il a jugé.

Ses beſoins ſont le motif qui le
détermine à obſerver. C'eſt pourquoi
il apprend bientôt à faire connoître
ſes deſirs & ſes craintes, à s'aſſurer
des diſpoſitions où l'on eſt à ſon égard,
& à ſe procurer les ſecours qui lui
ſont néceſſaires.

La verſion interlinéaire, imaginée
par Mr. du Marſais, eſt ſans doute la
meilleure méthode pour enſeigner une

langue. Or c'eſt préciſément la méthode que ſuit un enfant, qui apprend
la langue de ſes peres. Qu'en effet
on prononce le nom d'une choſe, lorſqu'il montre par ſes mouvements qu'il
la deſire; il jugera auſſitôt que ce nom
eſt le ſigne de la choſe même, & il
conclura qu'il le peut ſubſtituer à ſon
geſte. Son action devient donc en
quelque ſorte la verſion interlinéaire
des mots qu'il entend: elle eſt la tra-
duction de la langue qu'on lui enſeigne.

Qu'on diſe à un enfant, *on vous*
punira, ſi vous n'êtes pas ſage; il pourra répondre, *mais ſi je le ſuis, on me*
récompenſera; jugeant que puiſque de
punir on fait *punira*, on doit faire de
récompenſer, *récompenſera*.

Nous voyons que les enfants commencent de bonne heure à ſaiſir les
analogies du langage. S'ils s'y trom-
pent quelquefois, il n'en eſt pas moins
vrai qu'ils ont raiſonné: mais l'uſage

n'eſt pas toujours auſſi conſéquent qu'ils
le ſont. Souvent même nous ne pouvons refuſer d'applaudir à leur eſprit,
lors-même qu'ils font des fautes: c'eſt
que ces fautes mêmes ſuppoſent des
raiſonnements dont nous ne les jugions
pas capables. Malgré ces expériences,
qui devroient nous ouvrir les yeux,
nous nous obſtinons à juger qu'ils ne
ſont pas encore dans un âge à pouvoir
raiſonner. Nous nous aveuglons au
point de ne pas appercevoir un raiſonnement, parce qu'il n'eſt pas développ-
pé avec tous les termes, dont nous
nous ſervons à cet effet. Cependant
le raiſonnement eſt tout fait dans l'eſprit, avant qu'il ſoit énoncé. L'expreſſion ne le fait pas, elle le ſuppoſe;
& on ne l'exprimeroit pas, ſi on ne
l'avoit pas déjà fait. Il y a donc eu un
raiſonnement dans l'eſprit d'un enfant, toutes les fois que nous y remarquons une idée qu'il n'a pu acquérir qu'en raiſonnant.

Mais, demandera-t-on, lorfqu'un enfant dit, de *punir* on fait *punira*: donc de *récompenfer* on doit faire *récompenfera*, eft-ce là raifonner? Je réponds que toute l'effence du raifonnement confifte dans cette conféquence, que nous exprimons par un *donc*.

En effet, quand Newton, obfervant les corps qui font fur la furface de notre globe, dit : ils pefent vers le centre de la terre, donc la Lune pefe vers ce même centre; la Lune pefe vers le centre de la terre, donc les fatellites pefent vers le centre de leur planete principale; les fatellites pefent vers le centre de leur planete principale, donc toutes les planetes pefent vers le centre du Soleil : que peut-on fuppofer de plus dans ces raifonnements que dans celui-ci; on dit *punira*, donc on dira *récompenfera*?

Newton, qui développoit le fyftême du monde, ne raifonnoit donc pas autrement que Newton, qui apprenoit à toucher, à voir, à parler : il ne raifonnoit pas autrement que Newton, qui développoit fes propres fenfations. Tous deux obfervoient ; tous deux comparoient, tous deux jugeoient, tous deux tiroient des conféquences. L'âge a feulement changé l'objet des études : mais le raifonnement, de la part de l'efprit, a toujours été la même opération.

Il ne faut pas confondre le raifonnement avec les chofes fur lefquelles on raifonne. Il y en a fur lefquelles il eft difficile de raifonner, parce qu'il eft difficile de les bien obferver, de s'en faire des idées précifes, d'en bien juger, & que d'ailleurs avant de les étudier, il faudroit avoir fait d'autres études. Ce font-là des chofes fur lefquelles les enfants ne peuvent pas raifonner encore : faut-il en conclure qu'ils ne raifonnent pas fur d'autres ?

Non-seulement ils raisonnent ; mais, guidés par la Nature, ils se conduisent mieux, que les philosophes ne se conduisent communément : la méthode qu'ils suivent, est cette méthode que nous nous faisons gloire d'avoir trouvée, & que nous n'avons trouvée qu'après bien des siecles ; car ils vont du connu à l'inconnu, observant, jugeant d'après leurs observations, & montrant une sagacité qui surmonte jusqu'aux obstacles que nous mettons au développement de leur raison. Ils ont déja fait de grands progrès, lorsqu'ils commencent à parler : ils en feroient sans doute encore, si, lorsque nous entreprenons de cultiver leur esprit, nous commencions par leur faire remarquer comment ils se sont instruits tout seuls ; & si, après leur avoir fait sentir que la méthode qui leur a donné des connoissances, peut leur en donner encore, nous les conduisions d'observation en observation, de jugement en jugement, de

d 4

conféquence en conféquence. Mais
parce que nous ne favons pas nous
mettre à leur portée, nous les accu-
fons d'être incapables de raifon, &
cependant notre ignorance fait feule
toute leur incapacité.

Convaincu de cette vérité, je jugeai que le Prince dont on m'avoit
confié l'inftruction, m'entendroit facilement, fi, le faifant réfléchir fur
les idées qui lui étoient familieres, je
lui faifois remarquer par quelle fuite
de raifonnements il les avoit acquifes. Cette méthode, propre à répan-
dre la lumiere dans fon efprit, devoit
encore réveiller fa curiofité, puifqu'elle lui faifoit voir que, pour arriver à
de nouvelles connoiffances, il n'avoit
qu'à fe conduire avec moi, comme il
s'étoit conduit tout feul. Cette feule
confidération fupprimoit les difficultés, écartoit les dégoûts, & donnoit
de la confiance.

Ce plan me paroiſſoit ſimple. J'avoue cependant que je n'oſois me répondre du ſuccès. Car je voyois que ce ſeroit toujours ma faute, lorſque le Prince ne m'entendroit pas ; & l'expérience pouvoit ſeule m'apprendre, ſi je ſerois capable de me faire toujours entendre.

Le commencement étoit le plus difficile : il n'y avoit même de difficulté qu'à bien commencer. Par conſéquent je devois, dès le premier eſſai, juger de ma méthode & de moi. Je haſardois tout au plus de perdre quelques jours.

On conçoit que, pour exécuter mon plan, il falloit me rapprocher de mon éleve, & me mettre tout-à-fait à ſa place : il falloit être enfant, plutôt que précepteur. Je le laiſſai donc jouer, & je jouai avec lui : mais je lui faiſois remarquer tout ce qu'il faiſoit, & comment il avoit appris à le faire ; & ces petites obſervations ſur ſes jeux étoient

un nouveau jeu pour lui. Il reconnut
bientôt qu'il n'avoit pas toujours été
capable des mouvements qu'il avoit
cru jufqu'alors lui être naturels : il vit
comment les habitudes fe contractent:
il fut comment on en peut acquérir
de bonnes, & comment on peut fe
corriger des mauvaifes.

Dès qu'il connut que le corps ne
peut régler fes mouvements, qu'autant qu'il s'eft fait des habitudes; lui
dire que l'efprit ne penfe, qu'autant
qu'il a appris à penfer, & qu'il s'en
eft fait une habitude, c'étoit étonner
& exciter fa curiofité. Car pouvoit-il
foupçonner qu'il n'eût pas toujours eu
les idées qu'il avoit, & qu'il n'eût pas
toujours penfé comme il penfoit? Ce
paradoxe, qui attiroit fon attention,
faifoit diverfion à fes jeux : & l'enfant,
qui commençoit à jouer moins, fe rap-
prochoit du précepteur, comme le
précepteur s'étoit d'abord rapproché
de l'enfant.

Parmi les connoiſſances qu'il avoit alors, il me fut facile d'en trouver qu'il ſe ſouvenoit de n'avoir pas toujours eues; & cette ſeule obſervation ſuffiſoit pour lui faire ſoupçonner qu'elles pouvoient toutes avoir été acquiſes. D'ailleurs, c'étoit aſſez de lui faire remarquer que ſans les ſenſations il n'auroit eu aucune idée des objets ſenſibles, & que ſans les ſens il n'auroit point eu de ſenſations: il ne reſtoit plus qu'à lui expliquer la génération de quelques-unes de ſes idées, c'eſt-à-dire, comment il les avoit faites; & auſſitôt il devoit entrevoir comment elles pouvoient être toutes l'ouvrage de ſon eſprit.

Avant d'écrire la premiere leçon, je crus devoir la faire avec le Prince même. Je l'obſervai donc pendant quelques jours, je cauſai avec lui, je lui trouvai de l'intelligence, & j'appris comment je devois m'exprimer. Alors j'écrivis cette premiere leçon, qui n'étoit qu'un réfultat de ce que nous avions dit. Le Prince l'entendit à la fimple lecture.

Je caufai encore avec lui, avant d'écrire la feconde ; je fis de même, avant d'écrire la troifieme ; & c'eft avec cette précaution que les leçons préliminaires ont été faites. Ceux qui jugeront fuperficiellement de la méthode que j'ai fuivie, auront de la peine à comprendre qu'un enfant de fept ans ait pu, en moins d'un mois, fe familiarifer avec toutes les idées qu'elles renferment.

PRÉCIS

DES

LEÇONS PRÉLIMINAIRES.

Les Leçons préliminaires avoient pour principaux objets, les idées, les opérations de l'ame, les habitudes, la diftinction de l'ame & du corps, & la connoiffance de Dieu. J'en vais donner le précis dans cinq articles.

Il eft inutile que je donne les leçons mêmes, puifqu'elles ont été faites uniquement pour le Prince, & d'après les converfations que j'avois eues avec lui. Souvent, d'une leçon à l'autre, je revenois aux idées avec lefquelles je voulois qu'il fe familiarifât, &

je les lui préfentois d'une nouvelle maniere. Quelquefois auſſi je m'écartois
de mon objet dans la leçon écrite,
parce que la curioſité de mon éleve
m'en avoit écarté dans nos converſa-
tions. Autant ces écarts & ces répé-
titions étoient néceſſaires entre le Prince & moi, autant il feroit inutile de
les donner au public. On n'y trouveroit que du déſordre, & on en feroit
choqué, parce qu'on ne pourroit pas
juger de l'utilité que j'en retirois.

ARTICLE I.

Des différentes especes d'idées.

LORSQUE les corps font préfents, nous les connoiffons par les fenfations qu'ils font fur nous; & lorfqu'ils font abfents, nous les connoiffons par le fouvenir des fenfations qu'ils ont faites. Nous n'avons pas d'autre maniere de les connoître.

Ce font donc nos fenfations qui nous repréfentent les corps: ce font elles qui nous les repréfentent, lorfqu'elles exiftent actuellement dans l'ame; & ce font elles encore qui le repréfentent, lorfqu'elles ne fubfiftent que dans le fouvenir que nous en confervons.

Les fenfations, confidérées comme repréfentant les corps, fe nomment *idées*; mot qui, dans fon origine, n'a fignifié que ce que nous entendons par *image*.

Puifque les images, qui nous repréfentent les corps, ou les idées, font des fenfations, autant nous avons de fenfations différentes, autant nous avons d'idées différentes; & puifque nos fenfations font originairement nos feules idées, il ne nous eft pas poffible d'avoir des idées, lorfque les fenfations viennent à nous manquer. Un aveugle-né n'a point d'idée des couleurs; & fi nous avions un fixieme fens, nous aurions des idées que nous n'avons pas.

Les chofes que nos idées ou nos fenfations nous repréfentent dans les corps, fe nomment *qualités*, *maniere d'être ou modifications*. Qualités, parce que par elles les corps font diftingués

gués les uns des autres : maniere d'ê-
tre, parce que c'eſt la maniere dont
ils exiſtent : modifications, parce qu'-
une qualité de plus ou de moins modifie un corps, c'eſt-à-dire, produit
quelque changement dans ſa maniere
d'exiſter. Les qualités, qui ſont telle-
ment propres à une choſe, qu'elles ne
ſauroient convenir à d'autres, ſe nomment *propriétés.* Etre terminé par trois
côtés, eſt, par exemple, une propriété du triangle.

Dès que les qualités diſtinguent les
corps, & qu'elles en ſont des manieres d'être, il y a dans les corps quelque choſe que ces qualités modifient,
qui en eſt le ſoutien ou le ſujet, que
nous nous repréſentons deſſous, & que
par cette raiſon nous appellons *ſubſtan-*
ce, de *ſubſtare,* être deſſous.

Les ſenſations ne nous repréſentent
pas ce quelque choſe. Nous n'en avons
donc aucune idée. Mais puiſque les

qualités modifient, il faut bien qu'il y ait quelque chose qui soit modifié. Le mot *substance* est donc un nom donné à une chose que nous savons exister, quoique nous n'en ayons point d'idée.

Si vous vouliez connoître l'intérieur d'une montre, vous la démonteriez ou décomposeriez : vous arrangeriez avec ordre toutes les parties devant vous : vous examineriez séparément comment chacune est faite, comment l'une agit sur l'autre, & comment le nouvement, communiqué par un premier ressort, passe de roue en roue, jusqu'à l'aiguille qui marque les heures.

De même, si vous voulez connoître un corps, vous le démonterez, pour ainsi dire ; vous le décomposerez. Voyons comment se fait cette décomposition.

Aucun sens ne représente toutes les qualités que nous appercevons dans

un corps. La vue repréfente les couleurs ; l'oreille, les fons, &c. : en nous
fervant féparément de nos fens, les
corps commencent donc à fe décompofer : nous obfervons fucceffivement
les différentes qualités, comme nous
obfervions fucceffivement les parties
d'une montre. Le toucher eft de tous
les fens celui qui nous découvre le
plus de qualités. Mais lorfqu'il en repréfente plufieurs à la fois, il ne les fait
cependant remarquer que l'une après
l'autre. Si je veux juger de la longueur, de la largeur & de la profon-
deur d'un corps, il faut que je les obferve féparément.

Or, puifque les fens nous repréfentent fucceffivement les qualités, il dépend de nous de les confidérer les unes
après les autres. Nous pouvons donc
les obferver comme fi elles exiftoient
féparées de la fubftance qu'elles modifient. Je puis, par exemple, penfer
à la blancheur, fans penfer à ce pa-

pier, ni à la neige, ni à tout autre corps blanc. Or la blancheur, confidérée féparément de tout corps, eft ce qu'on nomme une idée *abſtraite*, d'*abſtrahere*, qui fignifie *féparer de*.

Si, par conféquent, de toutes les idées qui me viennent par les fens, je fais autant d'idées abftraites, j'aurai la décompofition de toutes les qualités que je connois dans les corps, puifque je les aurai toutes féparées.

Comme on recompofe une montre, lorfqu'on raffemble les parties dans l'ordre où elles étoient, avant qu'on l'eût démontée ; on recompofe l'idée d'un corps, lorfqu'on raffemble les qualités dans l'ordre dans lequel elles coexiftent, c'eft-à-dire, dans lequel elles exiftent enfemble.

Il eft néceffaire de décompofer, pour connoître chaque qualité féparément ; & il eft néceffaire de recompofer, pour connoître le tout qui réfulte de la réunion des qualités connues.

Cette décompofition & cette recompofition eft ce que je nomme *analyfe*. Analyfer un corps, c'eft donc le décompofer pour en obferver féparément les qualités, & le recompofer pour faifir l'enfemble des qualités réunies. Quand nous avons ainfi analyfé un corps, nous le connoiffons, autant qu'il eft en notre pouvoir de le connoître.

Il y a dans chaque corps des qualités qu'on peut connoître fans le comparer avec un autre. Telle eft l'étendue. Ces qualités fe nomment *abfolues*. Il y a auffi dans chaque corps des qualités qu'on ne peut connoître, qu'autant qu'on le compare avec un autre. Telle eft la grandeur. Ces qualités fe nomment *relatives*.

Pour connoître les corps, il ne fuffit donc pas d'en obferver les qualités abfolues : il faut encore en obferver les qualités relatives; &, par confé-quent, il faut, à mefure qu'on les analyfe, les comparer les uns avec les autres.

Mais quel ordre fuivrons nous dans ces comparaifons? Il eft évident que nous confondrons tout, fi nous ne nous conduifons pas avec quelque mé-thode.

Si je veux faire ufage de ma biblio-theque, je mets dans un endroit les livres d'hiftoire, dans un autre les li-vres de poëfie, &c.; je diftingue enfui-te l'hiftoire en hiftoire ancienne & en hiftoire moderne; l'hiftoire moderne en hiftoire de France, en hiftoire d'An-gleterre, &c. : par-là je fais de mes livres différentes collections que j'ap-pelle *claffes*.

Les claffes d'hiftoire ancienne & d'hiftoire moderne font des fubdivifions de la claſſe que j'ai nommée *li-vres d'hiſtoire*; comme les claſſes d'hiſ-toire de France & d'hiſtoire d'Angle-terre font des ſubdiviſions de la claſſe que j'ai nommée *hiſtoire moderne.*

J'appelle *claſſes ſubordonnées les unes aux autres* les claſſes qui ſe for-ment par une ſuite de ſubdiviſions. Ainſi les claſſes d'hiſtoire de France & d'hiſtoire d'Angleterre font ſubor-données à la claſſe d'*hiſtoire moderne*, comme les claſſes d'hiſtoire moderne & d'hiſtoire ancienne font ſubordon-nées à la claſſe de *livres d'hiſtoire*. Il eſt certain que quand j'aurai de la ſor-te claſſé tous mes livres, il me ſera plus facile de les retrouver.

C'eſt ainſi que nous claſſons les choſes à meſure que nous les obſer-vons, & par ce moyen nous nous fe-rons différentes eſpeces d'idées.

Chaque choſe eſt une, & on l'ap-pelle par cette raiſon *ſinguliere* ou *in-*

dividuelle. Pierre & Paul, par exemple, font deux *individus.*

Un enfant, à qui on dit que Pierre eft un homme, remarquera que Paul eft un homme également, parce que Paul reffemble à Pierre. Bientôt il appliquera le nom d'*homme* à tous les individus qui reffemblent à Pierre & à Paul, & alors il aura fait une claffe de tous ces individus.

Quand il remarquera que, parmi les hommes, il y a des nobles & des roturiers, des eccléfiaftiques & des militaires, des favants & des ignorants, &c., la claffe, qu'il défignoit par le mot *homme*, fe fubdivifera en plufieurs autres claffes, qu'il diftinguera par des noms différents.

De même quand il confidérera ce que les hommes ont de commun avec les chiens, les chevaux, &c., & qu'il remarquera que les hommes, les chiens, les chevaux, quand on n'a égard qu'à ce qu'ils ont de commun, se désignent tous par le nom d'*animal*; alors il jugera qu'homme, chien, cheval, &c. ne font que des subdivisions de la classe d'*animal*, & il mettra dans cette classe tous les animaux, à mesure qu'il aura occasion de les remarquer.

Noble ne se dit que d'une partie des individus qu'on désigne par le nom d'*homme*. Or, on nomme *générale* la classe qui comprend le plus grand nombre d'individus, & on nomme *particuliere* la classe qui n'en comprend qu'un certain nombre. *Noble* est donc une classe particuliere par rapport à *homme*, & *homme* est une classe générale par rapport à *noble*, *roturier*, &c.

Mais comme la classe d'*homme* est générale par rapport aux classes dans lesquelles on la subdivise, elle est elle-même une classe particuliere par rapport à la claſſe dont elle eſt une ſubdiviſion. *Homme* eſt donc une claſſe particuliere par rapport à *animal*, & *animal* eſt une claſſe générale par rapport à *homme*, *chien*, *cheval*, &c.

On donne encore à ces claſſes les noms de *genre* & d'*eſpece*; & on comprend ſous le nom de genres les claſſes générales, & ſous le nom d'eſpeces les claſſes particulieres. Par exemple, *noble* & *roturier* ſont des eſpeces par rapport à *homme*; & *homme*, qui eſt un genre par rapport à *noble* & *roturier*, eſt une eſpece par rapport à *animal*.

Comme on claſſe les objets ſenſibles, on claſſe auſſi leurs qualités. Quand on conſidérera, par exemple, les qualités par rapport aux ſens qui nous en donnent la connoiſſance, on en diſtinguera en général de cinq eſpeces, & chacune de ces eſpeces deviendra un genre par rapport aux claſ-

fes dans lefquelles elle fera fubdivi-
fée. *Couleur*, par exemple, eft un
genre par rapport aux qualités qui
nous font connues par la vue, & les
couleurs fe fubdivifent en plufieurs efpeces, *blanc*, *noir*, *rouge*, &c.

Claffer ainfi les chofes, c'eft les
diftribuer avec ordre. Alors nous pouvons remonter, de claffe en claffe, depuis l'individu jufqu'au genre qui comprend toutes les efpeces, comme nous
pouvons defcendre de ce genre jufqu'-
aux individus.

Ce n'eft donc qu'afin de pouvoir,
à notre choix, aller de l'efpece au genre & revenir du genre à l'efpece, que
nous diftribuons les chofes dans des
claffes fubordonnées. Sans cette diftribution, toutes nos idées fe confon-
droient, & il nous feroit impoflible
d'étudier la Nature.

Quand cette diftribution eft faite,
nos idées fe trouvent elles-mêmes dif-

tribuées par claffes, comme les chofes que nous avons obfervées. Alors
nous avons des idées fingulieres ou individuelles, qui nous repréfentent les
individus ; des idées particulieres, qui
nous repréfentent les efpeces ; & des
idées générales, qui nous repréfentent
les genres. L'idée, par exemple, que
j'ai de Pierre, eft finguliere ou individuelle, & comme l'idée d'homme eft
générale par rapport aux idées de noble & de roturier, elle eft particuliere
par rapport à l'idée d'animal.

Après avoir vu comment nos idées
fe forment, il eft aifé de connoître ce
qu'elles font chacune en elles-mêmes.

Un homme en général, une couleur en général ne peut tomber fous
les fens. Nous ne pouvons voir que
tel homme, telle couleur. En un mot,
nous ne voyons que des individus.

Dès que les fens ne nous offrent
que des individus, nous ne pouvons

avoir, à parler à la rigueur, que des idées individuelles. Que font donc les idées générales? Ce font les noms des claffes que nous avons faites, à mefure que nous avons fenti le befoin de diftribuer nos connoiffances avec ordre. Que repréfentent ces idées? Elles ne repréfentent que ce que nous appercevons dans les individus mêmes. L'idée générale d'*homme* ne repréfente que ce que nous voyons de commun dans Pierre, dans Paul, &c.: c'eft pourquoi je dis qu'à parler à la rigueur, nous n'avons que des idées individuelles. En effet, nous n'appercevons dans les idées générales, que ce que nous appercevons dans les individus.

Cette maniere d'expliquer la génération des idées eft fimple. Peutêtre même le paroîtra-t-elle trop à quelques lecteurs. Mais on conviendra que, fi les philofophes avoient eu cette fimplicité-là, ils fe feroient épargné bien des queftions fri-

voles & beaucoup de mauvais raifonnements.

On conçoit au refte que pour rendre ces chofes familieres à un enfant,
il faut rapporter plus ou moins d'exemples. On en trouvera facilement, parce qu'un enfant qui fait parler, a déja
bien des idées d'individus, d'efpeces
& de genres. Il ne s'agit pas de lui
faire faire quelque chofe de nouveau:
il s'agit feulement de lui faire remarquer ce qu'il a fait lui-même, & de
lui apprendre quelques nouvelles dénominations.

Dès qu'il n'y a, dans le vrai, que
des mots à lui enfeigner, ceux qui pen-
fent qu'il ne peut apprendre que des
mots, conviendront que tout ce que
j'ai expofé dans cet article, eft à fa
portée.

ARTICLE II.

Des opérations de l'ame.

L'ATTENTION.

On nomme en général *objet* tout ce qui s'offre aux fens ou à l'efprit. Lorfque vous jetez indifféremment les yeux fur tous les objets qui fe préfentent à vous, vous ne remarquez pas plus les uns que les autres. Mais fi vous fixez les yeux fur un d'eux, vous remarquez plus particulierement les fenfations qu'il fait fur vous, & vous ne vous appercevez plus des fenfations que les autres vous envoient. Or, les fenfations que vous recevez de cet ob-

jet, & que vous remarquez plus particuliérement, vous font connoître ce
qui fe paffe en vous, lorfque vous
donnez votre attention.

L'attention fuppofe donc deux chofes, l'une de la part du corps, l'autre
de la part de l'ame. De la part du
corps, c'eft la direction des fens ou
des organes fur un objet; de la part
de l'ame, c'eft la fenfation même que
cet objet fait fur vous, & que vous
remarquez plus particulierement.

La direction des organes, qui fait
que vous remarquez plus particulierement une fenfation, n'eft que la caufe
de l'attention. C'eft uniquement dans
votre ame que l'attention fe trouve, &
elle n'eft que la fenfation particuliere
que vous éprouvez.

Ainfi, lorfque, de plufieurs fenfations qui fe font en même temps fur
vous, la direction des organes vous
en

en fait remarquer une, de maniere
que vous ne remarquez plus les autres:
cette fenfation devient ce que nous
appellons *attention*.

L'attention peut fe porter fur un
objet, fur une partie, ou feulement
fur une qualité. Dans tous ces cas,
elle n'eft jamais qu'une fenfation, qui
fe fait remarquer, & qui fait difpa-
roître les autres.

Comme l'attention, donnée à un
objet préfent, n'eft que la fenfation
plus particuliere, qu'il fait fur vous;
l'attention donnée à un objet abfent,
n'eft que le fouvenir des fenfations
qu'il a faites: fouvenir qui eft affez
vif pour fe faire remarquer, & qui
n'eft lui-même qu'une fenfation plus
ou moins diftincte.

LA COMPARAISON

Donner tout-à-la fois votre attention à deux objets, c'est les remarquer en même temps. Or, les remarquer en même temps, c'est les comparer. La comparaison n'est donc que l'attention donnée à deux choses.

Vous pouvez comparer deux objets présents, deux objets absents, ou un objet présent avec un objet absent. Dans tous ces cas la comparaison n'est jamais que l'attention donnée aux idées que vous avez de deux choses, c'est-à-dire, aux senfations que les objets font sur vous, s'ils sont présents, & au souvenir des senfations qu'ils ont faites, s'ils sont absents.

Dire que nous donnons notre attention à deux choses, c'est dire qu'il y a en nous deux attentions. La comparaison n'eſt donc qu'une double attention.

Nous venons de voir que l'attention n'eſt qu'une ſenſation qui ſe fait remarquer. Deux attentions ne ſont donc que deux ſenſations qui ſe font remarquer également ; &, par conſéquent, il n'y a dans la comparaiſon que des ſenſations.

Mais, pourroit-on demander, ſi l'attention n'eſt que ſenſation, comment donnons nous notre attention ? que ſignifie même ce langage, *donner ſon attention ?*

Il ſignifie, ſi l'objet eſt préſent, que nous dirigeons nos ſens ſur lui, pour recevoir d'une maniere plus particuliere les ſenſations qu'il fait, & pour les recevoir, en quelque ſorte, à l'excluſion de toute autre. Auſſi avons nous remarqué que la direction des ſens eſt la cauſe de l'attention.

Mais nous ne pouvons pas diriger nos sens sur un objet absent? comment donc alors donnons nous notre
attention ?

Je réponds que nous ne donnons
notre attention à un objet absent,
qu'autant que le souvenir, qui s'en
retrace à notre esprit, a prévenu notre attention. Car nous n'y penserions
pas, si nous ne nous en souvenions
point du tout. Or, quand le souvenir s'en retrace, il suffit, pour y donner notre attention, que nous ne la
donnions pas à autre chose. Car alors
ce souvenir sera la sensation, que nous
remarquerons plus particulierement.

LE JUGEMENT.

LORSQUE vous comparez deux objets, vous voyez qu'ils font sur vous

les mêmes senfations ou des senfations différentes : vous voyez donc
qu'ils se reffemblent ou qu'ils différent. Or, c'eft-là juger. La comparaifon renferme donc le jugement ; &,
par conféquent, il n'y a dans le jugement, comme dans la comparaifon, que ce que nous appellons fenfation.

Les chofes ne peuvent que se ref-
fembler ou différer. Nos jugements
ne découvrent donc dans les objets
que des reffemblances ou des différences, des égalités ou des inégalités.
Vous mettez une feuille de papier fur
une autre, & vous jugez fi elles font
égales ou inégales en grandeur. Vous
les placez l'une à côté de l'autre, &
vous jugez fi elles se reffemblent par
la couleur, ou fi elles different. Or,
les rapprocher ainfi, pour juger de
leur égalité ou de leur inégalité,
de leur reffemblance ou de leur différence, c'eft ce qu'on appelle les *rap-*

porter l'une à l'autre ; & en conféquence on dit qu'elles ont des rapports de reſſemblance ou de différence, d'égalité ou d'inégalité. Voilà les
rapports les plus généraux, ſous leſquels on peut conſidérer les choſes.

LA RÉFLEXION.

V o u s pouvez conduire ſucceſſivement votre attention ſur pluſieurs choſes, ſur pluſieurs parties de la même,
ou ſur pluſieurs qualités ; & à meſure que vous la conduiſez ainſi, vous
pouvez comparer ces choſes, ces parties, ces qualités, & en juger. Lorſque l'attention fait de la ſorte une
ſuite de comparaiſons, & porte une
ſuite de jugements, vous remarquez
qu'elle réfléchit en quelque ſorte d'une
choſe ſur une autre, d'une partie ſur

une partie, d'une qualité fur une qualité. Alors elle prend le nom de *réflexion.* La réflexion n'eft donc que
l'attention, qui va & revient d'une
idée à une autre, jufqu'à ce que nous
ayons affez obfervé & affez comparé,
pour juger de la chofe que nous voulons connoître.

<hr>

L'IMAGINATION.

<hr>

Mon attention peut fe porter fur
le fouvenir d'un objet abfent, & me
le repréfenter comme préfent. Elle
peut auffi fe porter, par exemple, d'un
côté fur l'idée d'homme, & de l'autre
fur l'idée de cent coudées, & faire des
deux une feule idée. Dans l'un &
l'autre cas, l'attention prend le nom
d'*imagination.* C'eft pourquoi on dit
qu'un homme à imagination eft un

f 4

esprit créateur. En effet, de plusieurs qualités que l'Auteur de la Nature a répandues dans différents objets, il en fait un seul tout, & il crée des choses qui n'existent que dans son esprit.

LE RAISONNEMENT.

Un homme vertueux mérite d'être récompensé. Pierre est un homme vertueux : donc Pierre mérite d'être récompensé. Voilà un *raisonnement* : il est formé de trois jugements, qu'on appelle *propositions.*

Or, puisqu'un jugement n'est que l'attention qui compare, & qui apperçoit un rapport ; il est évident qu'un raisonnement ne peut être que l'attention même, puisqu'il n'est formé que de jugements. Il nous reste à confidérer ce qu'il y a de particulier dans les jugements dont un raifonnement eft compofé.

D'après l'exemple que je viens d'apporter, nous voyons que ce qui conftitue un raifonnement, c'eft que le troifieme jugement eft renfermé dans les deux premiers: car lorfque je dis, _Pierre eft un homme vertueux_ & _un homme vertueux mérite d'être récompenfé_, c'eft dire, que Pierre mérite d'être récompenfé, la chofe eft même fenfible à l'œil. Voilà pourquoi celui qui a apperçu la vérité des deux premiers jugements, ne peut pas ne pas affurer le troifieme. Il infere donc que Pierre mérite d'être récompenfé; & en tirant cette conféquence, il ne fait qu'énoncer explicitement ce qu'il a déja dit implicitement.

D'après cette explication, je dis qu'un raifonnement n'eft que l'attention qui eft déterminée à porter un troisieme jugement, parce qu'elle le voit renfermé dans deux jugements qu'elle a faits.

L'ENTENDEMENT.

COMME l'oreille entend les sons, l'ame entend les idées; & on dit l'*entendement* de l'ame. Or, comment l'ame entend-elle les idées? C'est en donnant son attention, en comparant, en jugeant, en réfléchissant, en imaginant, en raisonnant. L'entendement embrasse donc toutes les opérations : il n'en est que le résultat.

On donne à ces opérations le nom de *faculté*, & alors on ne veut pas dire qu'elles sont actuellement dans l'ame, on veut dire seulement que l'ame en est capable. Ce nom se don-

ne auffi, dans le même fens, aux actions du corps. Nous avons la faculté de voir, de marcher, de comparer
& de juger; parce que nous fommes
capables de voir, de marcher, de comparer & de juger.

D'après ce que nous venons d'ex-
pofer dans cet article, on peut conclure que les opérations de l'entendement ne font que la fenfation même,
qui fe transforme en attention, en
comparaifon, en jugement, en réflexion, &c.

LE DESIR.

LA privation d'une chofe que vous
jugez vous être néceffaire, produit en
vous un mal-aife ou une inquiétude,
en forte que vous fouffrez plus ou
moins. C'eft ce qu'on nomme *befoin.*

Le mal-aife détermine vos yeux,
votre toucher, tous vos fens fur l'objet dont vous êtes privé. Il détermine encore votre ame à s'occuper de
toutes les idées qu'elle a de cet objet,
& du plaifir qu'elle pourroit en recevoir. Il détermine donc l'action
de toutes les facultés du corps & de
l'ame.

Cette détermination des facultés
fur l'objet dont on eft privé, eft ce
qu'on appelle *defir*. Le defir n'eft donc
que la direction des facultés de l'ame,
fi l'objet eft abfent; & il enveloppe
encore la direction des facultés du
corps, fi l'objet eft préfent.

Les defirs font plus ou moins vifs,
à proportion que l'inquiétude, caufée
par la privation, eft plus ou moins
grande. Car plus nous fouffrons de la
privation d'une chofe, plus il y a de
vivacité dans la direction des facultés
du corps & de l'ame.

Les defirs prennent le nom de *paf-fions*, lorfqu'ils font vifs & continus; c'eft-à-dire, lorfque nos facultés fe dirigent avec force & continuement fur le même objet.

Si, au defir de la chofe dont on eft privé, on ajoute ce jugement, *je l'obtiendrai*, alors naît l'efpérance. Ainfi l'efpérance fuppofe la privation de la chofe, le jugement qu'elle nous eft néceffaire, & le jugement qu'on l'obtiendra.

Si, à ce jugement, *je l'obtiendrai*, on fubftitue, *je ne dois point trouver d'obftacle, rien ne peut me refifter*; le defir eft alors ce qu'on nomme *volonté. Je veux*, fignifie donc, *je defire, & je penfe que rien ne peut contrarier mon defir.*

LA VOLONTÉ CONSIDÉRÉE COMME FACULTÉ.

Dans un sens plus général, la volonté se prend pour une faculté, qui embrasse toutes les opérations qui naissent du besoin; comme l'entendement est une faculté, qui embrasse toutes les opérations qui naissent de l'attention.

LA FACULTÉ DE PENSER.

Ces deux facultés, la volonté & l'entendement, se confondent dans une faculté plus générale, qu'on nomme la *faculté de penser*. Avoir des sensations, donner son attention, com-

parer, &c., c'eft *penfer*. Eprouver un
befoin, defirer, vouloir, c'eft encore *penfer*. Enfin, le mot *penfée* peut
fe dire en général de toutes les opérations de l'ame, & de chacune en
particulier, comme le mot *mouvement*
s'applique à toutes les actions du
corps.

Le mot *penfer* vient de *penfare*,
qui fignifie *pefer*. On a voulu dire que,
comme on pefe des corps, pour favoir
dans quel rapport le poids de l'un eft
au poids de l'autre; l'ame pefe en quelque forte les idées, lorfque nous les
comparons pour favoir dans quels rapports elles font entr'elles.

Par-là vous voyez que le mot *penfer* a eu deux acceptions. Dans la
premiere, qui eft celle de *pefer*, il
s'eft dit du corps, & il étoit pris au
propre: dans la feconde, qui eft celle
que nous lui donnons aujourd'hui, il
a été tranfporté à l'ame, & il fe prend

au figuré , ou , comme on dit encore,
métaphoriquement. Les Latins exprimoient la pensée par une autre méta-
phore. Ils se servoient d'un mot, qui
signifie *rassembler , mettre ensemble;*
parce qu'en effet les opérations de l'entendement & de la volonté demandent que l'ame rassemble des idées.

Cet article est un peu plus difficile que le premier : j'en conviens.
Cependant je me borne à faire observer à un enfant ce qu'il fait continuellement. Le grand point est de lui faire
comprendre ce que c'est que l'attention; car dès qu'il le comprendra, tout
le reste sera facile.

ARTI-

ARTICLE III.

Des habitudes.

Le mot *agir* se dit du corps & de l'ame. Or que fait le corps, quand il agit? Il se meut. Le mouvement est donc l'action du corps, & autant on distingue de mouvements dans le corps, autant on distingue d'actions différentes.

Parmi les actions, les unes sont naturelles, parce qu'elles se font par une suite de notre conformation, & sans être dirigées par notre volonté. Tels sont les mouvements qui sont le principe de la vie.

D'autres actions du corps se font

parce que nous les voulons faire, parce que nous dirigeons nous-mêmes
nos mouvements. Vous vous prome-
nez, parce que vous voulez vous pro-
mener. Ces actions se nomment *vo-
lontaires.*

Lorsqu'on fait souvent faire au corps
les mêmes actions, il arrive enfin qu'il
les fait avec tant de facilité, que nous
n'avons plus besoin d'en diriger les
mouvements: il agit alors, comme s'il
y étoit déterminé par sa seule organisation. Ces sortes d'actions sont ce
qu'on nomme des *habitudes.* Il est aisé
d'en trouver des exemples.

Mais quoique les actions tournent
en habitudes, elles ont été volontai-
res dans le commencement; & elles
ne font devenues habituelles, que parce que notre corps les a souvent répé-
tées. Pour en contracter l'habitude,
il faut qu'elles soient dirigées par l'attention; & quand l'habitude est com-

tractée, elles préviennent la volonté, & se font sans nous, c'est-à-dire, sans que nous soyons obligés d'y penser. Nous avons, par exemple, eu beaucoup de peine à apprendre à lire, & aujourd'hui nous lisons, comme si nous n'avions pas eu besoin d'apprendre.

Les actions de l'ame, c'est-à-dire, les opérations de l'entendement & de la volonté, deviennent habituelles ainsi que les actions du corps. Il y a des choses que nous n'aurions pas entendues dans notre enfance, & sur lesquelles nous raisonnons aujourd'hui avec la même facilité que si nous les avions toujours sues. Une multitude de jugements d'habitude se décelent dans l'usage que nous faisons de nos sens. De pareils jugements se montrent encore d'une maniere plus sensible dans ces liaisons d'idées, qui sont tout-à-la fois le principe de nos égaremens & de notre intelligence. Souvent nous ne nous trompons, que parce que nous obéiſſons, ſans nous en douter, à de fauſſes liaiſons, qui nous ſont devenues habituelles, & c'eſt alors que nous nous opiniâtrons davantage dons nos erreurs. D'autrefois nous ne concevons avec facilité, que parce que nous jugeons d'après des liaiſons qui ont été mieux faites. Plus ces liaiſons nous ſont habituelles, moins nous les remarquons & plus auſſi notre conception eſt rapide. Notre eſprit n'eſt même étendu, qu'à proportion que nous avons eu occaſion de former beaucoup de liaiſons de cette eſpece. Ces exemples ne ſont pas à la portée d'un enfant : mais il ſera facile d'en trouver dans les jugements qu'il portera lui-même ; & on lui fera remarquer ce que ſes jugements d'habitude ont de vrai ou de faux.

Loſque les habitudes ſont une fois contractées, nous paroiſſons faire les choſes naturellement, parce que nous les faiſons avec la même facilité, que

ſi la nature ſeule nous les faiſoit faire.
Mais ſi on nous dit que de pareilles
actions ſont naturelles, on parle improprement ; & pour nous aſſurer
qu'elles ſont un effet des habitudes
que nous avons contractées, il ſuffit
de nous rappeller que nous avons appris à les faire.

Nous pouvons augmenter le nombre de nos habitudes, parce que nous
n'avons qu'à faire ſouvent une choſe,
& nous contracterons l'habitude de la
faire. Nous pouvons auſſi diminuer le
nombre de nos habitudes : car ſi nous
ceſſons de faire une choſe, il arrivera
que nous la ferons avec moins de facilité; & que nous aurons même de la peine à la faire. Alors bien loin de la faire
par habitude, il nous ſera difficile de la
faire, même lorſque nous le voudrons.

De-là il réſulte que nous pouvons
acquérir de bonnes habitudes, & nous
corriger des mauvaiſes.

g ﬤ

ARTICLE IV.

Que l'ame eſt une ſubſtance différente du corps.

L'ORSQUE nous touchons, nous ne pouvons remarquer, dans les organes du tact, que des mouvements qui varient comme les impreſſions qui ſe font ſur les fibres; & ces mouvements occaſionnent en nous des ſenſations de ſolidité ou de fluidité, de dureté ou de molleſſe, de chaleur ou de froid, &c.

Lorſque nous voyons des couleurs, les rayons de lumiere, qui réflechiſſent de deſſus les objets, viennent frapper les fibres d'une membrane qui eſt au fond de l'œil, & y cauſent un ébranlement.

Lorfque nous entendons des fons, les vibrations du corps fonore fe communiquent à l'air, & de l'air au tympan.

En un mot, il ne peut y avoir que du mouvement dans les organes, & cependant une fenfation, quoique produite à l'occafion du mouvement, n'eft pas ce mouvement même. Les fenfations ne font donc pas dans les organes.

Elles font par conféquent dans quelque chofe, qui eft différent de tout ce qui eft corps ; c'eft-à-dire, dans une fubftance où il y a autre chofe que du mouvement. C'eft ce qu'on nomme *ame*, *efprit* ou *fubftance fpirituelle*. Plus nous réfléchirons fur les propriétés de cette fubftance, plus nous nous convaincrons qu'elle eft tout-à-fait différente du corps.

L'ame compare les fenfations qui lui font tranfmifes par différents or-

g 4.

ganes. Toutes les senfations se réunissent donc en elle, comme dans une
seule substance. Car si les cinq especes de senfations appartenoient à cinq
substances, comme les mouvements,
qui les occasionnent, appartiennent à
cinq organes différents, aucune de ces
substances ne les pourroit comparer.

En quoi donc consiste l'unité de
l'ame? Est-elle une dans le même sens
que nous disons qu'un corps est un?
Mais un corps est composé de deux
moitiés, & chaque moitié l'est de deux
autres; en sorte que pour arriver à
une substance qui soit une, il faudroit
arriver à une substance qui n'eût pas
deux moitiés, qui n'eût pas plusieurs
parties, qui ne fût point composée;
c'est-à-dire, à une substance simple.

Si l'ame est une dans le même sens
que le corps, elle n'est pas une proprement: elle est au contraire une collection de plusieurs substances.

Dans ce cas, ou les ſenſations ſe partageroient entre les ſubſtances, en ſorte que l'une en auroit que l'autre n'auroit pas, ou chaque ſenſation appartiendroit également à toutes les ſubſtances & à chacune. Si les ſenſations ſe partageoient entre toutes les ſubſtances, il n'y en auroit aucune en nous, qui les pût comparer. Cette ſuppoſition ne peut donc pas avoir lieu.

Si toutes les ſenſations ſe réuniſſent dans chacune également, c'eſt une conſéquence que chaque ſubſtance ſoit une proprement & abſolument ſans compoſition. Voudra-t-on ſuppoſer qu'elles ſont compoſées? Je répéterai le même raiſonnement, & je dirai : ou les ſenſations ſe partagent entre ces ſubſtances, ou elles ſe raſſemblent toutes dans chacune. On ſera donc obligé de reconnoître enfin qu'elles ne peuvent ſe trouver enſemble que dans une ſubſtance qui n'eſt pas compofée de plufieurs autres, que dans une fubftance fimple. L'ame eft donc fimple & fans compofition (*).

Nous voyons la fubftance étendue, nous la touchons, c'eft-à-dire, que nous appercevons les qualités, telles que la folidité, la figure, le mouvement. Nous voyons également, & nous touchons en quelque forte la fubftance inétendue ou l'ame : car nous appercevons des opérations qui n'appartiennent qu'à elle, & que nous avons comprifes fous le nom général de *penfée*. Mais comme nous n'appercevons pas ce qui eft, dans le corps, le fujet de la folidité, de la figure & du mouvement; nous n'appercevons pas non plus ce qui eft, dans l'ame, le fujet des opérations de l'entendement & de la volonté. En un mot, foit que nous

---

(*) Dans le Traité fur l'Art de Raifonner, on donnera un nouveau jour à cette démonftration.

obfervions la fubftance étendue , foit
que nous obfervions la fubftance fimple , nous ne pouvons appercevoir que
les qualités qui leur appartiennent ; &
dans l'un & l'autre cas , ce que nous
nommons fubftance, c'eft-à-dire , fujet ou foutien des qualités , nous eft
également inconnu.

Les corps ne font figurés, mobi-
les, &c., que parce qu'ils font éten-
dus. L'étendue eft donc la propriété
qui les diftingue. Toutes les autres
qualités fuppofent cette propriété, &
elles n'en font que des modifications.

De même l'ame ne juge & ne raifonne , que parce qu'elle a des fenfations. La faculté de fentir eft donc la
propriété qui la diftingue , & toutes
fes opérations ne font que différentes
manieres de fentir.

On peut donc définir le corps
une fubftance étendue , & l'ame une

ſubſtance qui ſent. Or, il ſuffit de conſidérer que l'étendue & la ſenſation ſont deux propriétés incompatibles, pour être convaincu que la ſubſtance de l'ame & la ſubſtance du corps ſont deux ſubſtances abſolument différentes.

ARTICLE V.

Comment nous nous élevons à la connoissance de Dieu.

NOUS ne pouvons pas nous diffimuler combien nous sommes foibles. A chaque instant, nous sentons l'impuissance où nous sommes d'avoir ou de faire ce que nous desirons ; & notre bonheur, comme notre vie, est au pouvoir de tout ce qui nous environne.

Mais les corps, dans la dépendance desquels nous sommes, ont-ils dessein d'agir sur nous? non sans doute : ils dépendent eux-mêmes, & ils obéissent au mouvement qui leur est donné.

L'aiguille de votre montre marque

les heures. Elle n'a pas la volonté de
les marquer : elle obéit au reſſort qui
eſt dans votre montre. L'horloger a
fait l'aiguille & le reſſort : il eſt la cauſe, & la montre eſt l'effet.

Vous voyez, dans une montre,
une ſubordination d'effets & de cauſes. L'aiguille eſt mue ; voilà un effet : le mouvement lui eſt donné par
une roue qui agit ſur elle immédiatement, & cette roue eſt la cauſe du
mouvement de l'aiguille. Le mouvement de cette roue eſt un effet par rapport à une autre roue qui la fait mouvoir ; & ainſi ſucceſſivement. Par-là
depuis le mouvement du premier reſſort juſqu'à celui de l'aiguille, il y a
une ſuite de mouvements, qui ſont
tout-à-la fois effets & cauſes ſous différents rapports.

Un exemple plus familier vous ren-
dra la choſe encore plus ſenſible. Lorſque vous faites une proceſſion avec des

cartes, vous voyez qu'en faifant tomber la premiere, toutes les autres tombent; & vous remarquez que la chûte de la feconde eft l'effet de la chûte de la premiere, & en même temps la caufe de la chûte de la troifieme. C'eft là ce que j'appelle une fuite de caufes & d'effets fubordonnés.

Or, il eft évident que, dans une fuite de caufes & d'effets, il faut néceffairement qu'il y ait une premiere caufe. S'il n'y avoit point d'horloger, il n'y auroit point de montre.

Réfléchiffez fur vous-même, & vous ferez convaincu qu'il y a en vous, comme dans une montre, une fuite de caufes & d'effets fubordonnés. Réfléchiffez fur l'Univers: ce fera à vos yeux une grande montre, où il y a encore une fubordination de caufes & d'effets.

Nous venons de voir que, lorfqu'il

y a une ſubordination de cauſes &
d'effets, il y a néceſſairement une premiere cauſe. Il y a donc une premiere cauſe qui a fait l'Univers.

Pour établir cette ſubordination
entre les choſes, il en faut connoître
parfaitement tous les rapports, il faut
avoir l'intelligence de toutes les parties. Un horloger ne ſera pas capable
de faire une montre, s'il y a une ſeule
partie dont il ne ſache pas les proportions. L'horloger, qui a fait l'Univers, a donc néceſſairement de l'intelligence.

Comme l'intelligence de l'horloger doit embraſſer toutes les parties
d'une montre, l'intelligence de la premiere cauſe doit embraſſer tout l'Univers. Si quelque partie échappoit à ſa
connoiſſance, il ne lui ſeroit pas poſ-
ſible de la mettre dans l'ordre où elle
doit être; & cependant ſon ouvrage
ſeroit détruit, ſi une ſeule étoit hors

de

de sa place. Or, une intelligence qui embrasse tout, est une intelligence infinie. L'intelligence de la premiere cause est donc infinie.

Mais pour faire une montre, il ne suffit pas d'en avoir l'intelligence, il faut encore en avoir l'adresse ou le pouvoir. La puissance de la premiere cause est donc aussi étendue que son intelligence : elle embrasse tout, elle est infinie.

Puisque cette premiere cause embrasse tout, elle est par-tout. Elle est donc immense.

Dès que cette cause est premiere, elle est indépendante. Si elle dépendoit, il y auroit une cause qui seroit avant elle. Mais puisqu'il faut nécessairement qu'il y ait une cause qui soit premiere, c'est une conséquence que cette même cause soit indépendante.

Cette premiere caufe étant indépendante, toute-puiffante & fouve-
rainement intelligente, elle fait tout
ce qu'elle veut. Elle eft donc libre.

Elle ne peut pas acquérir de nouvelles connoiffances ; car fon intelligence feroit bornée. Elle voit donc
tout-à-la fois le paffé, le préfent &
l'avenir. Elle ne peut pas non plus
changer de réfolution ; car fi elle en
changeoit, elle n'auroit pas tout prévu.
Elle eft donc immuable.

C'eft une fuite de fon indépen-
dance qu'elle n'ait pas commencé &
qu'elle ne puiffe pas finir. Si elle avoit
commencé, elle dépendroit de celui
qui lui auroit donné l'être ; & fi elle
pouvoit finir, elle dépendroit de celui qui pourroit ceffer de la conferver.
Elle eft donc éternelle.

Comme intelligente, elle difcerne
le bien & le mal, juge le mérite &

le démérite. Comme libre, elle agit en conséquence, c'est-à-dire, qu'elle aime le bien, hait le mal, récompense la vertu, punit le vice, & pardonne à celui qui se repent & se corrige. Dans tout cela, elle ne fait que ce qu'elle veut; parce qu'elle veut le bien, & ne veut que le bien.

Les qualités de cette cause s'appellent attributs, & on donne à l'attribut par lequel elle punit, le nom de *justice*; à celui par lequel elle récompense, le nom de *bonté*; à celui par lequel elle pardonne, le nom de *miséricorde*.

La puissance qui fait tout, l'intelligence qui régle tout, la bonté qui récompense, la justice qui punit, la miséricorde qui fait grace, s'expriment par un seul nom, celui de *providence*. Il vient d'un mot latin qui signifie *pourvoir*. C'est en effet par ces attributs que cette premiere cause pourvoit à tout.

Une premiere cauſe toute intelligente , toute-puiſſante, indépendante, libre, immuable, éternelle , im-
menſe, juſte, bonne, miſéricordieu-
ſe, & dont la providence embraſſe
tout , voilà l'idée que nous devons
avoir de Dieu.

Si vous réfléchiſſez ſur les attributs de Dieu, vous verrez dans quel
ordre nous les concevons. Vous remarquerez premierement que la liberté eſt le réſultat de l'intelligence, de
la toute-puiſſance & de l'indépen-
dance. En ſecond lieu, que la toute-puiſſance & l'intelligence infinie
embraſſent l'éternité & l'immenſité;
car il faut que Dieu voie & agiſſe
dans tous les temps & dans tous les
lieux. En troiſieme lieu, vous jugerez qu'une cauſe, qui eſt par tout,
& qui voit tout, doit être immuable. Vous verrez, en quatrieme lieu,
que, de ſa connoiſſance & de ſa liberté, naiſſent ſa juſtice, ſa bonté

& fa miféricorde. Enfin, lorfque vous réunirez tous ces attributs, vous vous ferez l'idée de la Providence.

***

TEL eft le précis des idées préliminaires, que j'ai jugé néceffaires pour préparer le Prince à d'autres connoiffances. Mais je ne me fuis pas borné à ces idées. Je me fuis, par exemple, fur‑tout appliqué à lui faire comprendre comment un mot paffe du propre au figuré. Il en a vu des exemples dans les noms des opérations de l'entendement : je lui en ai donné d'autres, en lui expliquant ce qu'on entend par *intelligence, pénétration, fagacité, difcernement, efprit, talent, génie.*

A l'occafion des habitudes & de la maniere dont elles fe forment, je lui

ai expliqué fes principaux devoirs, &
je lui ai donné quelque notion de ce
qu'il y a de plus effentiel dans les loix
des fociétés civiles.

Il m'eft arrivé auffi, pour fatis-
faire fa curiofité, de m'écarter quelquefois fur des chofes qui ne devoient
pas faire partie des Leçons préliminaires. Par exemple, à l'occafion de
l'action des objets fur les fens, je lui
ai expliqué la vifion.

MOTIF DES ÉTUDES

QUI ONT ÉTÉ FAITES

APRÈS LES LEÇONS PRÉLIMINAIRES.

LE jeune Prince connoissoit déja le systême des opérations de son ame, il comprenoit la génération de ses idées, il voyoit l'origine & le progrès des habitudes qu'il avoit contractées, & il concevoit comment il pouvoit substituer des idées justes aux idées fausses qu'on lui avoit données, & de bonnes habitudes aux mauvaises qu'on lui avoit laissé prendre. Il s'étoit familiarisé si promptement avec toutes ces choses, qu'il s'en retraçoit la suite sans effort, & comme en badinant. Cette expérience me confirma dans l'opinion où j'étois, que les

h 4

enfants font capables de raifonner;
& que les notions les plus abftraites
font à leur portée, lorfqu'on leur en
montre la génération.

Le Prince ne pouvoit manquer de
fe rendre tous les jours plus familieres les chofes qu'il avoit apprifes dans
les Leçons préliminaires : car les connoiffances que je voulois lui donner
dans la fuite, devoient être pour lui
autant d'occafions de réfléchir encore
fur les opérations de fon ame & fur
la génération de fes idées. Je crus
donc devoir paffer à d'autres études.

Après l'avoir fait réfléchir fur fon
enfance, je jugeai, comme je l'ai
dit (*), que l'enfance du Monde feroit pour lui l'objet le plus curieux
& le plus facile à étudier.

_____

(*) **Difcours préliminaire.**

Il n'imaginoit pas que le Monde eût été autrement qu'il le voyoit : il avoit à ce sujet le même préjugé qu'il avoit eu sur lui-même, lorsqu'il imaginoit n'avoir pas appris à penser. Le monde enfant étoit donc un paradoxe, qui devoit exciter sa curiosité. Il pouvoit observer, comme il s'étoit observé lui-même, & rien ne me paroissoit plus à sa portée que les commencements & les premiers progrès des arts.

Dans cette étude je trouvois encore d'autres avantages. Je lui donnois des idées de toute espèce : je lui faisois voir comment les besoins ont conduit les hommes de connoissance en connoissance, d'usage en usage, d'opinion en opinion ; & commençant à lui faire remarquer l'influence des causes physiques & des causes morales, je lui représentois les sociétés soumises à des changements continuels.

Au milieu de ce flux & reflux d'ufages & d'opinions, il devoit s'accoutumer à juger que ce qui fe fait n'eft pas toujours ce qui fe doit faire; & voyant des préjugés par-tout, il devoit commencer à fe méfier de lui-même; il devoit craindre d'en avoir, & il fe préparoit à s'en défaire.

L'origine des loix de Mr. Goguet, ouvrage tout-à-fait propre à remplir mon objet, paroiffoit depuis quelques mois. J'en fis copier tout ce que je croyois pouvoir faire entendre au Prince, & j'y ajoutai les éclairciffements que je jugeai néceffaires. La leçon de l'après-midi fut deftinée à cette lecture. Le matin nous lifions les poëtes.

Nous commençames par le Lutrin, d'où nous paffames à des pieces de théâtre. Nous lûmes quelques comédies de Moliere, quelques tragédies de Corneille, quelques-unes de Racine, & nous nous fimes l'idée d'un

drame. Le Prince comprit commenr
une action s'expofe, s'intrigue, fe dé-
noue : il vit comment les événements
fe préparent, comment ils font ame-
nés fans être prévus : il remarqua l'art
avec lequel on foutient un caractere :
il diftingua les perfonnages épifodi-
ques, & il jugea de leur utilité ou de
leur inutilité.

Voulant alors lui donner une connoiffance plus développée de la poëfie, je lui fis lire l'Art Poëtique de
Defpréaux ; & pour achever de lui
faire connoître ce poëte, nous lûmes
encore quelques-unes de fes meilleures Satyres & de fes meilleures épi-
tres, & le lutrin.

Après toutes ces lectures, nous
nous bornâmes pendant un an ou même davantage à celle de Racine, que
nous recommençames une douzaine
de fois. De tous les écrivains que nous
avions lus, c'étoit certainement le plus

propre à former le goût: auſſi le Prince l'apprit-il preſque tout par cœur.

Il ne trouva pas d'abord dans la lecture des poëtes la même facilité que dans les Leçons préliminaires. Je l'avois prévu : je ſavois qu'il ne manqueroit d'intelligence, que parce qu'il lui manquoit des idées, que je ne voyois pas d'impoſſiblité à lui donner. Dans les commencements, les lectures furent courtes, & les explications fort longues : chaque mot nous arrêtoit, il ſembloit que les vers fuſſent écrits dans une langue tout-à-fait étrangere. Mais inſenſiblement les explications devinrent moins néceſſaires, & les lectures devinrent plus longues.

Je n'exigeois pas d'abord qu'il entendît abſolument tout ce qu'il liſoit; il me ſuffiſoit qu'il en comprît aſſez pour ſuivre une action. Quelquefois les derniers actes nous faiſoient enten-

dre ce que nous n'avions pas compris
dans les premiers; d'autres fois les dernieres pieces que nous lisions, nous
faisoient revenir aux premieres avec
une nouvelle intelligence; & après
plusieurs lectures nous parvenions enfin à tout entendre. C'est ainsi que
le Prince, se familiarisant avec la poësie, se faisoit peu-à-peu des modeles
du beau. Alors il me fut facile de
lui faire sentir ce que peut le choix
des expressions, il ne fallut que traduire en prose les vers de Racine, &
substituer d'autres mots à ceux de ce
poëte. Je m'appliquois sur-tout à
lui faire saisir un ensemble, & bientôt
il embrassa des objets d'une assez grande étendue.

Les vraies connoissances sont dans
la réflexion qui les acquiert, beaucoup
plus que dans la mémoire qui s'en
charge; & on sait mieux les choses
qu'on est capable de retrouver, que
celles dont on peut se ressouvenir. Il

ne fuffit donc pas de donner des connoiffances à un enfant : il faut qu'il
s'inftruife en cherchant lui - même ;
& le grand point eft de le bien gui-
der. S'il eft conduit avec ordre, il fe
fera des idées exactes, il en faifira la
fuite & la liaifon : alors, maître de
les parcourir, il pourra fe rapprocher
des plus éloignées, & s'arrêter à fon
choix fur celles qu'il voudra confidérer. La réflexion peut toujours retrouver les chofes qu'elle a fues, parce
qu'elle fait comment elle les a trouvées : la mémoire ne retrouve pas de
même celles qu'elle a apprifes, parce qu'elle ne fait pas comment elle
apprend.

Voilà pourquoi nous ne favons jamais mieux les chofes, que lorfque
nous les avons apprifes fans maître.
Moins nous comptons fur des fecours
étrangers, plus nous fommes forcés à
réfléchir nous-mêmes ; & nous n'oublions rien, parce que les chofes que

nous avons trouvées une fois, nous favons les trouver encore.

Mais pour exercer la réflexion, il
ne faudroit pas négliger la mémoire.
Ces deux facultés font également néceffaires : elles fe donnent des fecours
mutuels; & ne peuvent fe paffer l'une
de l'autre. C'eft à la réflexion à graver
les idées dans la mémoire, c'eft à la
mémoire à les retracer à la réflexion;
& plus les idées fe font diftribuées
avec ordre, plus on eft capable de
mémoire & de réflexion.

Le Prince avoit naturellement de
la mémoire, & je la cultivois avec
foin. Mais je m'étois fait une loi de
ne lui faire apprendre par cœur que
des chofes qu'il entendroit parfaitement. Chaque jour il apprenoit deux
leçons. Lorfque c'étoit de la profe,
je n'exigeois pas qu'il les récitât mot
à mot; au contraire j'aimois mieux
qu'il changeât l'expreffion, pourvu

qu'il n'altérât pas le sens. Je réservois la poësie pour accoutumer sa mémoire à plus d'exactitude.

Si on considere les idées qu'il avoit acquises, on jugera que je ne tardai pas à l'instruire de sa religion. Je choisis à cet effet le Catéchisme de l'abbé Fleury & la Bible de Royaumont. Chaque jour nous lisions un article de l'un & de l'autre, quelque chose de l'origine des loix, & un morceau de poësie. Je lui expliquois ce qu'il n'entendoit pas : c'étoit ensuite à lui à me rendre compte de ce qu'il venoit de lire ; & il rélisoit haut, jusqu'à ce qu'il m'en eût fait un précis.

Avant d'étudier les regles de l'Art de parler, il faut être familiarisé avec les beautés du langage ; il faut être capable de parler bien & de bien des choses ; & l'étude de la Grammaire seroit plus fatigante qu'utile, si on la commençoit trop tôt. En effet, pour

savoir

favoir les regles de l'Art de parler, il
ne fuffit pas de les entendre, & de les
avoir apprifes par cœur ; il faut encore s'être fait une habitude de les
appliquer.

Lorfque le Prince eut contracté
cette habitude, je lui fis étudier la
Grammaire que j'avois faite pour lui.
Elle étoit à fa portée, puifque nous
avions déja fait enfemble la plupart
des obfervations, qui montrent les
regles du langage. Pendant cette étude, nous continuâmes la lecture des
poëtes, celle du Catéchifme Hiftori-
que & celle de la Bible : j'y joignis
même quelques lettres de Me. de Sévigné, choififfant celles qui commençoient à être à la portée de mon éleve, & qui paroiffoient devoir l'amufer.

Ces lectures, qui lui perfection-
noient le goût, le préparoient à fentir toujours mieux les beautés de fa
langue ; de forte qu'après avoir ache-

vé la Grammaire, il fut en état d'é-
tudier l'Art d'Ecrire. Les poëtes &
les lettres de Me. de Sévigné étoient
une occaſion de répéter ſouvent les
obſervations que nous avions faites ;
& nous ſongions moins à apprendre
les regles par cœur, qu'à contracter
l'habitude de les appliquer continuellement à de nouveaux exemples. Nous
ne ceſſions pas pour cela de lire le
Catéchiſme Hiſtorique & la Bible de
Royaumont. Nous avons recommencé
bien de fois l'un & l'autre ; & pendant deux ans ou environ, nous avons
donné chaque jour quelques moments
à cette étude. Je croyois faire beaucoup mieux, en mettant ſouvent ſous
ſes yeux l'Hiſtoire de la Religion,
qu'en la gravant une ſeule fois dans
ſa mémoire.

Après avoir étudié la Grammaire
& l'Art d'Ecrire, je jugeai qu'il ſeroit
en état de lire les Tropes de Mr. du

Marſais. En effet, il entendit cet ouvrage ſans effort.

Son goût commençoit à ſe for-mer : il avoit des connoiſſances, il ſavoit comment il les avoit acquiſes. Etroitement liées entr'elles, elles étoient confiées à ſa réflexion autant qu'à ſa mémoire. Ses dernieres étu-des ne lui faiſoient donc pas oublier les premieres : au contraire elles lui en retraçoient toujours quelque choſe ; & plus il avançoit en connoiſſances, plus il ſe familiariſoit avec ce qu'il avoit déja appris. En effet, tout ce que je lui ai enſeigné ſur la généra-tion des idées, ſur les opérations de l'ame, ſur la grammaire & ſur l'art d'écrire, ſe réduit pour le fond à un très petit nombre d'idées, qui ſe ré-pétent continuellement, & qui ne ſont l'objet de différentes études, que parce qu'on les conſidere ſous diffé-rents points de vue. Qu'eſt-ce que la Grammaire ? C'eſt un ſyſtême de

i 2

mots, qui repréfente le fyſtême des idées dans l'eſprit, lorſque nous les voulons communiquer dans l'ordre & avec les rapports que nous apperce-vons ; & l'Art d'Ecrire n'eſt que ce même fyſtême, porté au point de perfection dont il eſt ſufceptible. En faiſant ſucceſſivement ces études, on ne fait donc que revenir continuelle-ment ſur un même fond d'idées : par conſéquent ce qu'on étudie rappelle continuellement ce qu'on a étudié, & rien ne s'oublie. Cette ſeule con-ſidération peut faire comprendre, com-ment le Prince a pu faire des progrès dans ces études, & paſſer rapidement de l'une à l'autre.

L'art de Raiſonner, ou l'art de conduire ſon eſprit dans la recherche de la vérité, n'eſt pas un art nouveau pour quelqu'un qui connoît déja les opérations de ſon ame, & dont le goût commence à ſe former. Mais il s'agiſſoit d'exercer le raiſonnement

du Prince fur de nouveaux objets', &
c'étoit une occafion de lui donner de
nouvelles connoiffances.

Je n'aurois pas cru lui apprendre
à raifonner, fi je m'étois attaché à lui
montrer comment on arrange des
mots & des propofitions, pour faire ce
qu'on appelle un fyllogifme. Car un
fyllogifme n'eft pas un raifonnement,
ce n'eft qu'une certaine forme qu'on
fait prendre à un raifonnement qu'on
a déja fait; & en s'arrêtant à cette
forme, qui fubftitue les mots aux
idées, on ne fe fait qu'un jargon. Cependant, pour raifonner, il faut raifonner fur quelque chofe, puifqu'il
faut obferver, comparer & juger. Voulant donc enfeigner cet art au Prince,
je me propofai de lui faire faire de
nouvelles études, & de lui montrer
comment on obferve, fuivant la différence des objets qu'on veut étudier,
comment on s'affure de fes obfervations, comment on compare, & com-

i 4

ment on analyſe pour comparer. Dans
la vue de remplir cet objet, je jugeai
devoir lui faire remarquer la conduite
des meilleurs philoſophes. C'étoit lui
faire l'hiſtoire des découvertes de l'eſprit humain, & par conſéquent l'inſtruire en réveillant ſa eurioſité.

Quand il eut fini l'Art de Raiſonner, il lut dans l'ouvrage que Me. la
Marquiſe du Châtelet a fait ſur Newton, le chapitre où elle expoſe les
Phénoménes du Monde, & celui où
elle en donne l'explication. Il lut
encore la Préface de Cotes, celle de
Mr. de Voltaire, & la belle Epitre
de ce poëte célebre ſur le Philoſophe
Anglois. Nous fîmes enſuite un ex-
trait du flux & du reflux d'après Me.
du Châtelet. Enfin nous lûmes le
Traité de la Sphere de Mr. de Mau-
pertuis, ſon Voyage au Nord, tout
ce qu'il a écrit ſur le ſyſtême du Monde, & la ſeconde partie du Newton
de Mr. de Voltaire. Je puis aſſure

que ces lectures se trouverent à la portée du Prince. Voilà où nous en
étions après deux ans d'étude.

Il n'avoit pas encore été question
de latin, parce qu'avant d'entreprendre l'étude d'une nouvelle langue, il
faut savoir la sienne, & sur-tout avoir
assez de connoissances pour n'être arrêté que par les mots. Car s'il est
utile de laisser à un enfant des difficultés à surmonter, il ne faut pas le
dégoûter par des obstacles ou trop
multipliés ou trop grands; & toute
l'attention doit être de proportionner
les difficultés à ses forces, & de ne
lui en présenter jamais qu'une à la
fois.

Si j'eusse fait du latin le premier
objet de nos leçons, combien le Prince n'auroit-il pas perdu de temps à
l'étude de la Grammaire ? comment
l'aurois-je mis en état de sentir les
beautés de cette langue ? quel écri-

vain auroit été à la portée d'un enfant
dépourvu de toute connoiffance ? &
quel avantage aurois-je trouvé à lui
faire lire en latin des chofes qu'il n'auroit pas entendues en françois ?

En fe familiarifant au contraire
avec nos meilleurs poëtes, il apprenoit facilement les regles de la grammaire : quelques exemples nous les
fourniffoient, & nous en faifions bientôt l'application à d'autres. Il fe formoit d'ailleurs le goût, & il fe préparoit à fentir dans une langue étrangere, des beautés qu'il commençoit à
fentir dans la fienne. Cependant je
lui donnois des connoiffances dans
bien des genres : je ne lui laiffois
plus, pour apprendre le latin, que la
difficulté d'apprendre des mots ; & je
devois toujours trouver, pour le fond
des chofes, des écrivains à fa portée.
Auffi me fuis-je fait une loi de ne lui
faire lire dans cette langue, que des
écrivains qu'il auroit entendus, s'ils

avoient écrit en françois. Il est arrivé qu'il a appris le latin facilement,
& qu'il n'a trouvé aucun dégoût dans
cette étude.

Rien n'est plus inutile que de fa-
tiguer un enfant, en chargeant sa mémoire des regles d'une langue qu'il
n'entend pas encore. Qu'importe en
effet qu'il sache ces regles par cœur,
s'il ne lui est pas possible d'en faire
l'application ? J'attendis donc que la
lecture l'instruisît peu-à-peu, & ce fut
un ennui de moins pour lui.

Cependant, comme il avoit fait
une étude de sa langue, je crus le devoir prévenir sur les principaux points,
où la syntaxe latine différe de la syntaxe françoise. Son étonnement, en
voyant une différence à laquelle il ne
s'attendoit pas, lui donna une curiosité tout-à-fait propre à écarter les
dégoûts. Depuis nous donnâmes tous
les jours quelques moments au latin :

mais il ne fut jamais le principal objet de nos occupations.

Je fuivis pendant quelques mois la
méthode de Mr. du Marfaiṣ. Mais je
l'abandonnai, lorfque le Prince put fe
paffer de ce fecours; c'eft-à-dire, lorfqu'il eut appris beaucoup de mots latins, & qu'il fe fut familiarifé avec la
fyntaxe de cette langue.

Lorfque nous eûmes fuffifamment
lu Racine, nous lûmes la Henriade &
l'Effai fur la Poëfie Epique de Mr. de
Voltaire. Bientôt après nous commençames la Poëtique d'Horace. Cette derniere lecture, qui, pour le fond
des chofes, n'étoit pas hors de la portée de mon éleve, lui fit faire des progrès rapides dans la langue latine.
Après l'avoir faite à plufieurs repri-
fes, je choifis quelques Satyres & quelques Odes, & je les fis lire au Prince.

Jufqu'alors nous avions toujours fait

ces sortes de lectures ensemble, & je
ne lui avois pas laissé la fatigue & l'ennui de chercher dans un dictionnai-
re la signification des mots. Alors je,
le chargeai de se préparer seul à traduire quelques vers de Virgile. Il
commença par l'Enéide, qu'il trouva
facile, & dont il traduisit les six premiers chants. Il expliqua ensuite les
Bucoliques & les Georgiques; & quand
il eut achevé, nous reprîmes Horace
que nous lûmes plusieurs fois tout entier. Il lisoit alors avec Mr. de Keralio les Métamorphoses d'Ovide.

A mesure qu'il avançoit dans l'é-
tude de l'Histoire, il lut quelques
morceaux de Tite-Live, les principales Lettres de Cicéron à Atticus,
les petits Historiens latins, les Com-
mentaires de César, la Vie d'Agrico-
la & les Mœurs des Germains. Il fit
la plupart de ces lectures avec Mr. de
Keralio.

Jufqu'à la fin de l'éducation, nous avons continué de donner, chaque jour, quelques moments à l'étude de la langue latine. Quant à la lecture des poëtes françois, nous l'interrompimes, lorfque le Prince eut beaucoup lu plufieurs Tragédies de Corneille, tout Racine, tout Moliere, tout Regnard, & toutes les pieces de théatre de Mr. de Voltaire. Sur la fin de la troifieme année, je fis étudier au Prince l'ouvrage que j'ai intitulé *l'Art de Penfer*. Après cette étude, nous paffâmes à celle de l'Hiftoire, & nous en fîmes notre principal objet, pendant fix ans.

Mr. de Keralio, qui joignoit à des connoiffances dans bien des genres, beaucoup de clarté & de méthode, & avec qui j'ai dit que le Prince faifoit fouvent des lectures, étoit très propre à lui donner des idées juftes & précifes. Il lui enfeigna les Mathématiques. Après lui avoir fait obferver comment

fe fait la numération, il lui fit comprendre que la maniere dont on pro-
céde dans les quatre opérations de l'a-
rithmétique, n'eſt qu'une conféquence
de la maniere dont ſe fait la numération même, & il le prépara à étudier
les Eléments de Mathématiques & de
Géométrie de Mr. le Blond. Le Prince pouſſa ſes études en Algebre jufqu'à la réſolution des équations du
ſecond degré.

Alors, pour lui donner une idée
de la Géométrie des Courbes, on lui
fit lire un Traité fort élémentaire des
Sections Coniques ; & quand il eut
acquis ces connoiſſances, il entendit
ſans effort le livre de Mr. Trabaud
ſur le Mouvement & ſur l'Equilibre.
Il étudia auſſi l'Hydroſtatique, l'Hy-
draulique, l'Aſtronomie & la Géogra-
phie. On lui faiſoit copier des cartes.

L'Architecture Militaire devint alors
pour lui une étude facile. Il apprit à

la deſſiner. On lui fit lire enſuite l'Artillerie raiſonnée de Mr. le Blond, &
on mit ſous ſes yeux des modeles de
toutes les pieces d'artillerie.

Pour achever de lui faire connoître cette partie de la ſcience militaire,
il ne reſtoit plus qu'à lui enſeigner
l'attaque & la défenſe des places. On
eut pour cela les plus grands ſecours.
Le Roi envoya au Prince, ſon petit-
fils, deux plans en relief, qui facilite-
rent & avancerent beaucoup ſon inſtruction. Le premier de ces plans offre aux yeux une Place forte, diſpoſée
à ſoutenir un ſiege. Les arbres des en-
virons ſont coupés, les maiſons abat-
tues, les chemins creux comblés, &c.
On voit enſuite, par des pieces qu'on
rapporte ſucceſſivement, le progrès
journalier des travaux des aſſiégeants,
l'ouverture de la tranchée, l'établiſſe-
ment des paralleles, des batteries, des
cavaliers de tranchée, le logement du
chemin couvert, la deſcente & le paſ-

ſage du foſſé, les aſſauts aux ouvrages détachés, &c. Les travaux les plus
importants ſont repréſentés, lorſqu'ils
ne ſont encore qu'ébauchés, lorſqu'ils
ſont pouſſés juſqu'à un certain point,
enfin lorſqu'ils ſont perfectionnés &
ſolidement établis.

Le ſecond plan eſt la même Place
attaquée comme dans le premier : mais
on y voit de plus, par les pieces qu'on
rapporte ſucceſſivement, les chicanes
que les aſſiégés oppoſent au progrès
des aſſiégeants, les effets des ſorties,
ceux des fourneaux ſous le glacis, les
obſtacles qu'on oppoſe au paſſage du
foſſé, à l'attachement du mineur, les
retranchements dans les ouvrages, &c.
L'étude réfléchie de ces deux plans,
peut ſans contredit, ſuppléer à pluſieurs
années d'expérience. Voilà les choſes
que Mr. de Keralio a enſeignées au
Prince.

Sur la fin de l'éducation, les PP. le

Seur & Jacquier furent appellés à Parme pour faire un cours de Physique
Expérimentale sous les yeux du Prince, qui, voulant profiter du séjour de
ces savants, fit avec eux plusieurs lectures, & repassa tout ce qu'il avoit acquis de connoissances en Mathématiques. Il s'engagea même jusques dans
le Calcul différentiel.

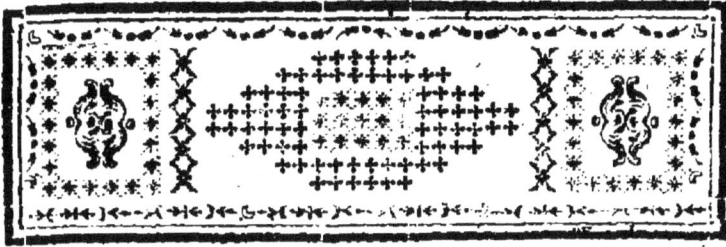

GRAMMAIRE.

Objet de cet Ouvrage.

Ecrivains qui ont porté la lumiere dans les livres élémentaires.

MESSIEURS de Port-royal ont les premiers porté la lumiere dans les livres élémentaires. Cette lumiere, il est vrai, étoit foible encore : mais enfin c'est avec eux que nous avons commencé à voir, & nous leur avons d'autant plus d'obligation, que, depuis des siecles, des préjugés grossiers fermoient les yeux à tout le monde.

D'excellents esprits se sont depuis appliqués à frayer la route qui leur étoit ouverte. M. du Marsais, qui a recherché en philosophe les principes du langage, a exposé ses vues avec autant de simplicité que de clarté. M. Duclos a enrichi de remarques la *Grammaire*

Tom. I.   A

générale & raisonnée, & a donné, en quelque forte, une nouvelle vie à cet ouvrage, en le rendant plus commun & plus utile.

Il étoit temps d'avoir une grammaire. M. du Marfais, qui pouvoit ne laiffer rien à defirer à cet égard, en avoit promis une, & n'en a donné que quelques articles dans l'Encyclopédie. D'autres ont travaillé en ce genre avec fuccès, & ont montré beaucoup de fagacité. Cependant j'avoue que je ne trouve point, dans leurs ouvrages, cette fimplicité qui fait le principal mérite des livres élémentaires.

C'eft dans l'analyfe de la penfée qu'il faut chercher les principes du langage.

Je regarde la grammaire comme la première partie de l'art de penfer. Pour découvrir les principes du langage, il faut donc obferver comment nous penfons : il faut chercher ces principes dans l'analyfe même de la penfée.

Or, l'analyfe de la penfée eft toute faite dans le difcours. Elle l'eft avec plus ou moins de précifion, fuivant que les langues font plus ou moins parfaites, & que ceux qui les parlent ont l'efprit plus ou moins jufte. C'eft ce qui me fait confidérer les langues comme autant de méthodes analytiques. Je me propofe donc de chercher quels font les fignes & quelles font les regles de cette méthode ; & je divife cet ouvrage en deux parties.

Dans la premiere, que j'intitule *de l'analyfe du difcours*, nous chercherons les fignes que les langues nous fourniffent pour analy-fer la penfée. Ce fera une Grammaire géné-rale, qui nous découvrira les éléments du langage & les regles communes à toutes les langues.

De l'analyfe du difcours, premiere par-tie de cette grammaire.

Dans la feconde, intitulée *des éléments du difcours*, nous obferverons les éléments que la premiere partie nous aura donnés ; & nous découvrirons les regles que notre langue nous prefcrit pour porter, dans l'analyfe de nos penfées, la plus grande clarté & la plus grande précifion.

Des éléments du difcours, feconde par-tie.

Perfuadé que les arts feroient plus faciles, s'il étoit poffible de les enfeigner avec des mots familiers à tout le monde, je penfe que les termes techniques ne font utiles, qu'autant qu'ils font abfolument néceffaires. C'eft pourquoi j'ai banni tous ceux dont j'ai pu me paffer, préférant une périphrafe, lorf-qu'une idée ne doit pas revenir fouvent. J'ai

Pourquoi on a banni, de cette gram-maire, tous les termes techniques, dont on a pu fe paffer.

encore retranché , de cette Grammaire , des
détails que les étrangers pourroient y defirer ;
mais je n'écris que pour les François à qui
l'ufage les apprend. (*a*)

(*) Eft il néceffaire d'avertir que ce commencement
n'a été fait que pour le lecteur?

PREMIERE PARTIE.

DE

L'ANALYSE DU DISCOURS.

CHAPITRE PREMIER.

Du langage d'action.

LES geftes, les mouvements du vifage, & les accens inarticulés, voilà, Monfeigneur, les premiers moyens que les hommes ont eus pour fe communiquer leurs penfées. Le langage qui fe forme avec ces fignes, fe nomme *langage d'action.*

Des fignes du langage d'action.

Par les geftes, j'entends les mouvements du bras, de la tête, du corps entier qui s'éloigne ou s'approche d'un objet, & toutes les attitudes que nous prenons, fuivant les impreffions qui paffent jufqu'à l'ame.

A 3

Le defir, le refus, le dégoût, l'averfion,
&c. font exprimés par les mouvements du
bras, de la tête & par ceux de tout le corps,
mouvements plus ou moins vifs, fuivant la
vivacité avec laquelle nous nous portons vers
un objet, ou nous nous en éloignons.

Tous les fentiments de l'ame peuvent être
exprimés par les attitudes du corps. Elles pei-
gnent d'une maniere fenfible l'indifférence,
l'incertitude, l'irréfolution, l'attention, la
crainte & le defir confondus enfemble, le
combat des paffions tour-à-tour fupérieures
les unes aux autres, la confiance & la mé-
fiance, la jouiffance tranquille & la jouiffance
inquiete, le plaifir & la douleur, le chagrin
& la joie, l'efpérance & le défefpoir, la
haine, l'amour, la colere, &c.

Mais l'élégance de ce langage eft dans les
mouvements du vifage, & principalement
dans ceux des yeux. Ces mouvements finif-
fent un tableau que les attitudes n'ont fait que
dégroffir ; & ils expriment les paffions avec
toutes les modifications dont elles font fufceptibles.

Ce langage ne parle qu'aux yeux. Il feroit
donc fouvent inutile, fi, par des cris, on
n'appelloit pas les regards de ceux à qui on

veut faire connoître sa pensée. Ces cris sont les accents de la nature : ils varient suivant les sentiments dont nous sommes affectés; & on les nomme *inarticulés*, parce qu'ils se forment dans la bouche, sans être frappés ni avec la langue, ni avec les levres. Quoique capables de faire une vive impression sur ceux qui les entendent; ils n'expriment cependant nos sentiments que d'une maniere imparfaite; car ils n'en font connoître ni la cause, ni l'objet, ni les modifications; mais ils invitent à remarquer les gestes & les mouvements du visage; & le concours de ces signes acheve d'expliquer ce qui n'étoit qu'indiqué par des accents inarticulés.

Si vous réfléchissez sur les signes dont se forme le langage d'action, vous reconnoîtrez qu'il est une suite de la conformation des organes; & vous conclurez que plus il y a de différence dans la conformation des animaux, plus il y en a dans leur langage d'action; & que, par conséquent, ils ont aussi plus de peine à s'entendre. Ceux dont la conformation est tout-à-fait différente, sont dans l'impuissance de se communiquer leurs sentiments. Le plus grand commerce d'idées est entre ceux qui, étant d'une même espece, sont conformés de la même maniere.

Le langage d'action est une suite de la conformation des organes.

A 4

Quoiqu'il soit
naturel, on a
besoin de l'ap-
prendre.

Ce langage est naturel à tous les individus d'une même espece, cependant tous ont besoin de l'apprendre. Il leur est naturel, parce que si un homme, qui n'a pas l'usage de la parole, montre d'un geste l'objet dont il a besoin, & exprime, par d'autres mouvements, le desir que cet objet fait naître en lui, c'est, comme nous venons de le remarquer, en conséquence de la conformation. Mais, si cet homme n'avoit pas observé ce que son corps fait en pareil cas, il n'auroit pas appris à reconnoître le desir dans les mouvements d'un autre. Il ne comprendroit donc pas le sens des mouvements qu'on feroit devant lui : il ne feroit donc pas capable d'en faire à dessein de semblables, pour se faire entendre lui-même. Ce langage n'est donc pas si naturel qu'on le sache sans l'avoir appris. L'erreur, où vous pouviez tomber à ce sujet vient de ce qu'on est porté à croire qu'on n'a appris que ce dont on se souvient d'avoir fait une étude. Mais avoir appris n'est autre chose que savoir dans un temps ce qu'on ne savoit pas auparavant. En effet, qu'en conséquence de votre conformation, les circonstances seules vous aient instruit de ce que vous ne saviez pas, ou que vous vous soyez instruit vous même, parce que vous avez étudié à dessein ; c'est toujours apprendre.

Puifque le langage d'action eft une fuite de la conformation de nos organes, nous n'en avons pas choifi les premiers fignes. C'eft la nature qui nous les a donnés : mais en nous les donnant, elle nous a mis fur la voie pour en imaginer nous-mêmes. Nous pourrions, par conféquent, rendre toutes nos penfées avec des geftes, comme nous les rendons avec des mots ; & ce langage feroit formé de fignes naturels & de fignes artificiels.

En nous donnant des fignes naturels, l'auteur de la nature nous a mis fur la voie pour en imaginer d'artificiels.

Remarquez bien, Monfeigneur, que je dis de *fignes artificiels*, & que je ne dis pas de *fignes arbitraires* : car il ne faudroit pas confondre ces deux chofes.

Il ne faut pas confondre les fignes artificiels avec les fignes arbitraires.

En effet, qu'eft-ce que des fignes arbitraires ? Des fignes choifis fans raifon & par caprice. Ils ne feroient donc pas entendus. Au contraire, des fignes artificiels font des fignes dont le choix eft fondé en raifon : ils doivent être imaginés avec tel art, que l'intelligence en foit préparée par les fignes qui font connus.

Vous comprendrez quel eft cet art, fi vous confidérez une fuite d'idées que vous voudriez rendre par le langage d'action. Prenons pour exemple les opérations de l'entendement. Vous voyez dans toutes un même fond d'idées,

Avec quel art on imagine des fignes artificiels.

& vous remarquez que ce fond varie de l'une
à l'autre par différents acceſſoires. Pour exprimer cette ſuite d'opérations, il faudra donc
avoir un ſigne qui ſe retrouve le même pour
toutes, & qui varie cependant de l'une à l'autre : il faudra qu'il ſoit le même, afin qu'il
exprime le fond d'idées qui leur eſt commun;
& il faudra qu'il varie, afin qu'il exprime les
différents acceſſoires qui les diſtinguent.

Alors vous aurez une ſuite de ſignes qui
ne ſeront dans le vrai qu'un même ſigne modifié différemment. Les derniers, par conſéquent, reſſembleront aux premiers; & c'eſt
cette reſſemblance qui en facilitera l'intelligence. On la nomme *analogie*. Vous voyez
que l'analogie, qui nous fait la loi, ne nous
permet pas de choiſir les ſignes au haſard &
arbitrairement.

Langage l'ac-
tion des pan-
tomimes.

Ce langage, qui vous paroît à peine poſſi-
ble, a été connu des Romains. Les comédiens
qu'on appelloit *pantomimes*, repréſentoient des
pieces entieres ſans proférer une ſeule parole.
Comment donc étoient-ils parvenus à former
peu-à-peu ce langage ? Eſt-ce en imaginant
des ſignes arbitraires ? mais on ne les auroit
pas entendus, ou le peuple eut été obligé de
faire une étude qu'il n'auroit certainement pas
faite. Il falloit donc qu'en partant des ſignes

naturels, qui étoient entendus de tout le monde, les pantomimes priſſent l'analogie pour guide dans le choix des ſignes qu'ils avoient beſoin d'inventer, & les plus habiles étoient ceux qui ſuivoient cette analogie avec plus de ſagacité.

D'après ce que je viens de dire, nous pouvons diſtinguer deux langages d'action : l'un naturel, dont les ſignes ſont donnés par la conformation des organes ; & l'autre artificiel, dont les ſignes ſont donnés par l'analogie. Celui-là eſt néceſſairement très borné : celui-ci peut être aſſez étendu pour rendre toutes les conceptions de l'eſprit humain. (*a*) conſidérons

Deux ſortes de langage d'action.

(*) Mr. l'Abbé de l'Epée, qui inſtruit les ſourds & muets avec une ſagacité ſinguliere, a fait, du *langage d'action*, un art méthodique auſſi ſimple que facile, avec lequel il donne à ſes éleves des idées de toute eſpece ; & j'oſe dire des idées plus exactes & plus préciſes que celles qu'on acquiert communément avec le ſecours de l'ouie. Comme, dans notre enfance, nous ſommes réduits à juger de la ſignification des mots par les circonſtances où nous les entendons prononcer, il nous arrive ſouvent de ne la ſaiſir qu'à peu près, & nous nous contentons de *cet à peu près* toute notre vie. Il n'en eſt pas de même des ſourds & muets qu'inſtruit Mr. l'Abbé de l'Epée. Il n'a qu'un moyen pour leur donner les idées qui ne tombent pas ſous les ſens ; c'eſt d'analyſer & de les faire analyſer avec lui. Il les conduit donc, des idées ſenſibles aux idées abſtraites, par des analyſes ſimples & métho-

ces deux langages dans celui qui parle & dans celui qui écoute. Il faut me passer cette expression, & parce qu'elle est plus précise, & que l'analogie me force à la préférer.

Avec le langage d'action, chaque pensée s'exprime tout à la fois & sans succession.

Dans celui qui ne connoît encore que les signes naturels, donnés par la conformation des organes, l'action fait un tableau fort composé : car elle indique l'objet qui l'affecte, & en même temps, elle exprime & le jugement qu'il porte, & les sentiments qu'il éprouve. Il n'y a point de succession dans ses idées. Elles s'offrent toutes à la fois dans son action, comme elles sont toutes à la fois présentes à son esprit.

diques ; & on peut juger combien son langage d'action a d'avantages sur les sons articulés de nos gouvernantes & de nos précepteurs.

Mr. l'Abbé de l'Epée enseigne à ses élèves le françois, le latin, l'italien & l'espagnol, & il leur dicte, dans ces quatre langues, avec le même langage d'action. Mais pourquoi tant de langues ? c'est afin de mettre les étrangers en état de juger de sa méthode, & il se flatte que peut être il se trouvera une puissance qui formera un établissement pour l'instruction des sourds & muets. Il en a formé un lui même, auquel il sacrifie une partie de sa fortune. J'ai cru devoir saisir l'occasion de rendre justice aux talents de ce citoyen généreux, dont je ne crois pas être connu, quoique j'aie été chez lui, que j'aie vu ses élèves, & qu'il m'ait mis au fait de sa méthode.

On pourroit l'entendre d'un clin d'œil, &,
pour le traduire il faudroit un long discours.

Nous nous sommes fait une si grande habitude du langage traînant des sons articulés,
que nous croyons que les idées viennent l'une
après l'autre dans l'esprit, parce que nous pro-
férons les mots les uns après les autres. Cependant ce n'est point ainsi que nous concevons ; & comme chaque pensée est nécessairement composée, il s'ensuit que le langage
des idées simultanées est le seul langage naturel. Celui au contraire des idées successives
est un art dès ses commencements & c'est un
grand art quand, il est porté à sa perfection.

Ce langage des idées simultanées est seul naturel.

Mais, quoique simultanées dans celui qui
parle le langage d'action, les idées deviennent souvent successives dans ceux qui écoutent.
C'est ce qui leur arrive, lorsqu'au premier
coup d'œil ils laissent échapper une partie de
l'action. Alors ils ont besoin d'un second coup
d'œil, ou même d'un troisieme pour tout entendre ; & par conséquent ils reçoivent successivement les idées qui leur étoient offertes
toutes à la fois. Cependant si nous considérons
qu'un peintre habile voit rapidement tout un
tableau , & d'un clin d'œil, y démêle une

Les idées simultanées dans celui qui parle, deviennent successives dans ceux qui l'écoutent.

multitude de détails qui nous échappent ; nous jugerons que des hommes, qui ne parlent encore que le langage des idées simultanées, doivent se faire une habitude de voir, aussi d'un clin d'œil, presque tout ce qu'une action leur présente à la fois. Ils ont certainement un regard plus rapide que le nôtre.

Les idées successives dans ceux qui écoutent, sont encore chacune des pensées composées.

Quoique celui qui écoute puisse ne saisir, qu'à plusieurs reprises, la pensée de celui qui parle ; il est certain qu'à chaque fois, ce qu'il saisit est encore une pensée composée : ce sera au moins un jugement. Il est donc démontré que le langage d'action tant qu'il n'est encore qu'une suite de la conformation des organes, offre toujours une multitude d'idées à la fois. les tableaux peuvent se succéder : mais chaque tableau est un ensemble d'idées simultanées.

Le langage d'action a l'avantage de la rapidité.

Le langage d'action a donc l'avantage de la rapidité. Celui qui le parle paroît tout dire sans effort. Avec nos langues, au contraire, nous nous traînons péniblement d'idée en idée, & nous paroissons embarrassés à faire entendre tout ce que nous pensons. Il semble même que ces langues, qui sont devenues pour nous une seconde nature, ralentissent l'action de toutes nos facultés. Nous n'avons plus ce coup d'œil qui embrasse une multitude de choses, & nous ne savons plus voir que comme nous parlons, c'est-à-dire, successivement.

Nous ne voyons diſtinctement les choſes, qu'autant que nous les obſervons les unes après les autres. A cet égard, le langage d'action a donc du déſavantage : car il tend à confondre ce qui eſt diſtinct dans le langage des ſons articulés. Cependant il ne faut pas croire que pour ceux à qui il eſt familier, il ſoit confus autant qu'il le ſeroit pour nous. Le beſoin qu'ils ont de s'entendre leur apprend bientôt à décompoſer ce langage. L'un s'étudie à dire moins de choſes à la fois, & il ſubſtitue des mouvements ſucceſſifs à des mouvements ſimultanés. L'autre s'applique à obſerver ſucceſſivement le tableau que le langage d'action met ſous ſes yeux, & il rend ſucceſſif ce qui ne l'eſt pas. Ils apprennent ainſi peu à peu dans quel ordre ils doivent faire ſuccéder leurs mouvements, pour rendre leurs idées d'une maniere plus diſtincte. Ils ſavent donc, juſqu'à un certain point, décompoſer ou analyſer leurs penſées : car analyſer n'eſt autre choſe qu'obſerver ſucceſſivement, & avec ordre.

Comment l'art peut en faire une méthode analytique.

Quelque groſſiere que ſoit cette analyſe, elle eſt le fruit de l'obſervation & de l'étude. Le langage d'action, qui la fait, n'eſt donc plus un langage purement naturel. Ce n'eſt pas une action qui obéiſſant uniquement à la conformation des organes, exprime à la fois tout ce qu'on ſent. C'eſt une action qu'on régle

avec art, afin de préfenter les idées dans l'ordre fuccellif le plus propre à les faire concevoir d'une maniere diftincte ; & , par conféquent , auffi-tôt que les hommes commencent
à décompofer leurs penfées, le langage d'action commence auffi à devenir un langage artificiel.

Il deviendra tous les jours plus artificiel,
par ceque plus ils analyferont , plus ils fenti-
ront le befoin d'analyfer. Pour faciliter les analyfes , ils imagineront de nouveaux fignes,
analogues aux fignes naturels. Quand ils en
auront imaginé , ils en imagineront encore ;
& c'eft ainfi qu'ils enrichiront le langage d'action. Ils l'enrichiront plus promptement, ou
plus lentement, fuivant qu'ils faifiront, ou
qu'ils laifleront échapper le fil de l'analogie.
Ce langage fera donc une méthode analytique
plus ou moins parfaite.

Pourquoi on
a commencé,
dans cette
grammaire,
par obferver
le langage
d'action.
Perfuadé que l'homme, lors qu'il crée les
arts , ne fait qu'avancer dans la route que la
nature lui a ouverte, & faire avec regle , à
mefure qu'il avance , ce qu'il faifoit auparavant
par une fuite de fa conformation ; j'ai cru,
Monfeigneur , que pour mieux m'affurer des
vrais principes des langues, je devois d'abord
obferver le premier langage qui nous eft donné
par la conformation de nos organes. J'ai penfé
que

que lorfque nous connoîtrons les principes
d'après lefquels nous le parlons, nous connoîtrons auſſi les principes d'après lefquels
nous parlons tout autre langage. En effet,
Monfeigneur, plus vous étudirez l'efprit humain, plus vous vous convaincrez qu'il n'a
qu'une maniere de procéder. S'il fait une chofe
nouvelle, il la fait fur le modele d'un autre
qu'il a faire, il la fait d'après les mêmes regles; & lorfqu'il perfectionne, c'eſt moins
parce qu'il imagine de nouvelles regles, que
parce qu'il fimplifie celles qu'il connoiſſoit auparavant. C'eſt ainſi que le langage d'action
les a préparés au langage des fons articulés &
qu'ils font paſſés de l'un à l'autre, en conti-
nuant de parler d'après les mêmes regles.

L'analogie & l'analyſe dont vous venez
de voir les commencements dans le langage
d'action : voilà, Monfeigneur, à quoi fe réduifent, dans le vrai, tous les principes des
langues. La premiere partie de cette grammaire
vous en convaincra.

A quoi fe ré-
duifent tous
les principes
des langues.

CHAPITRE II.

Confidérations générales fur la forma-
tion des langues & fur leurs pro-
grès.

L'homme
eft conformé
pour parler
le langage
des fons arti-
culés.

On appelle fons articulés ceux qui font modifiés par le mouvement de la langue, lorfqu'elle frappe contre le palais ou contre les
dents ; & ceux qui font modifiés par le mouvement des levres, lorfqu'elles frappent l'une
contre l'autre. Vous voyez donc, Monfeigneur, que fi nous fommes conformés pour
parler le langage d'action, nous le fommes
également pour parler le langage des fons articulés. Mais ici la nature nous laiffe prefque
tout à faire. Cependant elle nous guide encore.
C'eft d'après fon impulfion que nous choififfons les premiers fons articulés, & c'eft d'après
l'analogie que nous en inventons d'autres, à
mefure que nous en avons befoin.

Les mots
n'ont pas été

On fe trompe donc, lorfqu'on penfe que,
dans l'origine des langues, les hommes ont

pu choisir indifféremment & arbitrairement
tel ou tel mot pour être le signe d'une idée.
En effet, comment avec cette conduite, se
feroient ils entendus ?

choisir arbitrairement.

Les accents qui se forment sans aucune articulation, sont communs aux deux langages ;
& on a dû les conserver dans les premiers sons
articulés, dont on s'est servi pour exprimer les
sentiments de l'ame. On n'aura fait que les
modifier, en les frappant avec la langue ou
avec les levres ; & cette articulation, qui les
marquoit davantage, pouvoit les rendre plus
expressifs. On n'auroit pas pu faire connoître
les sentiments qu'on éprouvoit, si on n'avoit
pas conservé dans les mots les accents mêmes
de chaque sentiment.

En parlant le langage d'action, on s'étoit
fait une habitude de représenter les choses par
des images sensibles : on aura donc essayé de
tracer de pareilles images avec des mots. Or,
il a été aussi facile que naturel d'imiter tous
les objets qui font quelque bruit. On trouvera
sans doute plus de difficulté à peindre les autres. Cependant il falloit les peindre, & on
avoit plusieurs moyens.

Premierement l'analogie, qu'a l'organe de
l'ouie avec les autres sens, fournissoit quel-

ques couleurs groſſieres & imparfaites qu'on aura employées.

En ſecond lieu, on trouvoit 'encore des couleurs dans la douceur & dans la dureté des ſyllabes, dans la rapidité & dans la lenteur de la prononciation, & dans les différentes inflexions dont la voix eſt ſuſceptible.

Enfin, ſi, comme nous l'avons vu, l'analogie, qui déterminoit le choix des ſignes, a pu faire, du langage d'action, un langage artificiel propre à repréſenter des idées de toute eſpece, pourquoi n'auroit-elle pas pu donner le même avantage au langage des ſons articulés?

En effet, nous concevons qu'à meſure qu'on eut une plus grande quantité de mots, on trouva moins d'obſtacles à nommer de nouveaux objets. Vouloit-on indiquer une choſe, dans laquelle on remarquoit pluſieurs qualités ſenſibles? on réuniſſoit enſemble pluſieurs mots, qui exprimoient chacun quelqu'une de ces qualités. Ainſi les premiers mots devenoient des éléments, avec leſquels on en compoſoit de nouveaux; & il ſuffiſoit de les combiner différemment, pour nommer une multitude de choſes différentes. Les enfants nous prouvent tous les jours combien la choſe étoit facile, puisque nous leur voyons faire des mots, souvent très expressifs. Vous en avez fait vous même, Monseigneur. Or, est-ce au hasard que vous les choisissiez? non certainement: l'analogie, quoiqu'à votre insu, vous déterminoit dans votre choix. L'analogie a également guidé les hommes dans la formation des langues. (*)

Il y a des Philosophes, Monseigneur, qui ont pensé que les noms de la langue primitive exprimoient la nature même des choses. Ils raisonnoient sans doute d'après des principes semblables à ceux que je viens d'exposer, & ils se trompoient. La cause de leur méprise vient de ce qu'ayant vu que les premiers noms étoient représentatifs, ils ont supposé qu'ils représentoient les choses telles qu'elles sont. C'étoit donner gratuitement de grandes connoissances à des hommes grossiers, qui commençoient à peine à prononcer des mots. Il est donc à propos de remarquer que lorsque je dis qu'ils représentoient les choses avec des sons articulés, j'entends qu'ils les représentoient

C'est une erreur de croire que les noms de la langue primitive exprimoient la nature des choses.

(*) Pour se convaincre combien les mots sont peu arbitraires, il faut lire le *traité de la formation méchanique des langues*, ouvrage neuf, ingénieux, où l'auteur montre beaucoup d'érudition & de sagacité.

B 2

d'après des apparences, des opinions, des préjugés, des erreurs ; mais ces apparences, ces opinions, ces préjugés, ces erreurs étoient communes à tous ceux qui travailloient à la même langue, & c'est pourquoi ils s'entendoient. Un philosophe, qui avoit été capable de s'exprimer d'après la nature des choses, leur eut parlé sans pouvoir se faire entendre. On pourroit ajouter que nous ne l'entendrions pas nous-mêmes.

En formant les langues, nous n'avons fait qu'obéir à notre manière de voir & de sentir.

Les principes que je viens d'indiquer demanderoient sans doute de plus grands éclaircissements. Mais j'en ai assez dit, Monseigneur, pour vous faire voir que les langues sont l'ouvrage de la nature ; qu'elles se sont formées, pour ainsi dire, sans nous ; & qu'en y travaillant, nous n'avons fait qu'obéir servilement à notre manière de voir & de sentir.

En effet, si vous avez appris à parler françois, ce n'est pas que vous en eussiez formé le dessein, c'est que vous vous êtes trouvé dans des circonstances qui vous l'ont fait apprendre. Vous avez senti le besoin de communiquer vos idées & de connoître celles des autres ; parce que vous avez senti combien il vous étoit nécessaire de vous procurer les secours des personnes qui vous entouroient. En conséquence vous vous êtes accoutumé à attacher vos idées aux mots qui paroiffoient propres à les manifefter. Ainfi, pour apprendre le françois, vous n'avez fait qu'obéir à vos befoins & aux circonftances où vous vous êtes trouvé.

Ce qui arrive aux enfants qui aprennent les langues, eft arrivé aux hommes qui les ont faites. Ils n'ont pas dit, *faifons une langue :* ils ont fenti le befoin d'un mot, & ils ont prononcé le plus propre à repréfenter la chofe qu'ils vouloient faire connoître. Or, comme les enfants, à mefure qu'ils aprennent une langue, éprouvent combien il leur eft avantageux de la favoir, &, par conféquent, fentent toujours davantage le befoin de l'apprendre encore mieux ; de même les hommes, qui forment une langue, éprouvent combien elle leur eft avantageufe, & fentent toujours davantage le befoin de l'enrichir de quelques nouvelles expreffions. Ils l'enrichiront donc peu à peu.

Cet ouvrage eft long fans doute. Il n'eft pas même poffible que toutes les langues fe perfectionnent également ; & le plus grand nombre, imparfaites & groffieres, paroiffent, après des fiecles, être encore à leur naiffance. C'est que les langues font à leurs derniers progrès, lorfque les hommes, ceffant de fe faire de nou-

B 4

veaux befoins, ceffent auffi de fe faire de nouvelles idées. (a)

(*) Quand je parle d'une premiere langue, je ne
prétends pas établir que les hommes l'ont faite, je penfe
feulement qu'ils l'ont pu faire. Ce n'eft pas l'opinion de Mr.
Rouffeau. *Pour faire une langue, il falloit*, dit il, *difcoura
fur l'origine & les fondements de l'inégalité parmi les hommes, ranger les êtres fous des dénominations communes & génériques ; il en falloit connoître les propriétés & les différences ;
il falloit des obfervations & des définitions, c'eft à dire, de
l'hiftoire naturelle & de la méthaphyfique, beaucoup plus que
les hommes de ce temps là n'en pouvoient avoir.*

Une pareille opinion de la part de cet écrivain, auffi
profond qu'éloquent, né peut être qu'une inadvertance. En
effet, il exige dans les hommes, qu'on fuppofe avoir fait une
langue, beaucoup plus de connoiffances qu'il ne leur en falloit. Car s'il eut été néceffaire qu'ils euffent affez connu l'hiftoire naturelle & la métaphyfique, pour déterminer les propriétés des chofes, pour en marquer les différences, & pour
en donner des définitions ; il me femble qu'aujourd'hui les
enfants ne pourroient apprendre à parler qu'autant qu'ils fau-
roient affez d'hiftoire naturelle & de métaphyfique, pour
fuivre les progrès des langues dans tout les procédés de l'efprit
humain. On dira fans doute que toutes ces connoiffances font
néceffaires à quiconque veut favoir une langue parfaitement,
& j'en conviens. Mais le font-elles à un enfant ; à qui il
fuffit, pour fes befoins, de s'exprimer groffiérement, & à
qui il ne faut qu'un petit nombre de mots ? Or, le langage
d'un enfant eft l'image de la langue primitive, qui, dans fon
origine, a dû être très groffiere & très bornée ; & dont les
progrès ont été lents, parce que les hommes avançoient lente-

Vous favez, Monseigneur, ce que c'est
qu'un fystême, vous entrevoyez comment il

ment de connoiffances en connoiffances. Voilà fans doute à
quoi Mr. Rouffeau n'a pas fait attention. Il a vu tout ce qu'il
falloit pour faire une langue, où il pût développer fon génie,
comme dans la nôtre; & il a jugé avec raifon qu'elle n'a pu
être l'ouvrage des hommes qui ont les premiers prononcé des
fons articulés. Mais pour faire une langue imparfaite, telle
qu'auroit pu être la langue primitive, ou telle que celles de
plufieurs peuples fauvages; je crois qu'il n'étoit point néceffaire de connoître les propriétés des chofes, puifqu'aujourd'hui
nous mêmes nous parlons de bien des chofes dont nous ne
connoiffons pas les propriétés. Il n'étoit pas plus néceffaire
de favoir faire des définitions: car, parmi nous, les meilleurs
efprits font ceux qui fentent davantage la difficulté d'en faire,
qui en font le moins, & cependant ce font ceux qui parlent le
mieux. Je fuppofe feulement que les hommes ont eu des
befoins, & qu'en conféquence ils ont obfervé, non les propriétés des chofes, mais les rapports fenfibles des chofes à
eux; & ils les ont obfervés, parce qu'ils les fentoient, & qu'ils
ne pouvoient pas ne pas les fentir. Ces rapports, connus ou
fentis, commençoient à leur donner des idées, mais des idées
imparfaites qui les laiffoient dans l'impuiffance de faire des
définitions, ou qui ne leur permettoient d'en faire que comme
nous en faifons fouvent nous mêmes. Ces idées, telles qu'elles
étoient, fuffifoient pour faire remarquer des reffemblances &
des différences entre les chofes &, par conféquent, pour
avoir des dénominations communes & génériques, & pour
diftribuer les êtres dans différentes claffes. Tout cela ne demandoit que cette portion de métaphyfique, qui eft en nous,
même avant que nous fachions parler, & que les befoins développent dans les enfants.

s'en forme un de toutes vos connoiſſances. En
effet, vous concevez que toutes vos idées tiennent les unes aux autres, qu'elles ſe diſtribuent
dans différentes claſſes, & qu'elles naiſſent
toutes d'un même principe. Le ſyſtème de vos
idées eſt ſans doute moins étendu que celui de
votre Précepteur, & celui de votre Précepteur
l'eſt moins que celui de beaucoup d'autres : car
vous avez moins d'idées que moi, & j'en ai
moins que ceux qui ſont nés avec de plus grandes diſpoſitions, & qui ont plus étudié. Auſſi
me dites-vous, avec raiſon, que je ne vous
apprendrai pas tout. Mais que nos connoiſſances
ſoient plus ou moins étendues, elles ſont toujours un ſyſtème où tout eſt lié plus ou moins.

Puiſque les mots ſont les ſignes de nos idées,
il faut que le ſyſtème des langues ſoit formé ſur
celui de nos connoiſſances. Les langues, par
conſéquent, n'ont des mots de différentes eſpeces, que parce que nos idées apartiennent à
des claſſes différentes ; & elles n'ont des moyens
pour lier les mots, que parce que nous ne penſons
qu'autant que nous lions nos idées. Vous comprenez que cela eſt vrai de toutes les langues
qui ont fait quelques progrès.

Les langues ſont en proportion avec les idées,
comme cette petite chaiſe, ſur laquelle vous
vous aſſeyez, eſt en proportion avec vous. En

proportion avec nos idées forment un ſyſtème qui eſt calqué ſur celui de nos connoiſſances

croiffant, vous avez befoin d'un fiege plus élevé ; de même les hommes, en acquérant des connoiffances, ont befoin d'une langue plus étendue.

Mais comment les hommes acquierent - ils des idées ? c'eft en obfervant les objets ; c'eft-à-dire, en réfléchiffant fur eux-mêmes, & fur tout ce qui a rapport à eux. Qui n'obferve rien, n'apprend rien.

Or, ce font nos befoins qui nous engagent à faire ces obfervations. Le laboureur a intérêt de connoître quand il faut labourer, femer, faire la recolte, quels font les engrais les plus propres à rendre la terre fertile, &c. Il obferve donc; il fe corrige des fautes qu'il a faites, & il s'inftruit.

Le commerçant obferve les différents objets du commerce, où il faut porter certaines marchandifes, d'où il en faut tirer d'autres, & quels font pour lui les échanges les plus avantageux.

Ainfi, chacun dans fon état, fait des obfervations différentes, parce que chacun a des befoins différents. Le commerçant ne s'avife pas de négliger le commerce pour étudier l'agriculture, ni le laboureur de négliger l'agriculture pour étudier le commerce. Avec une pareille conduite ils manqueroient bientôt du nécessaire l'un & l'autre.

Chaque condition fait donc un recueil d'observations , & il se forme un corps de connoissances dont la société jouit. Or , comme dans chaque classe de citoyens, les observations tendent à se mettre en proportion avec les besoins, le recueil des observations de toutes les classes tend à se mettre en proportion avec les besoins de la société entiere.

Chaque classe, à mesure qu'elle acquiert des connoissances , enrichit la langue des mots qu'elle croit propres à les communiquer. Le système des langues s'étend donc , & il se met peu à peu en proportion avec celui des idées.

Quelles langues sont plus parfaites.

Actuellement vous pouvez juger quelles langues sont plus parfaites, & quelles langues le sont moins.

Les sauvages ont peu de besoins, donc ils observent peu : donc ils ont peu d'idées. Ils n'ont aucun intérêt à étudier l'agriculture, le commerce, les arts , les sciences ; donc leurs langues ne sont pas propres à rendre les connoissances que nous avons sur ces différents objets. Assez parfaites pour eux puisqu'elles suffisent à leurs befoins , el les feroient imparfaites pour nous , parce qu'elles manquent d'expreffions pour rendre le plus grand nombre de nos idées. Il faut donc conclure , que les langues les plus riches font celles des peuples qui ont beaucoup cultivé les arts & les fciences.

Vous vous fouvenez , Monfeigneur , que pour rendre fenfible la proportion qui tend à s'établir entre les befoins, les connoiffances & les langues, nous avons tracé différents cercles : un fort petit, dans lequel nous avons circonfcrit les befoins des fauvages; un plus grand qui contenoit les befoins des peuples pafteurs ; un plus grand encore , pour les befoins des peuples qui commencent à cultiver la terre ; enfin un dernier dont la circonférence s'étend continuellement, & c'eft celui où nous renfermions les befoins des peuples qui créent les arts. Ces cercles croiffoient à nos yeux , à mefure que la fociété fe formoit de nouveaux befoins. Nous remarquions que les befoins précédant les connoiffances , puifqu'ils nous déterminent à les acquérir, le cercle des befoins dépaffe dans les commencements celui des connoiffances. Nous ferions le même raifonnement fur les connoiffances; elles précédent les mots , puifque nous ne faifons des mots que pour exprimer des idées que nous avions déja. Le cercle des connoiffances dépaffe donc auffi dans les commen-

Comment il s'établit une proportion entre les befoins, les connoiffances & les langues.

cements celui des langues. Enfin, nous remarquions que tous ces cercles tendent à se confondre avec le plus grand, parce que, chez
tous les peuples, les connoissances tendent à
remplir le cercle des besoins, & que les langues croissent dans la même proportion.

Parcourons maintenant la surface de la terre,
nous verrons les connoissances augmenter ou
diminuer, suivant que les besoins sont plus
multipliés ou plus bornés. Réduites presqu'à
rien parmi les sauvages, ce sont des plantes
informes, qui ne peuvent croître dans un sol
ingrat où elles manquent de culture. Au contraire, transplantées dans les sociétés civiles,
elle s'élevent, elles s'étendent, elles se gref-
fent les unes sur les autres, elles se multiplient
de toutes sortes de manieres & elles varient
leurs fruits à l'infini.

Toutes les
langues por-
tent sur les
mêmes fon-
demens.
Comme votre petite chaise est faite sur le
même modele que la mienne qui est plus éle-
vée ; ainsi le systême des idées est le même pour
le fond, chez les peuples sauvages & chez les
peuples civilisés, il ne différe, que parce qu'il
est plus ou moins étendu : c'est un même modele d'après lequel on a fait des sieges de différente hauteur.

Or, puisque le systême des idées a par-tout

les mêmes fondements , il faut que le fyftême des langues foit , pour le fond , également le même par-tout ; par conféquent, toutes les langues ont des regles communes ; toutes ont des mots de différentes efpeces ; toutes ont des fignes pour marquer les rapports des mots.

Cependant les langues font différentes , foit parce qu'elles n'employent pas les mêmes mots pour rendre les mêmes idées , foit parce qu'elles fe fervent de fignes différents pour marquer les mêmes rapports. En françois, par exemples , on dit *le livre de pierre*, & en latin, *liber petri :* Vous voyez que les Romains exprimoient , par un changement dans la terminaifon , le même rapport que nous exprimons par un mot deftiné à cet ufage.

En quoi les langues diffè-tent.

Les langues ne fe perfectionnent qu'autant qu'elles analyfent ; au lieu d'offrir à la fois des maffes confufes, elles préfentent les idées fucceffivement, elles les diftribuent avec ordre , elles en font différentes claffes ; elles manient, pour ainfi dire, les éléments de la penfée, & elles les combinent d'une infinité de manieres ; c'eft à quoi elles réufliffent plus ou moins , fuivant qu'elles ont des moyens plus ou moins commodes pour féparer les idées , pour les rapprocher, & pour les comparer fous tous les rapports poffibles. Vous connoiffez , Monfei-

Comment elles fe perfec-tionnent.

gneur, les chiffres romains & les chiffres arabes ; & vous jugez, par votre expérience, combien ceux-ci facilitent les calculs. Or les mots font, par rapport à nos idées, ce que les chiffres font par rapport aux nombres. Une langue feroit donc imparfaite, fi elles fe fervoit de fignes auffi embarraffants que les chiffres romains.

Connoiffan- ces prélimi- naires à l'ana- lyfe du dif- cours.

Ce chapitre, Monfeigneur, & le précédent, ne font que des préliminaires à l'analyfe du difcours, & ils étoient néceffaires : car avant d'entreprendre de décompofer une langue, il faut avoir quelques connoiffances de la maniere dont elle s'eft formée.

Une autre connoiffance qui n'eft pas moins néceffaire, c'eft de favoir en quoi confifte l'art d'analyfer la penfée. Vous n'avez encore fur ce fujet que des notions imparfaites : je vais effayer de vous en donner de plus précifes, dans les chapitres fuivants.

CHAPI.

CHAPITRE III.

En quoi consiste l'art d'analyser nos pensées.

Vous éprouvez, Monseigneur, que tous les objets, qui font en même temps une sensation dans vos yeux, font également présents à votre vue.

Comment l'œil analyse, & nous fait remarquer, dans une sensation confuse, plusieurs sensations distinctes.

Or, vous pouvez embrasser d'un coup d'œil tous ces objets, sans donner une attention particuliere à aucun; & vous pouvez aussi porter votre attention de l'un à l'autre, & les remarquer chacun en particulier. Dans l'un & l'autre cas tous continuent d'être présents à votre vue, tant qu'ils continuent tous d'agir sur vos yeux.

Mais lorsque votre vue les embrasse également, & que vous n'en remarquez aucun, vous ne pouvez pas vous rendre un compte exact de tout ce que vous voyez; & parce que

C

vous appercevez trop de chofes à la fois, vous les appercevez confufément.

Pour être en état de vous en rendre compte, il faut les appercevoir d'une maniere diftincte ; & pour les appercevoir d'une maniere diftincte, il faut obferver, l'une après l'autre, ces fenfations qui fe font dans vos yeux toutes au même inftant.

Lorfque vous les obfervez ainfi, elles font fucceffives par rapport à votre œil, qui fe dirige d'un objet fur un autre : mais elles font fimultanées par rapport à votre vue, qui continue de les embraffer. En effet, fi vous ne regardez qu'une chofe, vous en voyez plufieurs ; & il vous eft même impoffible de n'en pas voir beaucoup plus que vous n'en regardez.

Or, des fenfations, fimultanées par rapport à votre vue, agiffent fur vous comme une feule fenfation qui eft confufe, parce qu'elle eft trop compofée. Il ne vous en refte aucun fouvenir, & vous êtes porté à croire que vous n'avez rien vu. Des fenfations, au contraire, que vous obfervez l'une après l'autre, agiffent fur vous comme autant de fenfations diftinctes : vous vous fouvenez des chofes que vous avez vues, & quelquefois ce fouvenir eft fi vif qu'il vous femble les voir encore.

Si plusieurs sensations simultanées se réunissent confusément, & paroissent, lorsque la vue les embrasse toutes à la fois, composer une seule sensation dont il ne reste rien ; vous voyez qu'elles se décomposent, lorsque l'œil les observe l'une après l'autre, & qu'alors elles s'offrent à vous successivement d'une maniere distincte.

Ce que vous remarquez des sensations de la vue est également vrai des idées & des opérations de l'entendement. Lorsque votre esprit embrasse à la fois plusieurs idées & plusieurs opérations qui coexistent, c'est-à-dire, qui existent en lui toutes ensemble, il en résulte quelque chose de composé dont nous ne pouvons démêler les différentes parties ; nous n'imaginons pas même alors que plusieurs idées aient pu être en même temps présentes à notre esprit, & nous ne savons ni à quoi, ni ce que nous avons pensé. Mais lorsque ces idées & ces opérations viennent à se succéder, alors votre pensée se décompose, nous démêlons peu à peu ce qu'elle renferme, nous observons ce que fait notre esprit, & nous nous faisons de ses opérations une suite d'idées distinctes.

L'analyse des idées de l'entendement se fait de la même maniere.

En effet, comme l'unique maniere de décomposer les sensations de la vue est de les faire succéder l'une à l'autre ; de même l'unique ma-

niere de décompoſer une penſée eſt de faire ſuccéder, l'une à l'autre, les idées & les opérations
dont elle eſt formée. Pour décompoſer, par
exemple, l'idée que j'ai à la vue de ce bureau,
il faut que j'obſerve ſucceſſivement toutes les
ſenſations qu'il fait en même temps ſur moi,
la hauteur, la longueur, la largeur, la couleur,
&c. c'eſt ainſi que pour décompoſer ma penſée,
lorſque je forme un deſir, j'obſerve ſucceſſivement l'inquiétude ou le mal-aiſe que j'éprouve,
l'idée que je me fais de l'objet propre à me
ſoulager, l'état où je ſuis pour en être privé,
le plaiſir que me promet ſa jouiſſance, & la
direction de toutes mes facultés vers le même
objet.

A quoi ſe ré-
duit l'art de
décompoſer
la penſée.
Ainſi décompoſer une penſée, comme une
ſenſation, ou ſe repréſenter ſucceſſivement les
parties dont elle eſt compoſée, c'eſt la même
choſe; &, par conſéquent, l'art de décompoſer nos penſées n'eſt que l'art de rendre ſuccef-
ſives les idées & les opérations qui ſont ſimultanées.

Je dis *l'art de décompoſer nos penſées*, &
ce n'eſt pas ſans raiſon que je m'exprime de la
ſorte. Car, dans l'eſprit chaque penſée eſt naturellement compoſée de pluſieurs idées &
de pluſieurs opérations qui coexiſtent; & pour
ſavoir décompoſer, il faut avoir appris à ſe re-

préfenter, l'une après l'autre, ces idées & ces opérations. Vous venez de le voir dans la décompoſition du deſir ; & vous pouvez encore vous en convaincre par l'analyſe de l'entendement humain. Car ſi l'attention, la comparaiſon, le jugement, &c. ne ſont que la ſenſation transformée, c'eſt une conféquence que ces opérations ne ſoient que la ſenſation décompoſée, ou conſidérée ſucceſſivement ſous différents points de vue.

La ſenſation enveloppe donc toutes nos idées & toutes nos opérations ; & l'art de la décompoſer n'eſt que l'art de nous repréſenter ſucceſſivement les idées & les opérations qu'elle renferme.

Je pourrois, par conféquent, former des jugements & des raiſonnements, & n'avoir point encore de moyens pour les décompoſer. J'en ai même formé, avant d'avoir ſu m'en repréſenter les parties dans l'ordre ſucceſſif, qui peut ſeul me les faire diſtinguer. Alors je jugeois, & je raiſonnois ſans pouvoir me faire d'idées diſtinctes de ce qui ſe paſſoit en moi, &, par conféquent, ſans ſavoir que je jugeois & que je raiſonnois. Mais il n'en étoit pas moins vrai, que je faiſois des jugements & des raiſonnements. La décompoſition d'une penſée ſuppoſe l'exiſtence de cette penſée ; & il ſeroit

Nous avons jugé & raiſonné, avant de pouvoir remarquer que nous jugions & raiſonnions

C 3

abfurde de dire, que je ne commence à juger & à raifonner, que lorfque je commence à pouvoir me repréfenter fucceffivement ce que je fais quand je juge & quand je raifonne.

Si toutes les idées, qui compofent une penfée, font fimultanées dans l'efprit, elles font fucceffives dans le difcours : ce font donc les langues qui nous fourniffent les moyens d'analyfer nos penfées. Nous allons obferver ces moyens dans les deux chapitres fuivants.

Ce font les langues qui nous fourniffent les moyens de décompofer la penfée.

CHAPITRE IV.

Combien les signes artificiels font né-
cessaires pour décomposer les opé-
rations de l'ame, & nous en don-
ner des idées distinctes.

Lorsqu'on juge qu'un arbre est grand, l'o-
pération de l'esprit n'est que la perception du
rapport de *grand* à *arbre*, si, comme nous l'a-
vons dit, juger n'est qu'appercevoir un rapport
entre deux idées que l'on compare.

Le jugement peut êtreconsidéré comme une perception, oucomme une affirmation.

Il est vrai, Monseigneur, que vous auriez
pu m'objecter que, lorsque vous jugez, vous
faites quelque chose de plus que d'appercevoir.
En effet, vous ne voulez pas seulement dire
que vous appercevez qu'un arbre est grand,
vous voulez encore affirmer qu'il l'est.

Je réponds que la perception & l'affirmation ne font de la part de l'esprit qu'une même
opération, sous deux vues différentes. Nous

C 4

pouvons confidérer le rapport, entre *arbre &*
grand, dans la perception que nous en avons,
ou dans les idées de *grand & d'arbre*, idées
qui nous repréfentent un grand arbre comme
exiftant hors de nous. Si nous le confidérons
feulement dans la perception, alors il eft évident que la perception & le jugement ne font
qu'une même chofe. Si, au contraire, nous le
confidérons encore dans les idées de *grand &*
d'arbre, alors l'idée de grandeur convient à
l'idée d'arbre, indépendamment de notre perception, & le jugement devient une affirmation.
Envifagée fous ce point de vue, la propofition,
cet arbre eft grand, ne fignifie pas feulement
que nous appercevons l'idée d'arbre avec l'idée
de grandeur : elle fignifie encore que la grandeur appartient réellement à l'arbre.

Un jugement comme perception, & un
jugement comme affirmation, ne font donc
qu'une même opération de l'efprit ; & ils ne
différent, que parce que le premier fe borne à
faire confidérer un rapport dans la perception
qu'on en a, & que le fecond le fait confidérer
dans les idées que l'on compare.

Comment,
avec le fe-
cours des fi-
gnes artifi-
ciels, les ju-
gemens, qui
n'étoient que

Or, d'où nous vient le pouvoir d'affirmer ou
de confidérer un rapport dans les idées que
nous comparons, plutôt que dans la perception
que nous en avons ? de l'ufage des fignes artificiels.

Vous avez vu que pour découvrir le mé-
chanisme d'une montre, il faut décompoſer,
c'eſt-à-dire, en ſéparer les parties, les diſtribuer avec ordre, & les étudier chacune à part.
Vous vous êtes auſſi convaincu que cette analyſe eſt l'unique moyen d'acquérir des connoiſſances de quelques eſpeces qu'elles ſoient.

des percep-
tions, devien-
nens des aſſir-
mations.

Vous avez jugé en conſéquence que pour
connoître parfaitement la penſée, il la falloit
décompoſer, & en étudier ſucceſſivement toutes les idées, comme vous étudieriez toutes les
parties d'une montre.

Pour faire cette décompoſition vous avez
diſtribué avec ordre les mots qui ſont les ſignes de vos idées. Dans chaque mot vous avez
conſidéré chaque idée ſéparément; &, dans
deux mots que vous avez rapprochés, vous
avez obſervé le rapport que deux idées ont l'une
à l'autre. C'eſt donc à l'uſage des mots que
vous devez le pouvoir de conſidérer vos idées
chacune en elles-mêmes, & de les comparer
les unes avec les autres pour en découvrir les
rapports. En effet, vous n'aviez pas d'autre
moyen pour faire cette analyſe. Par conſéquent, ſi vous n'aviez eu l'uſage d'aucun ſigne
artificiel, il vous auroit été impoſſible de la
faire.

Mais fi vous ne pouviez pas faire cette analyfe, vous ne pourriez pas confidérer, féparément & chacune en elles-mêmes, les idées dont fe forme votre penfée. Elles refteroient donc comme enveloppées confufément dans la perception que vous en avez.

Dès qu'elles feroient ainfi enveloppées, il eft évident que les comparaifons & les jugements de votre efprit ne feroient pour vous que ce que nous appellons perception. Vous ne pourriez pas faire cette propofition, *cet arbre eft grand*; puifque ces idées feroient fimultanées dans votre efprit, & que vous n'auriez pas de moyens pour vous les repréfenter dans l'ordre fucceffif qui les diftingue & que le difcours peut feul leur donner. Par conféquent, vous ne pourriez pas juger de ce rapport, fi, par en juger, vous entendez l'affirmer.

Tout vous confirme donc que le jugement, pris pour une affirmation, eft, dans votre efprit, la même opération que le jugement, pris pour une perception; & qu'ayant, par vous même, la faculté d'appercevoir un rapport, vous devez, à l'ufage des fignes artificiels, la faculté de l'affirmer ou de pouvoir faire une propofition. L'affirmation eft, en quelque forte, moins dans votre efprit que dans les mots qui prononcent les rapports que vous appercevez.

Comme les mots développent fucceffive-ment, dans une propofition, un jugement dont les idées font fimultanées dans l'efprit ; ils dé-veloppent, dans une fuite de propofitions, un raifonnement dont les parties font également fimultanées ; & vous découvrez en vous une fuite d'idées & d'opérations, que vous n'auriez pas démêlées fans leur fecours.

Comment toutes les parties d'un rai-fonnement, quoique fi-multanées dans l'efprit, fe développent fucceffi-vement par le moyen des fi-gnes artifi-ciels.

Puifqu'il n'y a point d'homme qui n'ait été fans l'ufage des fignes artificiels, il n'en eft point à qui les idées & les opérations de fon efprit ne fe foient offertes, pendant un temps, tout à fait confondues avec la fenfation, & tous ont com-mencé par être dans l'impuiffance de démêler ce qui fe paffoit dans leur penfée. Ils ne faifoient qu'appercevoir, & leur perception, où tout fe confondoit, leur tenoit lieu de jugement & de raifonnement : elles en étoient l'équivalent. Vous concevez combien il étoit difficile de débrouiller ce chaos. Vous avez néanmoins furmonté cette difficulté, & vous devez juger que vous en pouvez furmonter d'autres.

Tout homme a été dans l'impuiffance de démêler ce qui fe paffe dans fon ef-prit.

Dès que nous ne pouvons appercevoir fépa-rément & diftinctement les opérations de notre ame, que dans les noms que nous leur avons donnés, c'eft une conféquence que nous ne fachions pas obferver de pareilles opérations dans les animaux, qui n'ont pas l'ufage de nos

Tout animal, qui a des fen-fations, a la faculté d'ap-percevoir des rapports.

fignes artificiels. Ne pouvant pas les démêler en eux, nous les leur refufons ; & nous difons qu'ils ne jugent pas, parce qu'ils ne prononcent pas, comme nous, des jugements.

Vous éviterez cette erreur, fi vous confi-dérez que la fenfation enveloppe toutes les idées & toutes les opérations dont nous fommes ca-pables. Si ces idées & ces opérations n'étoient pas en nous, les fignes artificiels ne nous ap-prendroient pas à les diftinguer. Ils les fuppo-fent donc, & tout animal, qui a des fenfa-tions a la faculté de juger, c'eft-à-dire, d'ap-percevoir des rapports.

CHAPITRE V.

Avec quelle méthode on doit employer les signes artificiels pour se faire des idées distinctes de toute espece.

Nous venons de voir que les signes artificiels sont nécessaires pour démêler les opérations de notre ame : ils ne le sont pas moins pour nous faire des idées distinctes des objets qui sont hors de nous. Car, si nous ne connoissons les choses, qu'autant que nous les analysons ; c'est une conséquence que nous ne les connoissions, qu'autant que nous nous représentons successivement les qualités qui leur appartiennent. Or, c'est ce que nous ne pouvons faire qu'avec des signes choisis & employés avec art.

L'analyse des objets qui sont hors de nous ne peut se faire qu'avec des signes artificiels.

Il ne suffiroit pas de faire passer ces qualités l'une après l'autre devant l'esprit. Si elles y passoient sans ordre, nous ne saurions où les retrouver, il ne nous resteroit que des

Cette analyse est assujettie à un ordre.

idées confuses ; & , par conféquent, nous ne retirerions presque aucun fruit des décompofitions que nous aurions faites. L'analyse est donc affujettie à un ordre.

On découvrira cet ordre, si on considéro l'objet que se fait l'analyse.

Pour le découvrir, cet ordre , il suffit de confidérer que l'analyse a pour objet, de diftinguer les idées, de les rendre faciles à retrouver , & de nous mettre en état de les comparer fous toutes fortes de rapports.

Or , fi elle en trace la fuite dans la plus grande liaifon, fi, en les faifant naître les unes des autres, elle en montre le développement fucceffif, fi elle donne à chacune une place marquée , & la place qui lui convient ; alors chaque idée fera diftincte & fe retrouvera facilement. Il fuffira même de s'en rappeller une, pour fe rappeller fucceffivement toutes les autres, & il fera facile d'en obferver les rapports. Nous pouvons les parcourir fans obftacles, & nous arrêter, à notre choix , fur toutes celles que nous voudrons comparer.

La nature indique cet ordre.

Il ne s'agit donc pas pour analyfer, de fe faire un ordre arbitraire. Il y en a un qui eft donné par la maniere dont nous concevons. La nature l'indique elle-même, & , pour le découvrir, il ne faut qu'obferver ce qu'elle nous fait faire .

Les objets commencent d'eux mêmes à se décompofer, puis qu'ils fe montrent à nous avec des qualités différentes, fuivant la différence des organes expofés à leur action. Un corps, tout à la fois folide, coloré, fonore, odoriférant & favoureux, n'eft pas tout cela à chacun de nos fens ; & ce font là autant de qualités, qui viennent fucceffivement à notre connoiffance par autant d'organes différents.

Elle nous a donné des fens qui décompofent les objets fans aucun art de notre part.

Le toucher nous fait confidérer la folidité, comme féparée des autres qualités qui fe réuniffent dans le même corps : la vue nous fait confidérer la couleur de la même maniere. En un mot, chaque fens décompofe ; & c'eft nous, dans le vrai, qui formons des idées compofées, en réuniffant, dans chaque objet, des qualités que nos fens tendent à féparer.

Or, vous avez vu, Monfeigneur, qu'une idée abftraite eft une idée que nous formons, en confidérant une qualité féparément des autres qualités auxquelles elle eft unie. Il fuffit donc d'avoir des fens pour avoir des idées abftraites.

Mais tant que nous n'avons des idées abftraites que par cette voie, elles viennent à nous fans ordre ; elles difparoiffent, quand les objets ceffent d'agir fur nos fens : ce ne font que des connoiſſances momentanées, & notre vue eſt encore bien confuſe & bien trouble.

Cependant, c'eſt la nature qui commence à nous faire démêler quelque choſe dans les impreſſions que les organes font paſſer juſqu'à l'ame. Si elle ne commençoit pas, nous ne pourrions pas commencer nous-mêmes. Mais, quand elle a commencé, elle s'arrête : contente de nous avoir mis ſur la voie, elle nous laiſſe, & c'eſt à nous d'avancer.

Pour les décompoſer avec art, l'ordre de l'analyſe doit être celui de la génération des idées.

Juſques-là, c'eſt donc ſans aucun art de notre part que ſe font toutes les décompoſitions. Or, comment pourrons nous faire avec art d'autre décompoſitions pour acquérir de vraies connoiſſances ? c'eſt encore en obſervant l'ordre que la nature nous preſcrit elle-même. Mais vous ſavez que cet ordre eſt celui dans lequel nos idées naiſſent les unes des autres, conſéquamment à notre maniere de ſentir & de concevoir. C'eſt donc dans l'ordre le plus conforme à la génération des idées que nous devons analyſer les objets.

L'ordre de la génération des idées eſt de l'individu au genre, & du genre aux eſpeces.

Papa, dans la bouche d'un enfant qui n'a vu que ſon pere, n'eſt encore pour lui que le nom d'un individu. Mais lorſqu'il voit d'autres hommes, il juge, aux qualités qu'ils ont en commun avec ſon pere, qu'ils doivent auſſi

avoir

avoir le même nom, & il les appelle *papa*.
Ce mot n'est donc plus pour lui le nom d'un
individu, c'est un nom commun à plusieurs
individus qui se ressemblent : c'est le nom de
quelque chose qui n'est ni Pierre ni Paul :
c'est, par conséquent, le nom d'une idée qui
n'a d'existence que dans l'esprit de cet enfant,
& il ne l'a formée, que parce qu'il a fait abstraction des qualités particulieres aux individus
Pierre & Paul, pour ne penser qu'aux qualités
qui leur sont communes. Il n'a pas eu de peine
à faire cette abstraction : il lui a suffi de ne pas
remarquer les qualités qui distinguent les individus. Or, il lui est bien plus facile de saisir les ressemblances que les différences ; & c'est
pourquoi il est naturellement porté à généraliser, lorsque dans la suite les circonstances
lui apprendront qu'on appelle *homme* ce qu'il
nommoit *papa*, il n'acquerra pas une nouvelle
idée, il apprendra seulement le vrai nom d'une
idée qu'il avoit déja.

Mais il faut observer qu'une fois qu'un
enfant commence à généraliser, il rend une idée
aussi étendue qu'elle peut l'être, c'est-à-dire,
qu'il se hâte de donner le même nom à tous les
objets qui se ressemblent grossièrement ; & il les
comprend tous dans une seule classe. Les ressemblances sont les premieres choses qui le
frappent, parce qu'il ne fait pas encore assez

Tom. I. D

analyſer pour diſtinguer les objets par les qualités qui leur ſont propres. Il n'imaginera donc
des claſſes moins générales, que lorſqu'il aura
appris à obſerver par où les choſes different. Le
mot *homme*, par exemple, eſt d'abord pour lui
une dénomination commune, ſous laquelle il
comprend indiſtinctement tous les hommes.
Mais lorſque dans la ſuite il aura occaſion de
connoître les différentes conditions, il fera
auſſi-tôt les claſſes ſubordonnées & moins générales de militaires, de magiſtrats, de bour-
geois, d'artiſans, de laboureurs, &c. tel eſt
donc l'ordre de la génération des idées. On
paſſe tout à coup de l'individu au genre, pour
deſcendre enſuite aux différentes eſpeces qu'on
multiplie d'autant plus qu'on acquiert plus de
diſcernement, c'eſt-à-dire, qu'on apprend mieux
à faire l'analyſe des choſes.

Toutes les fois donc qu'un enfant entend
nommer un objet, avant d'avoir remarqué
qu'il reſſemble à d'autres, le mot, qui eſt pour
nous le nom d'une idée générale, eſt pour lui
le nom d'un individu : ou ſi ce mot eſt pour
nous un nom propre, il le généraliſe auſſi-tôt
qu'il trouve des objets ſemblables à celui qu'on
a nommé ; & il ne fait des claſſes moins générales, qu'à meſure qu'il apprend à remarquer
les différences qui diſtinguent les choſes.

Vous voyez donc, Monseigneur, comment
nos premieres idées sont d'abord individuelles,
comment elles se généralisent , & comment
de générales elles deviennent des especes subordonnées à un genre.

Cette génération est fondée sur la nature
des choses. Il faut bien que nos premieres idées
soient individuelles : car puisqu'il n'y a hors
de nous que des individus, il n'y a aussi que des
individus qui puissent agir sur nos sens. Les
autres objets de notre connoissance ne sont
point des choses réelles qui aient une existence
dans la nature : ce ne sont que différentes vues
de l'esprit qui considere dans les objets les rapports par où ils se ressemblent , & ceux par
où ils different.

Cet ordre est fondé sur la nature des choses.

Il n'y a donc qu'un moyen pour acquérir
des connoissances exactes & précises, c'est de
nous conformer dans nos analyses, à l'ordre
de la génération des idées. Voilà la méthode
avec laquelle nous devons employer les signes
artificiels.

La méthode, qui suit l'or-dre de la gé-nération des idées, est l'u-nique pour analyser les choses, & pour acquérir de vraies con-noissances.

Si nous ne savions pas faire usage de cette
méthode , les signes artificie's ne nous condui-
roient qu'à des idées imparfaites & confuses ;
& si nous n'avions point de signes artificiels ,
nous n'aurions point de méthode, & , par con-

féquent, nous n'aquerrions point de connoiffance. Tout vous confirme donc, Monfeigneur,
combien les fignes artificiels nous font néceſ-
faires pour démêler les idées qui font confufément dans nos fenfations. (*a*)

Avant que nous euſſions étudié enfemble
cette méthode, vous en aviez déja fait ufage, &
vous aviez acquis quelques idées abftraites.
Conduit par les circonftances qui vous faifoient
deviner à peu près le fens des mots, vous aviez
analyfé les chofes, fans remarquer que vous
les analyfiez, & fans réfléchir fur l'ordre que
vous deviez fuivre dans ces analyfes ; auffi
étoient-elles fouvent bien imparfaites. Mais
enfin vous aviez analyfé, & vous vous étiez
fait des idées que vous n'auriez jamais eues,
fi vous n'aviez pas entendu des mots, & fi
vous n'aviez pas fenti le befoin d'en faifir la fignification.

Si ces idées étoient en petit nombre, fi

(*) Pourroit on devenir géometre fans méthode, &
fi les géometres n'avoient point de fignes artificiels, pourroient ils avoir une méthode ? Or, la langue qu'un enfant
apprend, eſt la méthode à laquelle il doit les connoiſſances
qu'il acquiert tout feul. Il y trouve des fignes pour faire des
analyfes qu'il n'auroit jamais faites, s'il n'avoit pas appris à
parler.

elles étoient encore bien confuses, & fi vous
n'ériez pas capable de vous en rendre raison,
c'eſt que les circonſtances vous avoient mal conduit. Vous n'aviez pas eu occaſion d'apprendre
aſſez de mots, ou vous ne les aviez pas appris
dans l'ordre le plus propre à vous en donner l'intelligence. Souvent celui que vous entendiez
prononcer & dont vous auriez voulu ſaiſir le
ſens, en ſuppoſoit pour être bien compris,
d'autres que vous ne connoiſſiez pas encore.
Quelquefois les perſonnes, qui parloient devant vous, faiſoient un étrange abus du langage ; & ne connoiſſant pas elles-mêmes la valeur
des termes dont elles ſe ſervoient, elles vous
donnoient de fauſſes idées. Cependant vous pen-
ſiez d'après elles avec confiance, & elles
croyoient vous inſtruire. Or, des ſignes qui
venoient à votre connoiſſance, avec ſi peu d'ordre & de préciſion, n'étoient propres qu'à vous
faire faire des analyſes fauſſes ou peu exactes.
Une pareille méthode, ſi c'en eſt une, ne pouvoit donc vous donner que beaucoup de notions confuſes & beaucoup de préjugés.

Qu'avez-vous fait avec moi pour donner
plus de préciſion à vos idées, & pour en acquérir de nouvelles ? Vous avez repaſſé ſur les
mots que vous ſaviez, vous en avez appris de
nouveaux, & vous avez étudié le ſens des
uns & des autres, dans l'ordre de la génération.

D 5

des idées. Vous voyez que cette méthode est l'unique : votre expérience vous a au moins convaincu qu'elle est bonne.

Il y a deux méthodes ; l'une pour parler aux personnes instruites, & l'autre pour parler aux personnes qu'on instruit.

Pour achever, Monseigneur, de vous éclairer sur la méthode, il faut vous faire remarquer qu'il y a un ordre dans lequel nous acquérons des idées, & un ordre dans lequel nous distribuons celles que nous avons acquises.

Le premier est, comme vous l'avez vu, celui de leur génération : le second est le renversement du premier. C'est celui où nous commençons par l'idée la plus générale, pour descendre de classe en classe jusqu'à l'individu.

Vous aurez plus d'une fois occasion de remarquer que les idées générales abrégent le discours. C'est donc par elles qu'on doit commencer, quand on parle à des personnes instruites. Il seroit importun & superflu de remonter à l'origine des idées, puisqu'on ne leur diroit que ce qu'elles savent.

Il n'en est pas de même quand on parle à des personnes qui ne savent rien, ou qui savent tout imparfaitement. Si je vous présentois mes idées dans l'ordre qu'elles ont dans mon esprit, je commencerois par des choses que vous ne pourriez pas entendre, parce qu'elles en fuppoferoient que vous ne favez pas. Je dois donc vous les préfenter dans l'ordre dans lequel vous auriez pu les acquerir tout feul.

Par exemple, fi j'avois défini l'entendement, la volonté ou la penfée, avant d'avoir analyfé les opérations de l'ame, vous ne m'auriez pas entendu. Vous ne m'entendriez pas davantage, fi je commençois cet ouvrage par définir la grammaire, & ce que les grammairiens appellent les *parties d'oraifon*. Il eft vrai que je pourrois dans la fuite expliquer ces chofes : mais feroit-il raifonnable de vous forcer à écouter & à répéter des mots auxquels vous n'attacheriez encore aucune fignification, & d'en renvoyer l'explication à un autre temps ? Je dois donc ne vous apprendre les mots que vous ne favez pas, qu'après vous en avoir donné l'idée, en me fervant des mots dont vous avez l'intelligence

J'ai plufieurs raifons, Monfeigneur, pour vous faire faire ces réflexions. La première, c'eft qu'en vous rendant compte de la méthode que je me propofe de fuivre, je vous éclaire davantage, & que je vous mets peu à peu en état de vous inftruire fans moi.

La feconde, c'eft qu'en vous montrant comment je dois m'expliquer pour être à votre

Avantages de la méthode d'inftruction.

D 4

portée, je vous apprends à juger par vous même,
si en effet je vous offre mes idées dans l'ordre
le plus propre à me faire entendre. Je pourrois,
oubliant ma méthode, vous parler comme à
une personne instruite. Alors vous ne m'entendriez pas, & peut-être vous en prendriez
vous à vous même. Il faut que vous sachiez
que ce pourroit être ma faute.

Enfin ces réflexions sont propres à vous prévenir contre un préjugé où l'on est généralement, que les idées abstraites sont bien difficil-
les. Vous pouvez juger par vous-même si
celles que vous vous êtes faites, depuis que
nous étudions ensemble, vous ont beaucoup
coûté. Les autres ne vous coûteront pas davantage.

En effet, pourquoi avons nous tant de peine
à nous familiariser avec les sciences qu'on
nomme abstraites ? C'est que nous les étudions,
avant d'avoir fait d'autres études qui devoient
nous y préparer : c'est que ceux qui les enseignent,
nous parlent comme à des personnes instruites,
& nous supposent des connoissances que nous
n'avons pas. Toutes les études seroient faciles,
si, conformément à l'ordre de la génération
des idées, on nous faisoit passer de connoissance en connoissance, sans jamais franchir aucune idée intermédiaire, ou du moins en ne sup-

primant que celles qui peuvent facilement se
suppléer. Je puis vous rendre cette vérité sensible par une comparaison qui n'est pas noble, à
la vérité, mais elle nous éclairera, & nous ne
cherchons que la lumiere.

Considerez donc, Monseigneur, les idées
que vous avez acquises comme une suite d'é-
chelons, & jugez s'il vous eût été possible de
sauter tout à coup au haut de l'échelle. Vous
voyez que vous n'auriez pas même pu monter
les échelons deux à deux, & vous les avez
montés facilement un à un. Or, les sciences
ne sont que plusieurs échelles mises bout à
bout. Pourquoi donc ne pourriez vous pas, d'é-
chelon en échelon, monter jusqu'au dernier ?

CHAPITRE VI.

Les langues confidérées comme autant de méthodes analytiques.

C'eſt comme méthodes analytiques, qu'il faut conſidérer les langues.

VOUS avez vu combien les ſignes artificiels nous ſont néceſſaires pour démêler dans nos ſenſations toutes les oppérations de notre ame ; & nous avons obſervé comment nous devons nous en ſervir pour nous faire des idées de toute eſpece. Le premier objet du langage eſt donc d'analyſer la penſée. En effet nous ne pouvons montrer, ſucceſſivement aux autres, les idées qui coexſiſtent dans notre eſprit, qu'autant que nous ſavons nous les montrer ſucceſſivement à nous-mêmes : c'eſt-à-dire, que nous ne ſavons parler aux autres, qu'autant que nous ſavons nous parler. On ſe tromperoit, par conſéquent, ſi on croyoit que les langues ne nous ſont utiles que pour nous communiquer mutuellemeut nos penſées.

C'eſt donc comme méthodes analytiques,

que nous les devons confidérer ; & nous ne les connoîtrons parfaitement que lorfque nous aurons obfervé comment elles ont analyfé la penfée.

Dans le peu que vous favez de votre langue, Monfeigneur, vous voyez des mots pour exprimer vos idées, & d'autres mots pour exprimer les rapports que vous appercevez entre-elles. Vous concevez, qu'avec moins de mots, vous auriez moins d'idées, & vous découvririez moins de rapports. Il ne faut pour cela que vous rappeller l'ignorance où vous étiez, il n'y a pas long-temps. Vous concevez auffi qu'avec plus de mots que vous n'en favez, vous pourriez avoir plus d'idées & découvrir plus de rapports.

Comment les langues font des méthodes analytiques plus ou moins parfaites.

Dans le françois, tel que vous l'avez fu d'abord, vous pouvez vous repréfenter une langue qui commence & qui ne fait, pour ainfi dire, que dégroffir la penfée. Dans le françois, tel que vous le favez aujourd'hui, vous voyez une langue qui a fait des progrès, qui fait plus d'analyfes, & qui les fait mieux. Enfin dans le françois tel que vous le faurez un jour, vous prévoyez de nouveaux progrès ; & vous commencez à comprendre comment il deviendra capable d'analyfer la penfée jufques dans les moindres détails.

Si cette analyse se faisoit sans méthode,
la pensée ne se débrouilleroit qu'imparfaitement; les idées s'offriroient confusément &
sans ordre à celui qui voudroit parler; & il
ne pourroit se faire entendre qu'autant qu'on
le devineroit. Aussi avons-nous vu que cette
analyse est assujettie à une méthode; & que
cette méthode est plus ou moins parfaite, suivant que se conformant à la génération des
idées, elle la montre d'une maniere plus ou
moins sensible. Tout confirme donc que nous
devons considérer les langues comme autant de
méthodes analytiques : méthodes qui d'abord
ont toute l'imperfection des langues qui commencent & qui, dans la suite, font des progrès à mesure que les langues en font elles-
mêmes.

C'est à leur insu, que les hommes, en formant les langues, ont suivi une méthode analytique.

Mais, me direz-vous, les hommes ne
connoissoient pas cette méthode avant d'avoir
fait les langues : comment donc les ont-ils faites d'après cette méthode ?

Cette difficulté, Monseigneur, prouve
seulement que, dans les commencements,
cette méthode a été aussi imparfaite que les
langues.

En effet, si vous réfléchissez sur les idées
que vous avez acquises avec moi, vous vous

convaincrez que vous les devez à l'analyse ;
que vous n'auriez pas pu en acquérir d'auffi
précifes par toute autre voie ; & que, par conféquent, vous avez tout feul analyfé quelquefois méthodiquement, fi auparavant vous en
aviez d'exactes, comme en effet vous en aviez.
Mais alors vous analyfiez fans le favoir. Or,
c'eft ainfi que les hommes ont fuivi, dans la
formation des langues, une méthode analytique. Tant que cette méthode a été imparfaite,
ils fe font exprimés groffiérement & avec
beaucoup d'embarras ; & c'eft à proportion
des progrès qu'elle a faits, qu'ils ont été capables de parler avec plus de clarté & de précifion.

La nature vous a guidé dans les analyfes
que vous avez faites tout feul, vous avez démêlé quelques qualités dans les objets, parce
que vous aviez befoin de les remarquer, vous
avez démêlé quelques opérations dans votre
ame, parce que vous aviez befoin de faire
connoître vos craintes & vos defirs. Vous avez,
à la verité, trouvé des fecours dans les perfonnes qui vous approchoient : vous n'avez eu qu'à
faire attention aux circonftances où elles prononçoient certains mots, pour apprendre à
nommer les idées que vous vous faifiez.

Les hommes qui ont fait les langues,

ont de même été guidés par la nature, c'est-à-dire, par les besoins qui sont une suite de notre conformation. S'ils ont été obligés d'imaginer les mots que vous avez trouvés faits, ils ont suivi, en les choisissant, la même méthode, que vous avez suivie vous même en les apprenant.

Mais, comme vous, ils l'ont suivie à leur insu. Si on avoit pu la leur faire remarquer de bonne heure, les langues auroient fait des progrès rapides, comme votre françois en fera. La lenteur des progrès ne prouve donc pas qu'elles se sont formées sans méthode : elle prouve seulement que la méthode s'est perfectionnée lentement. Mais enfin cette méthode a donné peu à peu les regles du langage ; & le système des langues s'est achevé lorsqu'on a été capable de remarquer ces regles.

Cette métho- de a des regles communes à toutes les lan- gues, & des regles parti- culieres à cha- cune. Or, la pensée, considérée en général, est la même dans tous les hommes. Dans tous elle vient également de la sensation : dans tous, elle se compose & se décompose de la même maniere.

Les besoins qui les engagent à faire l'analyse de la pensée sont encore communs à tous ; & ils employent tous à cette analyse ds moyens semblables, parce qu'ils sont tous

conformés de la même maniere. La méthode,
qu'ils fuivent, eft donc affujettie aux mêmes
regles dans toutes les langues.

Mais cette méthode fe fert, dans différentes langues, de fignes différents. Plus ou moins
groffiere, plus ou moins perfectionnée, elle rend
les langues plus ou moins capables de clarté,
de précifion & d'énérgie ; & chaque langue a
des regles qui lui font propres.

On appelle *grammaire* la fcience qui en- Objet de la
feigne les principes & les regles de cette mé- grammaire.
thode analytique. Si elle enfeigne les regles
que cette méthode prefcrit à toutes les langues,
on la nomme *grammaire générale* ; & on la
nomme *grammaire particuliere*, lors qu'elle
enfeigne les regles que cette méthode fuit
dans telle ou telle langue.

Etudier la grammaire, c'eft donc étudier les
méthodes que les hommes ont fuivies dans l'a-
nalyfe de la penfée.

Cette entreprife n'eft pas auffi difficile
qu'elle peut vous le paroître. Elle fe borne à
obferver ce que nous faifons quand nous parlons : car le fyftême du langage eft dans chaque
homme qui fait parler. D'ailleurs un difcours
n'eft qu'un jugement ou une fuite de juge-

ments. Par conféquent , fi nous découvrons
comment une langue analyfe un petit nombre
de jugements , nous connoîtrons la méthode
qu'elle fuit dans l'analyfe de toutes nos penfées. C'eft ce que nous allons rechercher dans
les chapitres fuivants. Nous commencerons
par obferver les analyfes qui fe font avec le
langage d'action.

CHAPITRE VII.

Comment le langage d'action décompoſe la penſée.

LE langage d'action , Monſeigneur, que je veux vous faire obſerver, n'eſt pas celui dont les pantomimes ont fait un art. C'eſt celui que la nature nous fait tenir en conſéquence de la conformation qu'elle a donnée à nos organes.

Comment la penſée de celui qui parle le langage d'action , ſe décompoſe aux yeux de ceux qui l'obſervent.

Lorſqu'un homme exprime un deſir par ſon action ; & montre d'un geſte un objet qu'il deſire , il commence déja à décompoſer ſa penſée : mais il la décompoſe moins pour lui que pour ceux qui l'obſervent.

Il ne la décompoſe pas pour lui : car tant que les mouvements, qui expriment ſes différentes idées , ne ſe ſuccedent pas , toutes ſes idées ſont ſimultanées, comme ſes mouvements. Sa penſée s'offre donc à lui toute

entiere, fans fucceſſion, & fans décompoſition.

Mais fon action la décompofe fouvent pour
ceux qui l'obfervent ; & cela arrivent toutes les
fois qu'ils ne peuvent comprendre ce qu'il
veut, qu'après avoir porté la vue fur lui pour
y remarquer l'expreſſion du defir, & enfuite
fur l'objet pour remarquer ce qu'il defire. Cette
obfervation rend donc fucceſſifs à leurs yeux
des mouvements qui étoient fimultanés dans
l'action de cet homme, & elle fait voir deux
idées féparées & diftinctes, parce qu'elle les fait
voir l'une après l'autre.

Comment il
apprend à la
décompofer
lui même.

Or, fi un homme, qui ne parle que le
langage d'action, remarque que pour comprendre la penfée d'un autre, il a fouvent befoin d'en obferver fucceſſivement les mouvements ; rien n'empêche qu'il ne remarque encore tôt ou tard que pour fe faire entendre lui-
même plus facilement, il a befoin de rendre
fes mouvements fucceſſifs. Il apprendra donc
à décompofer fa penfée ; & c'eſt alors, comme
nous l'avons remarqué, que le langage d'action commencera à devenir un langage artificiel.

Idées diftinc-
tes qu'offre

Cette décompofition n'offre guere que
deux ou trois idées diftinctes: telles que, j'ai

faim , je voudrois ce fruit , donnez-le moi. Elle n'offre donc que des idées principales plus ou moins compofées.

Mais la force des befoins , la vivacité du defir , le goût qu'on fe flatte de trouver dans le fruit qu'on demande , la préférence qu'on donne à ce fruit , la peine qu'on fouffre par la privation , &c. font autant d'idées accef- foires qui ne fe démêlent pas encore & qui cependant font exprimées dans les regards , dans les attitudes , dans l'altération des traits du vifage , en un mot , dans toute l'action. Ces idées ne fe décompoferont qu'autant que les circonftances détermineront à faire remar- quer , les uns après les autres , les mouvements qui en font les fignes naturels.

Il feroit curieux , Monfeigneur , de recher- cher jufqu'où les hommes pourroient porter cette analyfe. Mais ce font des détails dans lef- quels je ne dois entrer , qu'autant qu'ils peu- vent être utiles à l'objet que je me propofe. Il me fuffit pour le préfent d'avoir obfervé comment le langage d'action commence à décompofer la penfée. Paffons au langage des fons articulés.

CHAPITRE VIII.

Comment les langues, dans les commencements, analysent la pensée.

Précautions à prendre pour ne pas se perdre dans des conjectures peu vraisemblables. POUR juger, Monseigneur, des analyses qui se font faites à la naissance des langues, il faudroit s'assurer de l'ordre dans lequel les choses ont été nommées. On ne peut former à cet égard que des conjectures, encore seroient-elles d'autant plus incertaines, qu'on entreroit dans de plus grands détails. Comme l'organisation, quoique la même pour le fond est susceptible, suivant les climats, de bien des variétés, & que les besoins varient également; il n'est pas douteux que les hommes, jetés par la nature dans des circonstances différentes, ne se soient engagés dans des routes qui s'écartent les unes des autres.

Cependant toutes ces routes partent d'un même point, c'est-à-dire, de ce qu'il y a de commun dans l'organisation & dans les befoins. Il s'agit donc d'obferver les hommes dans les premiers pas qu'ils ont faits. Bornons-nous à découvrir comment ils ont commencé, & nos conjectures en auront plus de vraifemblance.

Dans toutes les langues, les accents, communs aux deux langages, ont fans doute été les premiers noms. C'eft la nature qui les donne, & ils fuffifent pour indiquer nos befoins, nos craintes, nos defirs, tous nos fentiments. Sufceptibles de différents mouvements & de différentes inflexions, ils femblent fe moduler fur toutes les cordes fenfibles de notre ame, & leur expreffion varie comme nos befoins.

Les accents ont été les premiers noms.

Les hommes n'avoient donc qu'à remarquer ces accents, pour démêler les fentiments qu'ils éprouvoient, & pour diftinguer, dans ces fentiments, jufqu'à des nuances. Dans la néceffité de fe demander & de fe donner des fecours, ils firent une étude de ce langage. Ils apprirent donc à s'en fervir avec plus d'art ; & les accents, qui n'étoient d'abord pour eux que des fignes naturels, devinrent infenfiblement des fignes artificiels qu'ils modifierent avec différentes articulations. Voilà vraifemblablement pourquoi la profodie a été dans plufieurs langues une efpece de chant.

E 3

Comment les
organes des
sens ont été
nommés.
Lorsque les hommes s'étudioient à obſerver leurs ſenſations, ils ne pouvoient pas ne pas remarquer qu'elles leur arrivoient par des organes qui ne ſe reſſemblent pas, & que, par cette raiſon, ils diſtinguoient facilement. Il ne s'agiſſoit donc plus que de convenir des noms qu'on donneroit à ces organes.

Si ces noms avoient été pris arbitrairement & comme au haſard, ils n'auroient été entendus que de celui qui les auroit choiſis. Cependant, pour paſſer en uſage, il falloit qu'ils fuſſent également entendus de tous ceux qui vivoient enſemble. Or, il eſt évident qu'il n'y a que des circonſtances communes à tous, qui aient pu déterminer à choiſir certains mots plutôt que d'autres. Ce ſont donc proprement les circonſtances qui ont nommé les organes des ſons. Mais quelles ſont ces circonſtances ? je réponds qu'elles ont été différentes ſuivant les lieux. C'eſt pourquoi je crois inutile de chercher à les deviner.

Comment les
objets ſenſi-
bles ont été
nommés.
Si les hommes, lorſqu'ils obſervoient leurs ſenſations, ont été conduits à obſerver les organes qui les tranſmettoient à l'ame, ils ont été également conduits à obſerver les objets qui les faiſoient naître en eux, en agiſſant ſur les organes mêmes. Ils ont donc obſervé

les objets fenfibles, & ils ont diftingué par des noms, fuivant qu'ils ont eu befoin de fe rendre raifon de leurs plaifirs, de leurs peines, de leurs douleurs, de leurs craintes, de leurs defirs, &c. ces noms ont été imitatifs, toutes les fois que les chofes ont pu être repréfentées par des fons.

Les langues auront été long-temps bien bornées, parce que plus elles l'étoient, moins elles fourniffoient de moyens pour faire de nouvelles analyfes; & cependant il falloit, pour les enrichir, analyfer encore. D'ailleurs les hommes, accoutumés au langage d'action qui leur fuffifoit prefque toujours, n'auront imaginé de faire des mots, qu'autant qu'ils y auront été forcés pour fe faire entendre plus facilement. Or, ils n'y auront été forcés que bien lentement : car ne remarquant les chofes que parce qu'elles avoient quelques rapports à leurs befoins, ils en auront remarqué d'autant moins que leurs befoins étoient en petit nombre. Ce qu'ils ne remarquoient pas, n'exiftoit pas pour eux, & n'aura pas été nommé.

> *Les langues ont été long-temps fort bornées.*

On peut donc fuppofer que les langues, dans l'origine, n'étoient qu'un fupplément au langage d'action; & qu'elles n'offroient qu'une collection de mots femblables à ceux-ci, *arbre*,

> *Elles n'étoient, dans l'origine, qu'un fupplément au lan-*

E 4

gage d'action *fruit, loup, voir, toucher, manger, fuir*; & qu'on n'aura pu faire que des phrases, semblables à *fruit manger, loup fuir, arbre voir*. Ces mots réveilloient assez distinctement les sentiments que les besoins font naître; & ils ne retraçoient, au contraire, des objets qu'une idée confuse, où l'on démêloit seulement s'il faut les fuir ou les rechercher. Cette analyse étoit donc bien imparfaite. Les mots, en petit nombre, ne désignoient encore que des idées principales; & la pensée n'achevoit de s'exprimer, qu'autant que le langage d'action, qui les accompagnoit, offroit les idées accessoires. Cependant il n'est pas difficile de comprendre comment les langues auront fait de nouveaux progrès.

Comment elles ont pu faire de nouveaux progrès.

Si les hommes avoient déja donné des noms aux sentiments de l'ame, aux organes de la sensation & à quelques objets sensibles, c'est que le langage d'action avoit suffisamment décomposé la pensée, pour faire remarquer successivement toutes ces choses. Il est certain que, si on ne les avoit pas démêlées l'une après l'autre, on n'auroit pas pu se faire séparément des idées de chacune; & si on ne les avoit pas remarquées chacune séparément, on n'auroit pas pu les nommer. Mais comme ces idées ne sont pas les seules que le langage d'action a dû faire distinguer, on conçoit com-

ment il aura été possible de donner encore des
noms à plusieurs autres.

Or, il est évident que chaque homme, Les noms des personnes.
en disant, par exemple, *fruit manger*, pou-
voit montrer, par le langage d'action, s'il
parloit de lui, ou de celui à qui il adressoit
la parole, ou de tout autre ; & il n'est pas
moins évident qu'alors ses gestes étoient l'é-
quivalent de ces mots *moi*, *vous*, *il*. Il avoit
donc des idées distinctes de ce que nous appellons la premiere, la seconde & la troisieme personne ; & celui qui comprenoit sa
pensée, se faisoit, de ces personnes, les
mêmes idées que lui. Pourquoi donc n'au-
roient-ils pas pu s'accorder, tôt ou tard l'un
& l'autre, à exprimer ces idées par quelques
sons articulés ?

Ces hommes pouvoient encore faire con- Les noms adjectifs.
noître, par des gestes, si un animal étoit
grand ou petit, fort ou foible, doux ou méchant, &c. mais dès qu'une fois ils avoient
démêlé ces idées, ils avoient fait le plus difficile. Il ne leur restoit plus qu'à sentir qu'il
seroit commode de les désigner par des sons.
On fit donc des adjectifs, c'est-à-dire, des
noms qui signifioient les qualités des choses ;
comme on avoit fait des substantifs, c'est-à-

dire, des noms qui indiquoient les chofes mêmes.

On pouvoit, avec la même facilité, après avoir montré deux lieux différents, marquer par un gefte, celui d'où l'on venoit, & par un autre, celui où l'on alloit. Voilà donc deux geftes, l'un équivalent à la prépofition *de*, & l'autre à la prépofition *à*. D'autres geftes pouvoient également être équivalents à *fur, fous avant, après*, &c. or, dès qu'on a eu démêlé ces rapports, dans la penfée décompofée par le langage d'action, on trouvoit d'autant moins de difficultés à leur donner des noms, qu'on avoit déja nommé beaucoup d'autres idées.

Nous verrons, dans la fuite, qu'il ne faut que quatre efpeces de mots pour exprimer toutes nos penfées : des fubstantifs, des adjectifs, des prépofitions, & un feul verbe tel que le verbe *être*. Il ne refte donc plus qu'à découvrir comment les hommes auront pu avoir un pareil verbe, & prononcer enfin des propofitions.

Il paroît d'abord bien difficile d'imaginer comment les hommes ont donné des noms aux opérations de l'entendement. En effet, ils ne pouvoient pas les montrer avec des geftes,

comme ils avoient montré les objets fenfibles ;
& il n'en étoit pas de ces opérations, comme
des fentiments de l'ame dont les noms fe
trouvent faits dans les accents de la nature.
Cependant , fi nous confidérons que , dans
toutes les langues, les noms des opérations
de l'entendement font des expreffions figu-
rées, qui, telles *qu'attention*, *réflexion*, *imagination*, *penfée*, offrent des images fenfibles,
nous jugerons que les hommes ne font parvenus à donner des noms aux opérations de
l'entendement, que parce qu'ils en avoient
donné à des idées fenfibles qui pouvoient
repréfenter ces opérations mêmes.

Nous pouvons confidérer, Monfeigneur ,
les organes de la fenfation dans deux états
différents. Ou ils reçoivent indifféremment
toutes les impreffions que les objets font fur
eux, ou ils agiffent pour recevoir une impreffion plutôt qu'une autre. *Voir & regarder*,
par exemple , expriment ces deux états. Car,
pour voir, l'œil n'agit pas : il fuffit qu'il
reçoive les impreffions qui fe font fur lui.
Au contraire, lorfqu'il regarde , il agit puifqu'il fe dirige plus particulierement fur un
objet. C'eft cette action qui le lui fait
remarquer parmi plufieurs autres qu'il continue de voir.

Entendre & *écouter* expriment également ces deux états par rapport à l'ouie. On entend tout ce qui frappe l'oreille, & l'organe n'a qu'à se laisser aller à toutes les impressions qu'il reçoit. On n'écoute, au contraire, que ce qu'on veut entendre par préférence; & l'organe agit pour le fermer, en quelque sorte, à tout bruit qui pourroit nous distraire. On peut faire la même observation sur tous les sens.

Or, supposons qu'on ait choisi le mot *attention*, pour exprimer l'action de l'œil lorsqu'il regarde; ce mot, joint au mot *oreille*, aura paru dès-lors fort commode pour exprimer l'action de l'ouie lorsqu'on écoute. On aura continué de l'employer de la sorte: on se sera fait une habitude de le joindre au nom de chaque organe; &, par conséquent, il aura signifié ce que fait chaque sens, lorsqu'il agit pour être attentif à une impression, & pour se distraire de toute autre.

Attention œil, il faut me permettre ce langage, Monseigneur, aura donc signifié ce que nous faisons, lorsque nous donnons notre attention à une des choses que nous voyons; *attention oreille*, aura signifié ce que nous faisons, lorsque nous donnons notre attention à une des choses que nous entendons, &c.

Or, dès qu'une fois le mot *attention* est propre à exprimer l'action de chaque organe, au moment que nous sommes attentifs par la vue, par l'ouie, par le toucher, &c. nous n'aurons qu'à l'employer tout seul, & alors il exprimera cette action seule. L'idée qu'il réveillera ne sera donc plus ni l'action de la vue, ni celle de l'ouie, ni celle du toucher : ce sera cette action, considérée en faisant abstraction de tout organe. Nous ne penserons pas même aux organes ; &, par conséquent, le mot attention signifiera seulement l'action en général par laquelle nous sommes attentifs. Or, cette action, ainsi considérée, est une opération de l'entendement. Voilà donc une opération de l'entendement qui à un nom.

Vous pouvez, Monseigneur, vous convaincre par vous-même que c'est ainsi que les hommes sont parvenus à nommer cette opération. En effet, si toutes les fois qu'on a prononcé devant vous le mot *attention*, on ne l'avoit employé que pour désigner une opération de l'entendement, vous n'y auriez jamais rien compris. Mais parce que vous avez remarqué que, lorsqu'on le prononçoit, on regardoit ou on écoutoit, vous avez jugé que donner son attention, c'étoit regarder ou écouter ; &, en conséquence, vous avez bientôt

penſé, que ſans regarder & ſans écouter ;
vous donniez votre attention, lorſque vous
vous occupiez par préférence d'une idée qui
s'offroit à votre eſprit. Vous voyez donc
que le mot *attention* n'eſt devenu pour
vous le nom d'une opération de l'entendement, qu'après avoir été le nom de l'action de l'œil qui regarde, & de l'oreille qui
écoute.

Cette opération ayant été nommée, il eſt
aiſé de comprendre comment toutes les autres peuvent l'être ; puiſque comparer, juger,
réfléchir, raiſonner ne ſont que différentes
manieres de conduire notre attention. Paſſons
au verbe *être*, & obſervons les hommes au
moment qu'ils vont prononcer la propoſition,
je ſuis.

Comment les
hommes ſont
parvenus à
avoir un ver-
be, & à pro-
noncer des
propoſitions.

Comme j'ai ſuppoſé que le mot *attention*
a été donné à l'action des organes, lorſque
nous ſommes attentifs par la vue, par l'ouïe,
par le toucher : je ſuppoſe que le mot *être* a
été choiſi pour exprimer l'état où ſe trouve
chaque organe, lorſque, ſans action de ſa
part, il reçoit les impreſſions que les objets
font ſur lui. Dans cette ſuppoſition, il eſt
évident qu'*être*, joint à œil, aura ſignifié *voir* ;
& que, joint à *oreille*, il aura ſignifié *en-*
tendre. Ce mot ſera donc devenu un nom

commun à toutes les impreſſions; & en même temps qu'il aura exprimé ce qui paroît ſe paſſer dans les organes, il aura exprimé ce qui ſe paſſe en effet dans l'ame. Qu'alors on faſſe abſtraction des organes, ce mot, prononcé tout ſeul, deviendra ſynonime de ce que nous appellons *avoir des ſenſations, ſentir, exiſter.* Or, voilà préciſément ce que ſignifie le verbe *être.* Réfléchiſſez ſur vous-même, Monſeigneur, & vous verrez que c'eſt ainſi que vous êtes parvenu à ſaiſir la ſignification de ce mot.

Ce verbe ayant été trouvé, chaque homme a pu prononcer des propoſitions équivalentes à celle ci, *je ſuis,* ou même équivalentes à beaucoup d'autres, telles, *je vois, j'entends, je donne mon attention, je juge.* Il ne falloit pour cela que joindre le nom de la premiere perſonne aux mots qui ſignifioient l'action de voir, d'entendre, de donner ſon attention, de juger.

Quand une fois un homme a fait la propoſition *je ſuis,* en parlant de lui-même, il la peut faire en parlant de tout autre, & il peut la répéter à l'occaſion de tout ce qu'il obſerve. Après avoir dit, *je ſuis,* il dira donc, *il eſt, ils ſont;* & il prononcera l'exiſtence de tous les objets, qui viendront à ſa connoiſſance. Il prononcera également d'autres qualités : car, qui l'empêchera de dire, *il eſt grand*, *il eſt petit*, s'il a déja imaginé des noms adjectifs ?

Lorſque les hommes commencent à faire des propoſitions, ils ne ſavent pas toujours démêler tou-tes les idées qu'elles ren-ferment.

Au reſte je ne prétends pas que les hommes au moment qu'ils commençoient à pronon-cer des propoſitions, fuſſent déja en état de démêler toutes les idées qu'elles renfermoient : ce ſeroit leur ſuppoſer bien gratuitement une ſagacité, que nos philoſophes mêmes n'ont pas toujours. La propoſition *je ſuis*, par exem-ple, comprend d'un côté toutes les impreſſions & toutes les actions dont un corps vivant & organiſé eſt capable ; & de l'autre toutes les ſenſations & toutes les opérations qui ap-partiennent à l'ame, & qui n'appartiennent qu'à elle. Car, je ne ſuis ou n'exiſte, qu'au-tant que tout cela, ou une partie de tout cela eſt en moi. Cependant la plupart de ceux qui font cette propoſition, ſont bien éloignés de démêler toutes ces choſes ; & ils ne les voient que d'une maniere confuſe, parce qu'ils ſont incapables de faire l'analyſe des mots dont ils ſe ſervent. Mais enfin cette propoſition a tou-jours la même ſignification, ſoit qu'on en faſſe l'analyſe ou qu'on ne la faſſe pas ; &, d'une bouche à l'autre, elle ne différe que parce qu'elle offre aux uns des idées diſtinctes,

tes, tandis qu'aux autres, elle n'offre qu'une
maffe confufe d'idées.

Sans doute , dans l'origine des langues,
cette propofition n'offroit auffi qu'une maffe
confufe dans laquelle on diftinguoit peu d'i-
dées ; & il a fallu bien des obfervations avant
que les hommes, qui la prononçoient, puf-
fent comprendre eux-mêmes tout ce qu'ils di-
foient. Ils parloient comme nous parlons fouvent , & nous leur reffemblons plus qu'on
ne penfe.

Il faut encore remarquer qu'on a été
long-temps avant de pouvoir exprimer , dans
des propofitions, toutes les vues de l'efprit ,
& que, par conféquent, les langues n'ont pu
fe perfectionner que bien lentement. Il falloit créer des mots pour les idées acceffoires,
comme pour les idées principales : il falloit
apprendre à les employer d'une maniere propre à développer une penfée , & à la montrer
fucceffivement dans tous fes détails. Il falloit
donc déterminer l'ordre qu'ils devoient fuivre dans le difcours, & convenir des variations qu'on leur feroit prendre pour en marquer plus fenfiblement les rapports. Tout cela
demandoit beaucoup d'obfervations & des
analyfes bien faites. J'ai fait voir comment
on a commencé, c'eft tout ce que je me pro-

poſois. Si on pouvoit obſerver une langue
dans ſes progrès ſucceſſifs, on verroit les regles s'établir peu à peu. Cela eſt impoſſible.
Il ne nous reſte qu'à obſerver notre langue,
telle qu'elle eſt aujourd'hui, & à chercher
les loix qu'elle ſuit dans l'analyſe de la
penſée.

CHAPITRE IX.

Comment se fait l'analyse de la pensée dans les langues formées & perfectionnées.

Prenons une pensée développée dans un long discours, & observons-en l'analyse. Je trouve un exemple très propre à mon dessein, dans le discours que Racine prononça lorsque Thomas Corneille, qui succédoit à Pierre, fut reçu à l'académie françoise.

Pensée de Racine apportée pour exemple.

» Vous savez, dit Racine, en quel état
» se trouvoit la scene françoise, lorsqu'il (Pier-
» re Corneille) commença à travailler : quel
» désordre ! quelle irrégularité ! nul goût, nul
» connoissance des véritables beautés du théâ-
» tre : les auteurs aussi ignorants que les specta-
» teurs : la plupart des sujers extravagants &
» dénués de vraisemblance : point de mœurs,
» point de caractères : la diction encore plus

» vicieufe que l'action, & dont les pointes &
» de miférables jeux de mots faifoient le prin-
» cipal ornement : en un mot, toutes les re-
» gles de l'art, celles mêmes de l'honnêteté
» & de la bienféance, partout violées.

　　» Dans cette enfance, ou, pour mieux
» dire, dans ce chaos du poëme dramatique
» parmi nous, votre illuftre frere, après avoir
» quelque temps cherché le bon chemin, &
» lutté, fi je l'ofe dire ainfi, contre le mau-
» vais goût de fon fiecle, enfin, infpiré d'un
» génie extraordinaire, & aidé de la lecture
» des anciens ; fit voir fur la fcene la raifon,
» mais la raifon accompagnée de toute la pom-
» pe, de tous les ornements dont notre langue
» eft capable, accordant heureufement la vrai-
» femblance & le merveilleux, & laiffant
» bien loin derriere lui tout ce qu'il avoit de
» rivaux, dont la plupart, défefpérant de
» l'atteindre, & n'ofant plus entreprendre de
» lui difputer le prix, fe bornerent à combattre
» la voix publique déclarée pour lui, & ef-
» fayerent envain, par leurs difcours & par
» leurs frivoles critiques, de rabaiffer un mé-
» rite qu'ils ne pouvoient égaler.

　　» La fcene retentit encore des acclama-
» tions qu'exciterent à leur naiffance le Cid,

» Horace, Cinna, Pompée, tous ces chef-
» d'œuvres, représentés depuis sur tant de
» théâtres, traduits en tant de langues, &
» qui vivront à jamais dans la bouche des
» hommes. A dire le vrai, où trouvera-t-on
» un poëte qui ait possédé à la fois tant de
» grands talents, tant d'excellentes parties,
» l'art, la force, le jugement, l'esprit? Quelle
» noblesse! quelle économie dans les sujets!
» quelle véhémence dans les passions! quelle
» gravité dans les sentiments! quelle dignité
» & en même temps quelle prodigieuse va-
» riété dans les caracteres! Combien de rois,
» de princes, de héros de toute nation nous
» a-t il représentés, toujours tels qu'ils doi-
» vent être, toujours uniformes avec eux-
» mêmes, & jamais ne se ressemblant les
» uns aux autres. Parmi tout cela une magni-
» ficence d'expression proportionnée aux maî-
» tres du monde qu'il faisoit souvent parler,
» capable néanmoins de s'abaisser, quand il
» veut, & de descendre jusqu'aux plus sim-
» ples naïvetés du comique, où il est encore
» inimitable. Enfin, ce qui est sur-tout par-
» ticulier, une certaine force, une certaine
» élévation qui surprend, qui enleve, & qui
» tend jusqu'à ses défauts, si on peut lui en
» reprocher quelques-uns, plus estimables que
» les vertus des autres : personnage véritable-
» ment né pour la gloire de son pays, com-

F 3

» parable, je ne dis pas à tout ce que l'an-
» cienne Rome a eu d'excellents poëtes tra-
» giques, puisqu'elle confesse elle-même qu'en
» ce genre elle n'a pas été fort heureuse,
» mais aux Eschyles, aux Sophocles, aux Eu-
» ripides, dont la fameuse Athènes ne s'ho-
» nore pas moins que des Thémistocles, des
» Périclès, des Alcibiades qui vivoient en
» même temps qu'eux «.

Toutes les parties de cette pensée s'offroient à la fois à l'esprit de Racine. C'est ainsi, Monseigneur, que Racine parle de Corneille; Racine, qui a contribué lui-même aux progrès de la poésie dramatique, qui a enrichi notre langue, & lui a donné toute l'élégance dont elle étoit susceptible. Lorsque ce grand maître s'exprimoit de la sorte sur des choses qui lui étoient familieres, & qu'il avoit méditées jusques dans les moindres détails; je puis, sans rien hasarder, supposer que sa pensée lui offroit tout à la fois ce que son discours n'offre que successivement.

Fond de cette pensée. Le théâtre doit beaucoup à Corneille : voilà le fond de sa pensée. Il ne peut développer ce fond qu'autant qu'il en apperçoit toutes les parties.

Les parties principales de Ce développement suppose qu'il voit l'état où étoit le théâtre avant Corneille, l'état où Corneille l'a mis, & enfin les talents de Corneille. Ainſi ſa penſée ſe décompoſe en trois parties, qu'il diſtingue en les ſéparant en trois alinéa.

cette penſée ſe diſtinguent dans trois alinéa.

Vous voyez par-là que dans le diſcours écrit, les alinéa contribuent à diſtinguer, d'une maniere plus ſenſible, les différentes parties d'une penſée. Ils marquent où chacune finit, où chacune commence ; &, par cet artifice, elles ſe démêlent beaucoup mieux.

S'il faut diſtribuer, dans pluſieurs alinéa, les différentes parties d'une penſée ; il faut, à plus forte raiſon, ſéparer de la même maniere pluſieurs penſées différentes.

Quelquefois on renferme pluſieurs penſées dans un alinéa, & on les diſtingue ſeulement par des points.

Cependant cette précaution, néceſſaire pour plus de clarté, lorſque ce développement a une certaine étendue, devient inutile, lorſqu'il eſt fort court. Alors les penſées ſont ſuffiſamment diſtinguées par les points qui les terminent.

Dans le diſcours prononcé, les repos de la voix tiennent lieu d'alinéa & de points. C'eſt par ces repos que Racine diſtinguoit les différentes parties de ſa penſée, lorſqu'il prononçoit ſon diſcours.

Dans le diſcours prononcé, les repos de la voix tiennent lieu d'alinéa & de points.

F 4

De pareils repos fuppofent un fens fini. Mais des fens finis peuvent tenir les uns aux autres, & n'être, tous enfemble, que les parties d'un même développement. C'eft pourquoi les points, qui font dans le cours des alinéa, ne marquent pas un repos auffi grand que ceux qui les terminent.

Si vous confidérez même que le premier alinéa fait attendre le fecond ; & le fecond, le troifieme : vous jugerez que le dernier point eft celui qui marque le repos le plus grand. C'eft qu'alors la premiere penfée eft développée, & Racine va paffer au développement d'une autre.

Une penfée, qui demande un développement d'une certaine étendue, telle que celle qui nous fert d'exemple, forme ce qu'on appelle un paragraphe : plufieurs paragraphes font un chapitre : plufieurs chapitres font un livre : plufieurs livres font un traité. Cette feule confidération vous fait entrevoir comment les parties d'un grand ouvrage fe démêlent avec ordre. En effet, il fuffit de regarder l'objet d'un grand ouvrage comme une feule penfée, & on voit auffi-tôt que la méthode, qui doit le développer, eft la même que celle qui développeroit une penfée peu compofée.

Nous remarquerons, à ce sujet, que penser & bien rendre ce qu'on pense, sont deux choses bien différentes. On pourroit avoir la même pensée que Racine, & ne pas s'expliquer avec la même clarté, la même précision, avec la même élégance : c'est qu'il faut avoir appris à faire l'analyse de ses pensées. Celui qui n'a pas fait cette étude, court risque de ne pas exposer ses idées dans l'ordre le plus propre au développement de toutes celles qui sont à la fois présentes à son esprit. Il mettra au commencement ce qui devroit être à la fin. Il oubliera des idées qu'il ne falloit pas omettre, ou même il embarrassera une pensée avec des idées étrangeres qu'il croit en faire partie, parce qu'elles s'offrent à lui en même temps. Voilà ce qui fait le désordre & l'obscurité du discours.

Une analyse mal-faite met du désordre & de l'obscurité dans le discours.

Dès que Racine a eu distingué trois parties dans sa pensée, il s'est appliqué au développement de la premiere ; & dans cette vue, il a fait l'énumération des défauts qu'il remarquoit dans les tragédies faites avant Corneille.

Comment Racine développe les trois principales parties de sa pensée.

Ce développement étant achevé, amene celui de la seconde, dans lequel Racine expose les essais de Corneille, les moyens & les succès. Delà, passant à la troisieme, il décompose, pour ainſi dire , le génie de ce poëte , & il en montre les talents.

Comment il diſtingue les parties dans leſquelles il les ſubdiviſe. Chacun de ces alinéa eſt formé de parties diſtinctes ; & vous remarquerez, en y jetant les yeux, qu'elles ſont ſéparées , tantôt par un point , tantôt par deux, tantôt par un point & une virgule , tantôt par une virgule.

Les deux points marquent un repos moins grand que le point ; & le point & la virgule, un repos plus foible encore.

Ces repos ne ſont inégaux , que parce que le ſens eſt plus ou moins ſuſpendu. Dans le premier alinéa , par exemple , ces mots : *vous ſavez en quel état ſe trouvoit la ſcene françoiſe, lorſqu'il commença à travailler ,* ſont terminés par un point , parce qu'ils font un ſens fini. Au contraire, toutes les autres parties de cet alinéa ſont terminées par deux points. Il eſt vrai que chacune pourroit offrir un ſens fini, ſi on la conſidéroit ſeule : mais étant réunies , le ſens eſt néceſſairement ſuſpendu de l'une à l'autre , parce qu'elles concourent toutes également au développement de la premiere , & que ce développement n'eſt achevé qu'à la fin de l'alinéa.

Dans le ſecond alinéa , vous voyez, avant

ces mots *fit voir fur la fcene*, un point & une virgule qu'on n'auroit pas employés, fi on avoit dit : *votre illuftre frere fit voir fur la fcene*. Mais les chofes qu'il infère, *entre votre illuftre frere & fit voir*, & celles qu'il ajoute enfuite, font comme deux grouppes d'idées qu'il falloit diftinguer par un repos plus fenfible. Cependant on n'a pas mis deux points, comme entre les parties du premier alinéa, parce qu'ici le fens, moins fufpendu, n'eft achevé que par la réunion des deux grouppes : aulieu que, dans le premier alinéa, chaque partie fait par elle-même un fens fini.

Ce que je viens de dire, vous fait voir l'ufage de la virgule. Elle fert pour diftinguer les dernieres parties dans lefquelles on fubdivife une penfée. Quant aux points d'admiration & d'interrogation, leur dénomination feule vous en fait connoître l'emploi.

Quelquefois on ne fait fi on doit mettre deux points, ou un point & une virgule : quelquefois auffi on ne fait s'il faut deux points, ou s'il n'en faut qu'un. Mais les cas où l'on eft embarraffé, font précifément ceux où le choix eft plus indifférent, & vous pouvez alors ponctuer comme vous jugerez à propos. Il fuffit de diftinguer fenfiblement toutes les parties d'un difcours.

Au reste, Monseigneur, mon dessein n'est pas de vous donner un traité de ponctuation. Je veux seulement vous faire voir comment les différentes parties d'un discours se distinguent les unes des autres, & vous concevez que je n'y pouvois mieux réussir, qu'en vous faisant remarquer les signes que l'analyse emploie à cet effet.

CHAPITRE X.

Comment le discours se décompose en propositions principales, subordonnées, incidentes, en phrases & en périodes.

Pour continuer notre analyse, il faut, Monseigneur, découvrir la nature des différentes parties que nous avons démêlées dans le discours de Racine.

Tout jugement, exprimé avec des mots, est une proposition.

J'ai dit que tout discours est un jugement, ou une suite de jugements. Or, un jugement exprimé avec des mots, est ce qu'on nomme *proposition*. Tout discours est donc une proposition, ou une suite de propositions.

Au premier coup d'œil, nous appercevons plusieurs espèces de propositions dans le discours que nous analysons : *votre illustre frere fit voir sur la scene la raison.* Voilà une proposition à laquelle se rapportent tous les détails du

Trois espèces de propositions.

second alinéa. Ils sont destinés à la développer : ils sont l'expression des accessoires qui
la modifient. Aussi, quand Racine dit que Corneille a quelque temps cherché le bon chemin,
& qu'il a lutté contre le mauvais goût de son
siecle ; il prend un tour qui force à rapporter ces
deux propositions à celles qu'il veut modifier.

Ces deux propositions étant considérées par
rapport à cette subordination, j'appelle *princi-*
pale celle-ci, *votre illustre frere fit voir sur la*
scene la raison ; & *subordonnées*, les deux autres, *après avoir cherché le bon chemin, après*
avoir lutté contre le mauvais goût.

Au commencement du troisieme alinéa,
je découvre une autre espece de proposition:
la scene retentit encore des acclamations, qu'ex-
citerent à leur naissance le Cid, Horace. Qu'ex-
citerent le Cid, Horace n'est pas une proposition principale : ce n'est pas non plus une proposition subordonnée à une autre. Elle ne se
rapporte qu'au mot *acclamations*, en déterminant de quelles acclamations la scene retentit.
Qui surprend, qui enleve sont encore deux pro-
propositions de même espece, lorsque Racine
dit plus bas : *une certaine élevation qui surprend,*
qui enleve. Je donne à ces propositions le nom
d'*incidentes.*

Or, une proposition est faite pour une autre qu'elle développe, ou elle est faite pour un mot qu'elle modifie, ou enfin c'est à elle que tout le discours se rapporte. Les propositions, considérées sous ces points de vue, se réduisent donc aux trois especes que nous venons de remarquer : elles sont nécessairement ou principales, ou subordonnées, ou incidentes.

Ce qui caractérise une proposition principale, c'est qu'elle a pareillement un sens fini. Vous le voyez dans *votre illustre frere fit voir sur la scene la raison.* Car ce que Racine ajoute n'est pas pour terminer le sens, mais uniquement pour développer une pensée, dont cette proposition est la partie principale.

Caractere des propositions principales.

Il n'en est pas de même des propositions subordonnées. Le sens n'en est pas fini, il est suspendu, & fait attendre la proposition principale. Ainsi, quand vous avez lu, *après avoir quelque temps cherché le bon chemin, & lutté contre le mauvais goût de son siecle,* vous ne pouvez pas vous arrêter, vous attendez quelqu'autre chose, & vous continuez de lire jusqu'à *fit voir sur la scene la raison.*

Caractere des propositions subordonnées.

Les propositions incidentes ont cela de particulier, que quelquefois elles sont nécessaires pour faire un sens fini, & quelquefois elles ne

Caractere des propositions incidentes.

le font pas. Dans *la scene françoife retentit encore des acclamations*, vous voyez que ce tour, *des acclamations*, fait attendre quelque chofe, & que la propofition incidente, *qu'exciterent à leur naiffance le Cid, Horace*, acheve le fens. De même lorfque Racine dit quelques lignes après, *où trouvera-t-on un poëte*, le fens, pour être fini, demande qu'on ajoute, *qui ait poffédé à la fois tant de grands talents?*

Si vous confidérez ces expreffions, *des acclamations*, *un poëte*, vous appercevrez que le fens n'en eft pas affez déterminé : car, fi on s'arrêtoit à ces mots, vous demanderiez, de quelles acclamations? quel poëte? Les propofitions incidentes, qui vous répondent *des acclamations qu'exciterent le Cid, Horace, un poëte qui ait poffédé tant de grands talents*, déterminent donc le fens de ces mots, *acclamations, poëte*; & c'eft en le déterminant, qu'elles achevent le développement de la propofition principale. Tel eft le caractere des propofitions incidentes, lorfqu'elles font néceffaires pour terminer un fens.

La fin du dernier alinéa nous donne deux exemples de propofitions incidentes, fans lefquelles le fens pourroit être achevé. C'eft lorfque Racine dit que Corneille eft *comparable aux Efchyles, aux Sophocles, aux Euripides dont*

dont la fameuse Athènes ne s'honore pas moins que des Themistocles, des Périclès, des Alcibiades, qui vivoient en même temps qu'eux.

Racine pouvoit finir son discours à Alcibiades, il pouvoit même le finir à Euripides, & n'attendant rien de plus, vous n'auriez point fait de question. Or si les propositions, *dont la fameuse Athènes, &c. qui vivoient, &c.* ne sont pas nécessaires pour faire un sens fini; c'est que les mots auxquels elles se rapportent, ont par eux-mêmes une signification déterminée, qui ne fait rien attendre. Cependant elles sont nécessaires, pour achever le développement de la pensée, ou pour faire voir, comme Racine le desiroit, tout le cas qu'on doit faire de Corneille.

Voilà donc deux sortes de propositions incidentes : l'une qui détermine la signification d'un mot, & qui par cette raison est nécessaire pour achever le sens d'une proposition : l'autre qui est ajoutée à un mot d'une signification déterminée, & qui ne devient nécessaire, qu'autant qu'elle acheve de développer une pensée.

Comme les propositions subordonnées, lorsqu'elles commencent le discours, font attendre la principale; elles la supposent, lorsqu'elles le terminent. Dans le second alinéa, Racine pou-

Les propositions subordonnées peuvent avoir deux places

dans le dif-
cours, & les
propositions
incidentes
n'en ont qu'-
une.

voit finir à ces mots : *fit voir sur la scene la raison* : mais, parce qu'alors il n'auroit pas développé toutes les idées qui s'offroient à lui, il ajoute : *mais la raison accompagnée de toute la pompe, & de tous les ornements dont notre langue est capable, accordant heureusement la vraisemblance & le merveilleux, & laissant bien loin derriere lui tout ce qu'il avoit de rivaux.* (a)

Peut-être que, dans la fin de cet alinéa, vous n'appercevez pas d'abord des propositions subordonnées, aussi facilement que vous les avez apperçues dans le commencement. En effet, elles y sont un peu déguisées. Il y en a deux néanmoins, dont l'une commence au mot *accordant*, & l'autre au mot *laissant*. Car ce tour revient à-peu-près à celui-ci, *parce qu'il accordoit, & parce qu'il laissoit*, où vous voyez deux propositions subordonnées, qui se rapportent à la principale, *fit voir sur la scene la raison*.

Cette observation vous fait découvrir une nouvelle différence entre les propositions sub-

---

(*) Racine dit *accorda & laissa* : mais j'ai cru pouvoir me permettre ce changement, pour trouver, dans cet exemple, un tour dont j'avois besoin.

ordonnées & les propofitions incidentes. C'eſt
que les premieres peuvent être tantôt avant,
tantôt après la principale; & que, par conféquent, elles peuvent avoir deux places dans le
diſcours. Les autres au contraire, n'en ont jamais qu'une, parce qu'elles doivent toujours
être à la ſuite du mot, dont elles développent,
ou dont elles déterminent l'idée.

Vous remarquez, dans le ſecond alinéa, pluſieurs propoſitions de différentes eſpeces, qui
concourent au développement d'une ſeule penſée. Vous voyez encore qu'elles forment un
diſcours, dont les principales parties, ſans avoir
un ſens fini, ſont diſtinguées par des repos plus
marqués. Or, ces différentes parties ſont ce que
l'on appelle *membres*, & le diſcours entier eſt
ce qu'on nomme *période*. Tout ce qui précéde
fit voir appartient au premier membre, & tout
ce qui ſuit appartient au ſecond. L'un & l'autre pourroient même ſe diviſer en deux : car
après *dans cette enfance, ou, pour mieux dire,
dans ce chaos du poëme dramatique parmi nous,*
le repos eſt plus ſenſible qu'après les autres mots
où il eſt également marqué par des virgules. Il
en eſt de même de celui qui eſt après, *de tous
les ornements dont notre langue eſt capable.*
Ainſi une période peut être compoſée de deux
membres, de trois, ou de quatre. Lorſque
nous étudierons l'art d'écrire, vous verrez des

*Ce qu'on en-
tend par pé-
riode.*

périodes, où la diſtinction des membres ſera plus marquée.

Vous né trouvez pas, Monſeigneur, de pareils membres dans ce diſcours : *vous ſavez en quel état ſe trouvoit la ſcene françoiſe, lorſqu'il commença à travailler.* Quoiqu'il ſoit compoſé de deux propoſitions, il n'y a preſque point de repos de l'une à l'autre, & la penſée eſt développée dans un ſeul membre, dont le ſens eſt fini. Voilà ce qu'on nomme une *phraſe.*

Quel déſordre ! quelle irrégularité! ſont encore deux phraſes, formées chacune d'une propoſition. Elles ont un caractere particulier, c'eſt qu'elles laiſſent quelque choſe à ſuppléer. Le ſens eſt *quel déſordre n'y avoit-il pas! quelle irrégularité n'y avoit-il pas!* Ces tours ſe nomment *ellipſes* Or, vous appercevrez, dans le reſte de cet alinéa, autant de phraſes elliptiques, que vous y remarquerez de parties ſéparées par deux points.

Toutes les phraſes de cet alinéa ſont autant de phraſes principales.. Il eſt vrai qu'elles concourent toutes enſemble au développement de la premiere. Mais elles ſont indépendantes les unes des autres : elles ont chacune par elles-mêmes un ſens fini . & elles font un tout bien

différent de celui que font les propofitions fubordonnées dans le fecond alinéa.

Peut-être, Monfeigneur, ne faurez-vous
quelquefois fi plufieurs propofitions font une
période ou une phrafe. Alors elles feront tout
ce que vous voudrez : il ne faut pas difputer
fur les mots. Le grand point eft que chaque
penfée foit développée avec clarté, avec précifion, avec énergie.

Il y a des cas
où plufieurs
propofitions
font, à notre
choix, une
période ou
une phrafe.

CHAPITRE XI.

Analyse de la proposition.

Nous avons vu le discours, décomposé d'abord en plusieurs parties, se décomposer ensuite en différentes propositions, & ces propositions former des périodes ou des phrases. Il nous reste, Monseigneur, a faire l'analyse des propositions.

Puisqu'une proposition est l'expression d'un jugement, elle doit être composée de trois mots, ensorte que deux soient les signes des deux idées que l'on compare, & que le troisieme soit le signe de l'opération de l'esprit, lorsque nous jugeons du rapport de ces deux idées.

Corneille est poëte, voilà une proposition. Le premier mot qu'on nomme *sujet* ou *nom*, & le second qu'on nomme *attribut*, sont les signes des deux idées que vous comparez. Le troifieme eft le figne de l'opération de votre efprit qui juge du rapport entre *Corneille* & *poëte*. Ce mot eft ce qu'on nomme *verbe*. Toute propofition eft donc compofée d'un fujet, d'un verbe & d'un attribut. Elle s'exprime, par conféquent, avec trois mots, ou avec deux équivalents à trois. *Je parle,* par exemple, eft pour *je fuis parlant.*

Corneille eft poëte eft une propofition fimple, parce que n'ayant qu'un fujet & qu'un attribut, elle eft l'expreffion d'un jugement unique dans lequel on ne compare que deux idées.

Propofition fimple.

Mais *des acclamations qu'exciterent le Cid, Horace, Cinna, Pompée,* eft une propofition compofée, parce qu'elle eft l'expreffion abrégée de plufieurs jugements; & ces jugements que vous répétez avec Racine, font *qu'excita le Cid, qu'excita Horace, qu'excita Cinna, qu'excita Pompée.*

Propofition compofée.

Vous remarquerez, Monfeigneur, qu'un jugement ne fe compofe pas comme une propofition. Il eft toujours fimple, parce qu'il ne peut jamais être formé que de deux idées que nous comparons. Une propofition, au contraire, fe compofe, lorfqu'elle renferme plufieurs jugements dans fon expreffion; & que

Un jugement eft toujours fimple.

G 4

par conséquent, elle peut se décomposer en plusieurs propositions.

La derniere proposition, que nous avons prise pour exemple, est composée, parce qu'elle a plusieurs sujets. Une proposition, qui n'auroit qu'un sujet, seroit également composée, si elle avoit plusieurs attributs. Par exemple, *Corneille a une magnificence d'expression proportionnée aux maîtres du monde qu'il fait parler, une certaine force, une certaine élévation...* Vous voyez que cette proposition peut se décomposer en trois : *Corneille a une magnificence d'expression, il a une certaine force, il a une certaine élévation.*

D'après ces exemples, vous pouvez facilement imaginer une proposition qui seroit doublement composée, c'est-à-dire, qui auroit tout à la fois plusieurs sujets & plusieurs attributs. Autant elle renfermeroit de sujets & d'attributs, autant elle renfermeroit de propositions simples.

Vous appercevez facilement que *Corneille est poëte* est une proposition simple : car, si vous voyez qu'il n'y a que deux idées dans le jugement qu'elle exprime, vous voyez aussi que chaque idée est rendue par un seul mot. Mais peut-être seriez-vous étonné, Monseigneur, si je vous donnois, pour une propo-

fition fimple, la période qui commence par que.
ces mots : *Corneille, après avoir quelque
temps.* . . .

Vous me demanderez fans doute, comment
cette période pourroit ne former qu'une propofition fimple, puifqu'en l'analyfant, nous
y avons découvert des propofitions de plufieurs
efpeces. Je répondrai que, dans le chapitre
précédent, nous confidérions les propofitions
fous un autre point de vue. En effet, les propofitions fubordonnées & les propofitions incidentes ne font qu'un développement de la
propofition principale ; &, par conféquent,
elles ne font que les idées partielles du fujet
& de l'attribut, qui continuent l'un & l'autre
d'être un, avec elles ou fans elles.

Quand on dit que Corneille eft poëte,
qu'entend-on par *poëte*? un homme de génie
qui, en s'affujettiffant à la mefure des vers,
a une magnificence d'expreffion proportionnée
aux perfonnages qu'il introduit fur la fcene,
qui a une certaine force, qui a une certaine
élévation. . . . .

Vous concevez donc que, fi cette propofition, *Corneille eft poëte*, eft fimple, elle doit
l'être encore, lorfque, fubftituant au mot
poëte les mots qui en développent l'idée, vous
dites : *Corneille eft un homme de génie qui....*

Cette propofition fera fimple encore, fi, défignant Corneille fans le nommer, vous dites : *celui qui a fait le Cid, Horace, Cinna, Pompée, eft un homme de génie, qui....*

En effet, il y a également unité dans le fujet & dans l'attribut, foit qu'on les énonce chacun par un feul mot, foit qu'on les défigne l'un & l'autre par un long difcours. Or, dès qu'il n'y a qu'un fujet & qu'un attribut, il n'y a qu'un jugement ; & , par conféquent, la propofition eft fimple. Revenons actuellement à la période de Racine.

Tout le premier membre eft l'expreffion d'un fujet unique. Car celui qui fit voir fur la fcene la raifon, c'eft Corneille confidéré comme ayant quelque temps cherché le bon chemin, comme ayant lutté... de même le fecond membre eft l'expreffion d'un feul attribut avec fes acceffoires, & ces acceffoires font *mais la raifon accompagnée....* une idée, rendue par plufieurs mots, en eft mieux développée ; mais elle ne ceffe pas d'être une.

CHAPITRE XII.

Analyſe des termes de la propoſition.

CONSIDÉRONS actuellement les trois ter- Idées qu'on
mes d'une propoſition. Le ſujet eſt la choſe ſe fait du ſu-
dont on parle, l'attribut eſt ce qu'on juge lui jet, de l'attri-
convenir, & le verbe prononce l'attribut du but & du ver-
ſujet. Telles ſont les idées qu'on ſe fait de ces be.
trois ſortes de mots.

Pour parler d'une choſe, il faut lui avoir Nous ne
donné un nom, ou pouvoir la déſigner par donnons des
pluſieurs mots équivalents; & pour lui donner noms qu'aux
un nom, ou pour la déſigner par pluſieurs choſes qui
mots, il faut qu'elle exiſte, ou que nous exiſtent dans
puiſſions la regarder comme exiſtante. Car la nature ou
ce qui n'exiſteroit, ni dans la nature, ni dans notre
dans notre maniere de concevoir, ne ſauroit eſprit.
être l'objet de notre eſprit. Le néant même prend une ſorte d'exiſtence, lorſque nous
en parlons.

Les noms donnés aux individus, s'appel- Noms propres

lent *noms propres*. Or, puifque les individus font les feules chofes qui exiftent dans la nature, nous ne parlerions que des individus, fi nous ne parlions que des chofes qui exiftent réellement, & nous n'aurions que des noms propres.

Noms généraux.

Mais parce que les idées générales s'offrent à nous comme quelque chofe qui convient à plufieurs individus, elles prennent dans notre efprit une forte de réalité & d'exiftence. Voilà pourquoi nous avons pu leur donner des noms, & ces noms font généraux comme elles.

Tous ces noms font compris fous la dénomination de *fubftantifs*.

Ces idées font de deux efpeces; les unes diftinguent par claffes les individus qui exiftent véritablement. Tels font *philofophe, poëte, prince, homme,* &c. les autres diftinguent par claffes des qualités que nous confidérons comme exiftantes avec d'autres qualités qui les modifient. Tels font *figure, rondeur, couleur, blancheur, vertu, prudence, courage,* &c. ces noms généraux de l'une & de l'autre efpece, ainfi que tous les noms d'individus, font compris fous la dénomination générale de *fubftantifs*.

Le fujet d'une propofi-

Puifque ces noms comprennent tout ce qui exifte dans la nature & tout ce qui exifte dans notre efprit, ils comprennent toutes les chofes dont nous pouvons parler. Tout nom, qui eft le fujet d'une propofition, eft donc un nom fubftantif.

Lorfque Racine dit, en parlant à Thomas Corneille, *votre illuftre frere fit voir* ... vous remarquez que *votre* & *illuftre* ajoute chacun quelque acceffoire à l'idée que *frere* rappelle. Par cette raifon ces mots font nommés *adjectifs* d'un mot latin qui fignifie *ajouter*.

Frere, ainfi que tout autre fubftantif, exprime un être exiftant, ou qu'on regarde comme exiftant. Au contraire, *votre* & *illuftre* expriment des qualités, que l'efprit ne confidére pas comme ayant une exiftence par elles-mêmes, mais plutôt comme n'ayant d'exiftence que dans le fujet qu'elles modifient.

De ces trois idées, celle de *frere* eft la principale; & les deux autres, qui n'exiftent que par elle, font nommées *acceffoires*: mot qui fignifie qu'elles viennent fe joindre à la principale, pour exifter en elle & la modifier.

En conféquence, nous dirons que tout fubftantif exprime une idée principale, par rapport aux adjectifs qui le modifient, & que les adjectifs n'expriment jamais que des idées accessoires.

Illustre modifie *frere* ; mais *frere* modifie Pierre Corneille , que Racine indique , & qu'il ne nomme pas. Voilà donc un adjectif & un substantif qui modifient également : en quoi donc différent-ils ? C'est que l'adjectif modifie en faisant exister la qualité dans le sujet , *illustre* dans *frere* ; & que le substantif modifie en faisant exister le sujet dans une certaine classe, Corneille dans la classe, qu'on nomme *frere*. On reconnoît donc les substantifs en ce qu'ils sont des noms de classes. Tels sont *roi, philosophe, poëte* . (*a*) Si les noms propres sont des substantifs, parce qu'ils expriment des choses qui ont une existence dans la nature ; les noms de classes en sont également, puisqu'ils expriment des choses qui ont une existence dans notre esprit.

Les adjectifs modifient en Dans *votre illustre frere* , vous remarquerez deux accessoires. *Votre* détermine de qui

---

(*) Parce qu'on peut regarder ces noms comme modifiant des substantifs sous entendus , il y a des grammairiens qui les mettent parmi les adjectifs. Cela est libre ; je remarquerai seulement que si tout nom qui modifie est un adjectif, on ne trouvera plus de substantifs que parmi les noms propres.

est frere celui dont on parle, & *illustre* explique ou développe l'idée qu'on se fait de *votre frere*.

déterminant le sujet, ou en le développant.

Or, une idée principale ne peut être modifiée qu'autant qu'on la développe ou qu'on la détermine. Les accessoires ne sont donc en général que de deux especes, & tous les adjectifs peuvent se renfermer dans deux classes : les adjectifs qui déterminent, les adjectifs qui développent. Leur usage est précisément le même que celui des propositions incidentes. C'est pourquoi *votre illustre frere* est la même chose que *votre frere qui est illustre*, ou que *l'illustre frere qui est le vôtre*.

Il n'y a, en général, que deux sortes d'accessoires & deux sortes d'adjectifs.

Les adjectifs & les propositions incidentes ne sont pas les seuls tours propres aux accessoires : car, nous disons *poëte de génie* pour *poëte qui en a*, & *poëte sans génie* pour *poëte qui n'en a pas*.

Les accessoires peuvent s'exprimer par un substantif précédé d'une préposition.

Or, dans *poëte de génie*, comme dans *poëte sans génie*, vous voyez deux noms substantifs *poëte* & *génie*; & un mot qui vous force à considérer le second sous le rapport d'une idée accessoire à une idée principale que le premier désigne. Tous les mots, employés à cet usage, se nomment *prépositions*. *Sans*, *de* sont donc des prépositions. Il en est de même d'*a* dans l'exemple fuivant : *homme à talents* pour *homme qui a des talents.*

Différentes manieres dont le fujet d'une propofition peut être exprimé.

Un nom , qui eft le fujet d'une propofition, eft donc un fubftantif feul, ou un fubftantif auquel on ajoute des acceffoires ; & ces acceffoires font exprimés , ou par des adjectifs, ou par des propofitions incidentes, ou par un fubftantif précédé d'une prépofition. Voilà toutes les manieres d'exprimer les modifications du fujet d'une propofition. Paffons aux modifications de l'attribut.

Différentes manieres dont on exprime l'attribut d'une propofition, lorfque cet attribut eft un fubftantif.

L'attribut d'une propofition eft un nom fubftantif, *Corneille eft un poëte* ; ou un adjectif, *Corneille eft fublime.*

Si l'attribut eft un fubftantif, vous jugez qu'il peut être fufceptible des mêmes acceffoires que le fujet, & que ces acceffoires peuvent être exprimés par des adjectifs, par des propofitions incidentes, ou par des fubftantifs précédés d'une prépofition. Nous n'avons donc rien à ajouter à ce que nous avons dit, en traitant des modifications du fujet. Mais il nous refte à obferver fi le fubftantif qui eft attribut, eft toujours de la même efpece que le fubftantif qui eft fujet.

Le fubftantif,

Lorfque vous dites, *Corneille eft un poëte,*

un poëte est un écrivain , un écrivain est un homme, vous remarquez que le substantif, qui est l'attribut, est un nom plus général que le substantif qui est le sujet ; & vous ne diriez pas *un homme est un écrivain, un écrivain est un poëte, un poëte est Corneille.*

qui est attribut ne sauroit être un terme moins général que le substantif qui est sujet.

Pour comprendre sur quoi cette remarque est fondée, il suffit de vous rappeller la génération des idées générales. Elle commence, comme nous avons dit , aux individus. Vous avez lu le lutrin, & l'idée de *poëte* n'étoit encore pour vous qu'une idée individuelle ; identique avec celle de Despréaux. Vous avez ensuite lu quelques tragédies de Corneille, plusieurs de Racine, & beaucoup de comédies de Moliere. Alors l'idée individuelle de *poëte* est devenue une idée générale, ou une idée commune à Despréaux, Corneille, Racine , Moliere.

Or, cette idée ne leur est commune, que parce qu'elle se retrouve dans chacun d'eux ; & elle ne s'y retrouve, que parce qu'elle est une idée partielle de l'idée que vous vous êtes faite successivement de tous quatre. De même l'idée d'écrivain est une partie de celle de poëte ; & celle d'homme, une partie de celle d'écrivain. En un mot, si vous remontez de classe en classe, vous verrez que l'idée que

vous vous faites d'une claſſe ſupérieure, n'eſt
jamais qu'une partie de l'idée que vous avez
d'une claſſe inférieure. Quand, par conſéquent,
vous dites qu'un *poëte eſt un écrivain*, la propoſition eſt la même que ſi vous diſiez, *l'i-
dée d'écrivain eſt une partie de l'idée de poëte*,
ce qui eſt vrai; & vous ne diriez pas qu'*un
écrivain eſt un poëte*, parce que ce ſeroit dire
que l'idée de poëte eſt une partie de celle
d'écrivain. Vous comprenez donc pourquoi
l'attribut, dans les exemples que je viens de
donner, eſt toujours un ſubſtantif plus général que le ſujet.

Je dis *dans les exemples que je viens de
donner*, parce que, lorſque l'attribut eſt identique avec le ſujet, il ne ſauroit être plus général. Auſſi peut-il alors devenir lui même
le ſujet de la propoſition. Par exemple, vous
pouvez dire à votre choix : *l'infant eſt le Duc
de Parme*, ou *le Duc de Parme eſt l'infant*.

Quand les deux termes d'une propoſition
ne ſont pas identiques, il n'y a donc entr'eux
d'autre différence, ſi non que le ſubſtantif,
qui eſt l'attribut, eſt toujours plus général que
le ſubſtantif qui eſt le ſujet.

Différentes
manieres

Les adjectifs, lorſqu'ils ſont employés
comme attribut, peuvent être diſtingués en

deux efpeces. Ou ils achevent par eux-mêmes
le fens d'une propofition. Tel eft *fublime* dans
cette phrafe, *Corneille eft fublime.* Ou ils ne
l'achevent pas &, ils font néceffairement attendre quelque chofe. Ainfi quand Racine a dit,
Corneille eft comparable, il faut qu'il ajoute,
je ne dis pas à ce que Rome.... mais aux
Efchiles.....

d'exprimer l'attribut d'u-ne propofi-tion, lorfque cet attribut eft un adjectif.

Quelquefois pour achever de développer
une penfée, on a befoin d'ajouter quelque
acceffoire à un adjectif qui fait un fens fini.
On dira, par exemple, *il eft économe fans*
avarice, il eft hardi avec prudence.

Dans ces exemples, vous voyez que les
acceffoires de l'adjectif font tous exprimés par
un fubftantif précédé d'une prépofition. Or, il
n'y en a point qu'on ne puiffe exprimer par ce
moyen. Mais il faut remarquer que nous employons quelquefois à cet effet des expreffions
abrégées, qui font l'équivalent d'un fubftantif précédé d'une prépofition. Telles font *pru-*
demment, fagement pour *avec prudence, avec*
fageffe.

Ces expreffions, parce qu'elles font formées d'un feul mot, ont paru fimples aux
grammairiens, & ils les ont mifes parmi les
éléments du difcours. Cependant vous voyez

que fi nous en jugeons par la fignification ; elles équivalent à deux éléments, & que, par conféquent, il faudra les mettre parmi les ex-preffions compofées. Nous en parlerons bien-tôt.

Nous avons expliqué, Monfeigneur, tou-tes les différentes manieres d'exprimer les ac-cessoires de l'attribut & du fujet. Nous allons dans le chapitre fuivant faire l'analyfe du verbe & de fes accessoires.

CHAPITRE XIII.

Continuation de la même matiere, ou analyse du verbe.

Ce que nous avons dit, Monseigneur, lorsque nous observions la nécessité des signes pour démêler les générations de l'entendement, nous fera découvrir la nature du verbe.

Le propre du verbe est d'exprimer la coexistence de l'attribut avec le sujet

Quand le rapport, entre l'attribut & le sujet, n'est considéré que dans la perception que nous en avons, le jugement, comme nous l'avons remarqué, n'est encore qu'une simple perception. Au contraire quand nous considérons ce rapport dans les idées que nous comparons, & que, par ces idées, nous nous représentons les choses comme existentes indépendamment de notre perception ; alors juger n'est pas seulement appercevoir le rapport de l'attribut avec le sujet, c'est encore affirmer que ce rapport existe. Ainsi, quand nous avons fait cette proposition, *cet arbre est grand,*

H

nous n'avons pas feulement voulu dire, que nous appercevons l'idée *d'arbre* avec l'idée de *grandeur* ; nous avons encore voulu affirmer que la qualité de *grandeur* exifte en effet avec les autres qualités qui conftituent l'arbre.

Voilà donc le jugement, qui après avoir été une fimple perception, devient affirmation ; & cette affirmation emporte que l'attribut exifte dans le fujet.

Or, le verbe *être* exprime cette affirmation : il exprime donc encore la coexiftence de l'attribut avec le fujet ; &, parconféquent, dans *Corneille eft poëte*, la coexiftence de la qualité de poëte avec Corneille eft tout ce que le verbe peut fignifier. En effet, puifque nous ne parlons des chofes, qu'autant qu'elles ont une exiftence, au moins dans notre efprit ; il ne fe peut pas que le mot que nous choififfons pour prononcer nos jugements, n'exprime pas cette exiftence. Or, ce mot eft le verbe. Si nous nous bornions à ne voir, dans le verbe, que la marque de l'affirmation, nous ferions embarraffés à appliquer les propofitions négatives, puifque nous verrions l'affirmation dans toutes. Mais lorfqu'on a dit que le verbe fignifie la coexiftence, une propofition eft affirmative, fi elle affirme que le fujet & l'attribut coexiftent, & elle eft négative,

fi elle affirme qu'ils ne coexiftent pas. Il fuffit, pour la rendre négative, de joindre au
verbe les fignes de la négation : *Corneille n'é-
toit pas géometre.*

Il ne faut que des fubftantifs pour nommer tous les objets dont nous pouvons parler :
il ne faut que des adjectifs pour en exprimer
toutes les qualités : il ne faut que des prépofitions pour en indiquer les rapports : enfin il
ne faut que le feul verbe *être* pour prononcer tous nos jugements. Nous n'avons donc pas,
rigoureufement parlant, befoin d'autres mots,
&, par conféquent, tous les éléments du difcours fe réduifent à ces quatre efpeces.

Les éléments du difcours fe réduifent à quatre efpeces de mots.

Mais les hommes, dans la vue d'abréger,
ont imaginé d'exprimer fouvent, par un feul
mot, l'idée du verbe *être* réunie avec l'idée
d'un adjectif ; & ils ont dit, par exemple, *vivre, aimer, étudier,* pour *être vivant, être
aimant, être étudiant.* Ces verbes fe nomment
verbes adjectifs, pour les diftinguer du verbe
être qu'on nomme *verbe fubftantif.* Nous allons
traiter des uns & des autres.

Verbes adjectifs. Verbe fubftantif.

Il ne faut pas confondre le verbe fubftantif avec le verbe *être,* pris dans le fens *d'exifter.* Quand on dit qu'une chofe exifte, on
veut dire qu'elle eft réellement exiftante. En

Il ne faut pas confondre le verbe fubftan-tif avec le ver-be *être,* pris pareil cas on peut se servir du verbe *être*, & on dira fort bien : *Corneille étoit du temps de Racine*, c'est-à-dire, *existoit*.

Mais quand je dis, *Corneille est poëte*, il ne s'agit pas d'une existence réelle, puisque Corneille n'existe plus, & cependant cette proposition est aussi vraie, que du vivant de Corneille : peut-être l'est-elle plus encore. La co-existence de *Corneille* & de *poëte* n'est donc qu'une vue de l'esprit, qui ne songe point si Corneille vit ou ne vit pas, mais qui voit *Corneille* & *poëte* comme deux idées coexistantes.

Les verbes expriment avec différents rapports : rapport à la personne, *je parle*, *vous parlez* ; rapport au nombre, *je parle*, *nous parlons* ; rapport au temps *je parle*, *je parlai*. L'usage vous a appris qu'ils sont à cet effet susceptibles de différentes variations. C'est ce dont nous traiterons dans la seconde partie de cette grammaire. Je ne veux observer ici que les autres accessoires qui peuvent accompagner le verbe.

Quand je dis, *Corneille fit*, on demandera quoi ? voir. Mais encore que fit-il voir ? la raison. Pour abréger, je considérerai *fit voir* comme un seul verbe, parce que des deux il ne réfulte qu'une feule idée, qui pourroit être rendue par un feul mot, *montra*. Je conviens que *faire voir* & *montrer* ne font pas exactement fynonymes, mais dans ce moment, mon objet ne demande pas que nous cherchions en quoi ces expreffions différent : il fuffit que nous puiffions les confidérer, chacune également, comme un feul verbe.

Dans *Corneille fit voir la raifon*, j'appelle *la raifon* l'objet du verbe *fit voir*. Sur quoi il faut remarquer que tous les verbes n'ont pas un objet, tel eft *marcher*, & qu'avec ceux qui en ont, nous ne l'exprimons pas toujours. Nous difons, par exemple, *il monte, il defcend* : mais quand nous ne l'exprimons pas, il s'offre cependant à l'efprit un objet quelconque ; & quelquefois la circonftance l'indique elle-même. *Il monte*, l'objet fera, par exemple, l'efcalier, la montagne.

L'objet peut donc être fous-entendu. Mais quand il eft exprimé, à quoi le reconnoît-on ? à la place qu'il occupe. Nous n'avons pas d'autre moyen pour marquer le rapport qu'il a avec le verbe ; & c'eft à quoi vous jugez que *la raifon* eft l'objet de *fit voir*.

Nous difons également *parler affaires* & *parler d'affaires*, par où il paroîtroit que l'ob jet du verbe *parler*, peut être précédé d'une préposition. Mais *parler d'affaires* est une phrase elliptique, dans laquelle l'objet du verbe est sous-entendu. Pour remplir l'ellipse, il faudroit dire, *parler, entre autre choses, choses d'affaires*; & alors on reconnoîtroit que *chose* est l'objet de *parler*. Pour se convaincre qu'il faut ainsi remplir l'ellipse, il suffit de considérer que *parler affaires* c'est en faire son unique objet, au lieu que *parler d'affaires* n'exclut pas tout autre objet dont on voudroit parler par occasion.

Les autres rapports se marquent par des prépositions.

A qui Corneille fit-il voir la raison ? *à des spectateurs qui jusqu'alors..... des spectateurs* est le terme de *fit voir*, & son rapport se marque par une préposition, *à*.

Où fit-il voir la raison ? *sur la scene.* Rapport au lieu, marqué par une préposition, *sur*.

Quand fit-il voir la raison ? *Dans cette enfance, dans ce chaos......* rapport au temps, marqué par une préposition, *dans*.

Qu'avoit-il fait auparavant ? *Après avoir cherché le bon chemin, &....* rapport de l'action du verbe à une autre action qui l'a précédée, marqué par une préposition, *après*.

Comment Corneille étoit-il alors ? *inspiré d'un génie extraordinaire, & aidé de la lecture des anciens* : rapport du verbe à l'état du sujet, & ce rapport est marqué par des adjectifs qui modifient Corneille.

Ces accessoires appartiennent proprement au nom : mais je vous les fais remarquer, afin que vous sentiez, Monseigneur, qu'il ne suffit pas de donner au sujet d'une proposition des modifications qui lui conviennent ; & qu'il faut choisir celles qui ont le plus de rapport avec l'action qu'on lui attribue. Tout autre accessoire seroit faux, louche, ou du-moins inutile.

Comment Corneille a-t-il fait voir la raison ? *en accordant heureusement la vraisem-blance & le merveilleux* : rapport au moyen ou à la maniere, marqué par une propo-sition, *en.*

Pourquoi à-t-il fait voir la raison ? Pour acquérir de la gloire : rapport au motif ou à la fin, marqué par une préposition, *pour.*

Enfin par qui la raison a-t-elle été mon-trée ? par Corneille : rapport à la cause mar-quée par une préposition, *par.* En général au-tant on peut faire de questions sur un verbe,

autant il peut avoir d'acceffoires différents ; &
fi on excepte l'objet, dont le rapport eft toujours marqué par la place feule, celui des autres acceffoires eft toujours indiqué par une
prépofition énoncée ou fous-entendue. Vous
pourrez encore remarquer que ces exemples
confirment ce que nous avons dit, que les
prépofitions font, par leur nature, deftinées
à indiquer le fecond terme d'un rapport.

Les ellipfes font fréquentes dans toutes les langues.

    Je viens de dire que les prépofitions font
énoncées ou fous-entendues : c'eft qu'en effet on
les omet fouvent, & ces omiffions font fréquentes dans toutes les langues. Quelquefois
même nous omettons le verbe, qu'on regarde
avec raifon comme le principal mot du difcours, & fans lequel il femble que nous ne
puiffions pas prononcer un jugement. Je vous
ai fait remarquer plufieurs de ces ellipfes dans
le paffage de Racine. Si j'y ai fuppléé, pour
vous rendre raifon de la phrafe, vous fentez
que celui qui lit, n'a rien à fuppléer : car
vous voyez que les idées qui font exprimées
enveloppent fuffifamment celles qui ne le font
pas. En effet, quand nous décompofons notre
penfée, c'eft en quelque forte malgré nous,
& parce que nous y fommes forcés. Nous vou-
drions, s'il étoit poffible, la préfenter tout à la
fois, & en conféquence nous omettons tous
les mots qu'il eft inutile de prononcer. Ce

tour plaît, par fa précifion, à celui qui lit, parce qu'il lui préfente plufieurs idées, comme elles font naturellement dans l'efprit, c'eft-à-dire, toutes enfembles.

En réfumant ce que nous avons dit dans ce chapitre, il en réfulte que les acceffoires dont un verbe peut-être fufceptible, font l'objet, le terme, les circonftances de temps, celles de lieu, une action que fuppofe celle que le verbe exprime, le moyen ou la maniere, la caufe, la fin ou le motif. Parmi ces acceffoires, les uns appartiennent proprement au verbe *être*, telles font les circonftances de temps & de lieu : les autres appartiennent plus particulierement aux verbes adjectifs, ou plutôt aux adjectifs dont on a fait des verbes. Un exemple fuffira pour vous rendre la chofe fenfible. *Il aimoit dans ce temps-là l'étude avec paffion.* Subftituez au verbe *aimoit* les éléments dont il eft l'équivalent : vous aurez, *il étoit dans ce temps-là aimant avec paffion l'étude.* Or, dans cette phrafe, il eft évident que *dans ce temps-là* modifie *étoit*, & qu'*avec paffion* eft une acceffoire de l'adjectif *aimant*.

De tous les acceffoires du verbe, les uns appartiennent proprement au verbe fubftantif *être*, les autres appartiennent plus particuliérement aux adjectifs dont on a fait des verbes.

Nous avons vu le difcours fe décompofer en différentes parties. Nous y avons découvert des propofitions principales, fubordonnées, incidentes, fimples, compofées.

Le difcours réduit à fes vrais éléments.

Nous avons trouvé dans ces propofitions, des noms fubftantifs, des adjectifs, des prépofitions & des verbes. Nous avons obfervé les différents acceffoires dont le fujet, le verbe & l'attribut peuvent être modifiés; & nous avons remarqué tous les fignes, dont on fe fert pour exprimer toute efpece d'idées & toute efpece de rapports. Voilà donc le difcours réduit à fes vrais éléments, & nous en avons achevé l'analyfe.

Mais, Monfeigneur, vous avez vu que les hommes, pour abréger, ont imaginé des verbes adjectifs. Or, ces verbes qu'on prend pour des éléments, n'en font pas. Ce font des expreffions compofées, équivalentes à plufieurs éléments. Il y a encore d'autres expreffions de cette efpece. Nous en allons traiter dans le chapitre fuivant.

CHAPITRE XIV.

De quelques expreſſions qu'on a miſes parmi les élémens du diſcours, & qui, ſimples en apparence, ſont, dans le vrai, des expreſſions com-poſées équivalentes à pluſieurs élé-mens.

UNE expreſſion, qui paroît ſimple, parce qu'elle eſt formée d'un ſeul mot, eſt com-poſée, lorſqu'elle équivaut à pluſieurs élémens. De ce nombre ſont l'adverbe, le pronom & la conjonction. En effet, Monſeigneur, ſi vous jugez de la nature des mots, par les idées dont ils ſont les ſignes, vous reconnoîtrez que ceux-là ne doivent pas être mis parmi les élémens du diſcours.

Mots qui ne doivent pas être mis par-mi les élé-mens du diſ-cours.

L'adverbe eſt une expreſſion abrégée, qui équivaut à un nom précédé d'une prépoſition. On dit *ſagement* pour *avec ſageſſe*, *plus* pour

L'adverbe.

en quantité *fupérieure*, *moins* pour *en quantité inférieure*, *beaucoup* pour *en grande quantité*, *peu* pour *en petite quantité*, *autant* pour *en quantité égale*. *Sagement*, *plus*, *moins*, *beaucoup*, *peu*, *autant* font des adverbes. Ces exemples fuffifent.

Le pronom. Le pronom eft une expreffion plus abrégée encore. Il équivaut quelquefois à une phrafe entiere : car il tient la place d'un nom qu'on ne veut pas répéter, & de tous les acceffoires dont on l'a modifié. *Je fais beaucoup de cas de l'homme dont vous me parlez & que vous aimez : je le verrai inceffamment.* Le eft un pronom qui eft employé pour éviter la répétition de *l'homme dont vous me parlez & que vous aimez.*

La conjonction. Nous traiterons plus particuliérement de l'adverbe & du pronom, dans la feconde partie de cet ouvrage. Je ne voulois, pour le préfent, que vous en faire connoître la na....e. Les conjonctions, plus difficiles à expliquer, demandent que nous nous rappellions quelques obfervations que nous avons faites.

Nous avons vu comment, dans une période ou dans une phrafe dont le fens eft fini, toutes les propofitions & tous les mots fe lient

pour

pour repréfenter fucceffivement nos idées dans les rapports qu'elles ont entr'elles. Or il eft encore néceffaire de lier, les unes aux autres, ces phrafes & ces périodes.

Pour cet effet, Racine divife fa penfée en trois principales parties, qu'il développe fucceffivement dans trois alinéa. De la forte, il les diftingue, & cependant il les lie, parce qu'il les met chacune à leur place. L'ordre eft donc la meilleure maniere de lier les parties d'un difcours, & on n'y fauroit fuppléer par aucun autre moyen.

Mais, quoique l'ordre les lie, on veut quelquefois prononcer davantage la liaifon, & c'eft en effet ce que vouloir Racine, lorfqu'il a commencé fon fecond alinéa par ces mots : *dans cette enfance, ou, pour mieux dire, dans ce chaos du poëme dramatique parmi nous.* . . . Or, remarquez, Monfeigneur, que ces expreffions ne font que préfenter, avec de nouveaux acceffoires, la penfée qu'il a expliquée dans le premier alinéa; mais elles la préfentent plus briévement. Par-là, elles la rapprochent davantage de celle qui doit être expliquée dans le fecond. Ce tour eft donc un paffage d'une partie du difcours à l'autre; &, après l'ordre, c'eft celui qui les lie le mieux. J'appelle *conjonction* tout mot employé à cet ufage.

Tom. I.

I

Dans ce temps-là, *de la forte*, *par conféquent* ne font qu'un paffage d'une propofition à une autre, & ces tours rappellent quelque idée de la phrafe précédente. Mais ils font formés de plufieurs éléments; &, par conféquent, il faut les regarder comme des expreffions compofées. Nous ne devons donc mettre, dans la claffe des conjonctions, que les mots équivalents à de pareils tours. Tels font *alors* pour *dans ce temps-là*, *ainfi* pour *de la forte*, *donc* pour *par conféquent*,

La conjonction *&* eft également un paffage d'une premiere propofition à une feconde. Elle rappelle une premiere affirmation qu'on a faite, & elle fait preffentir qu'on en va faire une autre. *Vous étudiez, & vous vous inftruirez.*

Il en eft de même, lorfqu'elle eft entre deux fubftantifs. Si je dis *l'infant & l'infante*, vous jugez que je vais faire fur l'infante la même affirmation que fur l'infant; & fi j'ajoute *vous aiment*, vous voyez que j'ai réuni deux propofitions en une, & que le paffage de l'une à l'autre, exprimé par la conjonction *&*, en eft plus rapide.

La conjonction *ni* donne lieu aux mêmes obfervations, avec cette différence, qu'au lieu de rappeller une affirmation, elle rappelle une négation : *ni l'infant , ni l'infante ne vous haïſſent.*

Tout ce que je viens de dire, s'applique parfaitement à la conjonction *que,* dont nous ferons un grand uſage. Pour le reconnoître, il ſuffit de mettre, à la place de cette conjonction, les mots dont elle tient lieu. *Je vous aſſure QUE les connoiſſances ſont ſur-tout néceſſaires aux princes,* eſt pour *je vous aſſure CETTE CHOSE QUI EST, les connoiſſances ſont ſur-tout néceſſaires aux princes. Cette choſe qui eſt,* voilà les mots qui font paſſer de la premiere propoſition *je vous aſſure,* à la ſeconde *les connoiſſances ſont ſur-tout néceſſaires aux princes.* Or, ſi nous ſuppoſons, avec quelque fondement, qu'on a dit autrefois *que eſt* pour *qui eſt* ; il en réſultera que, pour avoir la conjonction *que,* il n'a fallu que prendre l'habitude d'omettre quelques mots. Je préſume en effet que c'eſt ainſi que toutes les conjonctions ont été trouvées.

Nous avons, Monſeigneur, achevé la premiere partie de notre ouvrage : nous allons dans la ſeconde obſerver les éléments du diſcours, & apprendre l'uſage que nous en devons faire.

GRAMMAIRE.

SECONDE PARTIE.

DES

ÉLÉMENTS DU DISCOURS.

Principes qui ont été prouvés dans la première partie de cet ouvrage.

Nous avons remarqué, Monseigneur, que la vue est confuse, lorsque nous voulons voir en même temps tous les objets qui nous frappent les yeux ; & qu'elle devient distincte, lorsque nous regardons les objets les uns après les autres. Or, la vue de l'esprit est comme la vue du corps ; & nous avons reconnu que nos pensées sont naturellement des tableaux confus, dont nous ne distinguons les parties, qu'autant que nous apprenons l'art de faire succéder, avec or-

dre les unes aux autres, les idées qui s'offroient à nous toutes ensemble.

Cet art a commencé avec les langues,
&, comme elles, il s'est perfectionné lentement. C'est pourquoi nous les avons regardées comme autant de méthodes analytiques plus ou moins parfaites. Nous avons
jugé, qu'absolument nécessaires pour nous
rendre compte à nous mêmes de nos pensées, elles le font encore pour nous conduire à des idées que nous n'aurions jamais
eues sans leur secours ; qu'elles contribuent
plus ou moins au développement de l'esprit, suivant qu'elles fournissent des moyens
plus ou moins commodes pour l'analyse de
la pensée ; & qu'on se tromperoit, si on
ne leur croyoit d'autre avantage, que de
nous mettre en état de nous communiquer
nos idées les uns aux autres.

Il s'agissoit donc de découvrir les moyens que les langues emploient pour analyser la pensée : recherche qui nous a fait
connoître les éléments du discours. Il nous
reste à observer en particulier chacun de ces
éléments. Il faut voir ce qu'ils sont chacun en eux mêmes, & quelles sont les regles aux quelles l'usage les assujettit.

Objet de la seconde partie.

CHAPITRE I.

Des noms substantifs.

Les qualités, que nous démêlons dans les objets, paroissent se réunir hors de nous sur chacun d'eux; & nous ne pouvons en appercevoir quelques unes, qu'aussitôt nous ne soyons portés à imaginer quelque chose qui est dessous, & qui leur sert de soutien. En conséquence, nous donnons à ce quelque chose le nom de *substance*, de *stare sub* être dessous.

Quand on a voulu pénétrer plus avant dans la nature de ce qu'on appelle substance, on n'a saisi que des fantômes. Nous nous bornerons à la signification du mot, persuadés que ceux qui ont nommé la substance, n'ont prétendu désigner qu'un soutien des qualités; soutien qu'ils auroient nommé autrement, s'ils avoient pu l'appercevoir en lui même, tel qu'il est. Les philosophes, qui font venus enfuite , ont cru voir ce quelque chofe que nous nous repréfentons , & ils n'ont rien vu.

De *fubftance* on a fait *fubftantif* pour défigner en général tout nom de fubftance.

Subftantif vient de fubftance.

Nous ne voyons que des individus. Si leurs qualités viennent à notre connoiffance par les fens, nous nommons ces individus *fubftances corporelles* ou *corps*; & nous les nommons *fubftances fpirituelles* ou *efprits*, fi leurs qualités, de nature à ne pouvoir faire impreffion fur les organes, ne font connues que par la réflexion. *Corps* & *efprits* font donc des noms fubftantifs, parce qu'ils fignifient des fubftances.

Il fe dit proprement des noms de fubftance.

Mais , comme les qualités qui modifient les individus corporels ou fpirituels, font elles mêmes fufceptibles de différentes modifications, notre efprit, qui les faifit fous ce point de vue, les voit exifter fous d'autres qualités qui les modifient; & auffitôt il met leurs noms dans la claffe des fubftantifs, parce qu'il y a mis ceux des fubftances. C'eft de la forte que nous étendons la fignification des mots. *Etre deffous* eft ici l'idée commune , fur laquelle nous fondons toute l'analogie; &

Il fe dit par extenfion des noms de qualités.

d'après cette idée, le mot *vertu*, par exem‑
ple, eſt regardé comme un nom ſubſtantif.

Voilà donc deux ſortes de ſubſtantifs.
Les uns ſont des noms de ſubſtance, aux quels
cette dénomination appartient proprement :
tels ſont *maiſon*, *arbre*, *cheval*. Les autres
ſont des noms de qualités, aux quels cette dé‑
nomination n'appartient que par extenſion :
tels ſont *ſageſſe*, *probité*, *courage*; ceux ci ſe
nomment *abſtraits*, parceque ces qualités exiſ‑
tent dans notre eſprit, comme ſéparées de
tout objet.

Si nous n'avions, pour ſubſtantifs, que
des noms propres, il les faudroit multiplier
ſans fin : les mots, dont la multitude ſur‑
chargeroit la mémoire, ne mettroient au‑
cun ordre dans les objets de nos connoiſſances,
ni, par conféquent, dans nos idées ; & tous
nos diſcours ſeroient dans la plus grande con‑
fuſion. On a donc claſſé les objets ; & les
ſubſtantifs, qui étoient des noms propres,
ſont devenus des noms communs, lorſqu'on a
remarqué des choſes qui reſſembloient à cel‑
les qu'on avoit déja nommées.

C'eſt ainſi, comme nous l'avons vu, qu'il
s'établit entre les ſubſtantifs une ſubordination
qui rend les uns plus généraux, c'eſt à dire,

Deux ſortes de ſubſtantifs.

Les ſubſtantifs, plus ou moins généraux, ſont différentes claſſes des objets.

communs à un plus grand nombre d'individus, & les autres moins généraux, c'est à dire, communs à un plus petit nombre. Cette subordination est sensible dans *animal*, *quadrupede*, *chien*, *barbet*.

La même subordination s'établit nécessairement entre les choses nommées & il se forme des classes que nous nommons *genres*, si elles sont plus générales ; & *especes*, si elles le sont moins. *Animal* est un genre par rapport à *quadrupede*, *oiseau*, *poisson* ; & *quadrupede*, *oiseau*, *poisson* sont des especes d'animaux.

Dans les exemples que je viens d'apporter, vous voyez, Monseigneur, que la distinction des classes a pour fondement, la différente conformation que nous remarquons dans les objets. Nous ne considérons alors que le physique des choses. Mais il y a encore des rapports, sous lesquels nous pouvons considérer les objets qui se ressemblent par la conformation. C'est d'après ces rapports que, dans les sociétés civiles, les hommes se distribuent par classes, suivant la naissance, l'emploi, les talents, le genre de vie ; & il se forme des nobles & des roturiers, des magistrats & des militaires, des artisans & des laboureurs, &c.

Fondement de la distinction des classes.

Nous sommes également fondés à distribuer par classes les qualités des objets ; & c'est pourquoi nous distinguons différentes especes de figures, de couleurs, de vertu, de courage, &c.

En multipliant trop les classes, on confondroit tout.

Vous comprenez, Monseigneur, que nous pourrions multiplier les classes sans fin. Car si nous observions bien les individus que nous avons compris dans une même espece, nous remarquerions entre eux des différences, d'après lesquelles nous serions fondés à créer de nouvelles classes. Mais il est évident que, si nous voulions toujours aller de subdivision en subdivision, nous viendrions enfin à distinguer autant de classes que d'individus. Il n'y auroit donc plus que des noms propres ; &, par conséquent, nous retomberions dans la confusion que nous avions voulu éviter, lorsque nous distinguions par classes les objets de la nature.

Regle à suivre pour éviter cet inconvénient.

Vous voyez donc qu'il y auroit également de la confusion, soit qu'on ne fît pas assez de classes, soit qu'on en fît trop. Pour tenir un juste milieu, il suffiroit de considérer que les classes n'ont été imaginées, qu'afin de mettre de l'ordre dans nos connoissances. Alors on verroit qu'il ne faut plus faire de subdivisions, lorsqu'on a assez subdivisé pour répan-

dre la lumiere ; & au lieu de créer de nouvelles claffes, on rejeteroit celles qui font
inutiles, & qui ne font que furcharger la
mémoire. Mais, parce qu'on eft prévenu
que les claffes font dans la nature, où cependant il n'y a que des individus, on croit
qu'à force de fubdivifer, on en connoîtra
mieux les chofes, & on fubdivife à l'infini.
Voilà le défaut de la plupart des livres élémentaires, & la principale caufe de l'obfcurité qui regne dans les écrits des philofophes.

On voit un exemple fenfible de cet
abus dans les idées abftraites que nous défi-
gnons par des noms fubftantifs. C'eft ici fur-
tout que les langues font défectueufes. Les
hommes, trop peu éclairés lorfqu'ils ont ten-
té, pour la premiere fois, de claffer leurs
idées abftraites, ont fi mal commencé qu'il
ne leur a plus été poffible de les diftribuer
dans l'ordre le plus fimple ; & les philofophes ont fait de vains efforts pour diffiper les
ténebres, parce qu'ils n'ont pas fu remonter
à la caufe de cet abus. On doit leur favoir
quelque gré, lorfqu'ils ne les ont pas aug-
mentées.

Quoique vous n'en fachiez pas encore affez, Monfeigneur, pour comprendre juf-

qu'où l'on peut porter l'abus des termes abſtraits, j'en ai aſſez dit pour vous faire concevoir, qu'autant ils ſont néceſſaires, autant
il faut craindre de les trop multiplier. Nous
aurons, dans le cours de nos études, plus
d'une occaſion de remarquer combien on en
abuſe : il me ſuffit, pour le préſent de vous
avoir fait connoître que le propre des noms
ſubſtantifs, eſt de claſſer les choſes qui viennent à notre connoiſſance, & qu'ils ne ſont
utiles, qu'autant que nous ſavons fixer con-
venablement le nombre des claſſes.

CHAPITRE II.

Des adjectifs.

HOMME, *vertu* font deux fubftantifs dont les idées exiftent, dans notre efprit, chacune féparément. Celui là eft le foutien d'un certain nombre de qualités, celui-ci eft le foutien d'un autre nombre, & ils ne fe modifient point.

Quelle eft la nature des noms adjectifs qui développent ou qui expliquent une idée.

Mais fi je dis *homme vertueux*, cette forme du difcours fait auffitôt évanouir l'un des deux foutiens, & elle réunit, dans le fubftantif *homme*, toutes les qualités comprifes dans le fubftantif *vertu*.

En comparant ces mots, *vertueux & vertu*, vous concevez donc, Monfeigneur, en quoi ces adjectifs différent des fubftantifs. C'eft que les fubftantifs expriment tout à la fois certaines qualités & le foutien fur lequel nous les réuniffons : ces adjectifs, au contraire, n'expriment que certaines qualités, & nous avons besoin de les joindre à des substantifs, pour trouver le soutien que ces qualités doivent modifier.

Nous avons remarqué, dans la premiere partie de cette grammaire, que les adjectifs, modifient en général de deux manieres. Les uns développent l'idée que nous voulons exprimer par un substantif, & ils y ajoutent quelques accessoires, tel est *vertueux* dans *homme vertueux*. La notion, que nous venons de donner de l'adjectif, convient à tous les adjectifs de cette espece.

Quelle est la nature des adjectifs qui déterminent une idée.

Il y en a d'autres qui, laissant au substantif la signification qu'il a, n'y ajoutent aucun nouveau développement, &, par conséquent, aucun accessoire. Ils se bornent à faire connoître, si nous prenons la signification d'un substantif dans toute son étendue, ou si nous la restreignons. C'est pourquoi j'ai dit qu'ils modifient en déterminant.

Dans *l'homme*, l'adjectif *le* me fait considérer l'idée d'*homme* dans toute sa généralité, & comme étant commune à tous les individus. Dans *tout homme*, l'adjectif *tout*

me fait confidérer les individus pris diftributivement ; & dans *tous les hommes*, les adjectifs *tous les* me font confidérer les individus pris collectivement. Ces adjectifs déterminent donc dans quelle étendue nous voulons qu'on prenne la fignification du fubftantif *homme*.

Les adjectifs *mon*, *ton*, *fon*, *notre*, *votre*, &c. déterminent également. Ils préfentent un rapport d'appartenance ; & en
nous faifant confidérer, fous ce rapport, une
idée générale, ils la reftreignent au point de
la rendre individuelle. *Mon cheval.*

Chaque, *plufieurs*, *un*, *deux*, *trois*, *premier*, *fecond*, &c. offrent les individus fous
d'autres rapports, & déterminent, par conféquent, la fignification des fubftantifs aux
quels on les joint. D'après ces exemples qui
vous font voir comment nous déterminons
différemment la fignification des fubftantifs,
il vous fera facile de reconnoître tous les adjectifs que nous employons à cet ufage.

A juger des adjectifs par les qualités que
nous remarquons dans les objets, nous en
pouvons diftinguer de deux fortes : des adjectifs abfolus & des adjectifs relatifs.

*Adjectifs ab-
folus & adjec-
tifs relatifs.*

Quand nous difons qu'un homme eſt grand, l'idée de *grandeur* n'eſt que dans la comparaiſon que nous faiſons de cet homme avec les autres ; & le même homme que nous jugeons grand aujourd'hui, nous le jugerions petit, fi les hommes avoient communément ſix à ſept pieds. Les qualités que nous obſervons dans les objets en conféquence d'une comparaiſon, ſe nomment *relatives. Grand & petit* ſont donc des adjectifs relatifs.

Au contraire, fi les qualités que nous remarquons dans les choſes, paroiſſent leur appartenir indépendamment de toute comparaiſon de notre part ; nous les nommons abſolues. Telles ſont, dans les corps, l'étendue, la ſolidité, la figure, la mobilité, la diviſibilité, &c. *étendu, ſolide, figuré, mobile, diviſible,* ſont donc des adjectifs abſolus.

Les qualités relatives ſont donc en plus grand nombre qu'on ne penſe. *Egal, inégal, meilleur, pire, bon, méchant, ſemblable, différent, brave, ſavant, ignorant, prudent, téméraire, &c.* Tous ces différents adjectifs expriment des qualités dont on ne juge que parce qu'on a fait des comparaiſons.

A la rigueur, on pourroit dire que dans notre

tre efprit, toutes les qualités des chofes font
rélatives. Comme nous n'acquérons des
connoiffances, qu'autant que nous comparons; il ne nous eft pas poffible de confidérer des qualités comme abfolues : nous
les voyons toujours dans les rapports qu'elles ont avec des qualités contraires. Nous
jugeons, par exemple, de la mobilité par
comparaifon avec une chofe qui eft en repos, de la folidité par comparaifon avec une
chofe qui eft fluide, &c.

Vous me demanderez peut-être, Monfeigneur, comment fe forment les fubftantifs &
les adjectifs. C'eft ce que l'ufage vous a appris, vous en feriez vous-même au befoin. Cependant il n'y a point de regles générales pour
la formation de ces mots; & on les reconnoît
moins aux fons dont on les forme, qu'à la maniere dont ils font employés. Par exemple,
vous reconnoiffez facilement des fubftantifs
dans *la colere*, *la politique*, *un facrilege*; puifque ces noms font modifiés par les adjectifs
la & *un*; & vous voyez qu'ils deviennent des
adjectifs dans *un homme colere*, *une conduite
politique*, *une main facrilege*, puifqu'alors ils
modifient des fubftantifs.

D'ailleurs il faut vous faire remarquer qu'il y
Tom. I. K

Il n'y a point
de regle gé-
nérale pour
la formation
des fubftan-
tifs & des ad-
jectifs.

Il y a des ad-

Jectifs qu'on emploie comme substantifs; & il y a des substantifs qu'on emploie adjectivement.

a beaucoup d'adjectifs qu'on emploie substantivement : *un savant*, *un érudit*, *le vrai*, *le faux*, &c. Il y a même des substantifs qu'on emploie adjectivement : par exemple dans *un philosophe roi*, *roi* qui étoit substantif devient adjectif, comme *philosophe* le devient dans *un roi philosophe*.

CHAPITRE III.

Des nombres.

Les noms généraux se disent d'une seule chose ou de plusieurs. Dans le premier cas ils sont au nombre singulier : dans le second ils sont au pluriel, & cette différence se remarque par la terminaison.

Nombre singulier : nombre pluriel.

Je dis *les noms généraux* : car les noms propres emportent l'unité, & sont toujours du nombre singulier. C'est figurément qu'on dit *les Céfars*, *les Turennes*, & alors on les généralise.

Les noms propres n'ont point de nombre pluriel.

Dans la classe des noms propres, il faut mettre les noms des métaux ; *or*, *argent*, *fer*, signifient chacun une substance, qui, quoique composée de parties, est regardée comme une masse individuelle. On ne les emploie donc jamais au pluriel. Il est vrai qu'on dit *des fers*: mais ce mot se dit alors des fers d'un cheval, ou on l'emploie figurément pour *chaînes*.

Ni les noms des métaux.

Les noms des vertus habituelles, telle que la charité, la pudeur, le courage, n'ont point de pluriel ; il en est de même de plusieurs idées que l'esprit est naturellement porté à regarder comme singulieres : *faim, soif, sommeil, sang.* Quelques mots n'ont point de singulier : *matines, nones, vêpres, ténebres, pleurs, gens,* &c. sur-tout cela il faut consulter l'usage.

La marque du pluriel n'est pas toujours la même. La regle la plus générale est de terminer le noms par une *s* ou par une *x*. *Pere, mere, bonté, vertu,* &c. prennent une *s*, *peres, meres, bontés, vertus.*

Ceux qui, au singulier, finissent en *au, eau, feu,* prennent une *x* ; écrivez donc *bateaux, feux.*

L'usage vous instruira, ou plutôt il vous a déja instruit des autres terminaisons que les noms prennent au pluriel, & il seroit inutile de vous arrêter sur ces détails. Je vous ferai seulement remarquer que les deux nombres sont semblables dans tous les noms qui finissent au singulier par une *s*, un *z*, ou un *x*, *nez, voix, fils.*

Toutes les langues ont plusieurs nombres. Le grec a même un duel ; c'est-à-dire, une ter-

minaiſon particuliere pour les noms qui con- ont un duel.
viennent à deux choſes. L'hébreu en a auſſi un,
mais ſeulement pour les choſes doubles, comme
les yeux, les mains.

Dès qu'on emploie un ſubſtantif au ſingu- L'adjectif ſe
lier ou au pluriel, ſuivant qu'on parle d'une met au même
choſe ou de pluſieurs; il étoit naturel de mettre nombre que
le ſubſtantif.
l'adjectif au même nombre que le ſubſtantif,
afin de marquer plus ſenſiblement le rapport de
l'un à l'autre. On a donc dit *un homme prudent*,
des généraux habiles. Cette regle ne ſouffre
point d'exceptions.

CHAPITRE IV.

Des genres.

GENRE vient de *generare*, qui signifie engendrer; & quand on a dit qu'une chose est d'un genre, on a voulu dire qu'elle a été engendrée dans une certaine classe. Il y a deux genres, le masculin & le féminin.

Etymologie mot genre.

C'est la distinction des deux sexes qui a été le premier motif de la distinction des choses en deux genres; & pour marquer cette différence jusque dans les noms, on leur a donné des terminaisons différentes, suivant la différence des sexes, telle que *lion, lionne, chien, chienne*. En conséquence, on a dit: les noms, ainsi que les sexes, sont de deux genres.

Fondement de la distinction des noms en deux genres.

Si, en parlant des animaux, la différence du masculin & du féminin a son fondement dans

minaifon particuliere pour les noms qui con- viennent à deux chofes. L'hébreu en a auffi un, mais feulement pour les chofes doubles, comme les yeux, les mains.

ont un duel.

Dès qu'on emploie un fubftantif au fingu- lier ou au pluriel, fuivant qu'on parle d'une chofe ou de plufieurs; il étoit naturel de mettre l'adjectif au même nombre que le fubftantif, afin de marquer plus fenfiblement le rapport de l'un à l'autre. On a donc dit *un homme prudent*, *des généraux habiles*. Cette regle ne fouffre point d'exceptions.

L'adjectif fe met au même nombre que le fubftantif.

CHAPITRE IV.

Des genres.

GENRE vient de *generare*, qui fignifie engendrer; & quand on a dit qu'une chofe eft d'un genre, on a voulu dire qu'elle a été engendrée dans une certaine claffe. Il y a deux genres, le mafculin & le féminin.

C'eft la diftinction des deux fexes qui a été le premier motif de la diftinction des chofes en deux genres; & pour marquer cette différence jufque dans les noms, on leur a donné des terminaifons différentes, fuivant la différence des fexes, telle que *lion*, *lionne*, *chien*, *chienne*. En conféquence, on a dit: les noms, ainfi que les fexes, font de deux genres.

Si, en parlant des animaux, la différence du mafculin & du féminin a fon fondement dans

la différence des fexes ; on feroit fouvent fondé
à diftinguer les noms des plantes en deux genres : car les naturaliftes ont remarqué qu'il y
a des plantes mâles & des plantes femelles. Mais
l'ufage eft trop ignorant de ces chofes, pour y
avoir égard.

On a même fouvent oublié tout-à-fait
ce qui avoit donné lieu à la diftinction des
deux genres, & on a diftribué des noms
mafculins & des noms féminins, fans faire
aucune attention au fexe des animaux. Par-
là un mot, d'un feul genre, a fervi à diftinguer tous les individus d'une efpéce, tant
mâles que femelles. Tels font *perdrix, lie-
vre, carpe, brochet.*

La raifon de cet ufage, c'eft que les hommes
n'obfervent qu'autant qu'ils ont befoin d'obferver. N'ayant donc pas fenti la néceffité de
diftinguer toujours les animaux par le fexe, ils
n'ont pas imaginé d'avoir toujours deux noms
différents, l'un pour les mâles, l'autre pour les
femelles.

Cependant la diftinction des genres étant
une fois établie, on l'a étendue à tous les noms.
Quelques-uns avoient été terminés différemment, fuivant la différence des fexes. C'en fut

Marginal notes:

Comment on a fouvent oublié ce qui a fervi de fondement à la diftinction des deux genres.

Comment les deux genres ont été diftingués par la terminaifon des

aſſez pour avoir dans certaines terminaiſons,
le maſculin & le féminin dans d'autres.

Mais une regle, ſi peu fondée, ne pouvoit
pas être conſtante. Auſſi un mot a ſouvent été
d'un genre, quand par la terminaiſon, il auroit
dû être d'un autre ; quelques-uns ont été des
deux. Enfin, il y a des langues qui ont un
genre neutre pour les mots qu'on ne trouve ni
maſculins ni féminins, parce qu'ils ont une
terminaiſon particuliere.

La terminaiſon maſculine dans les noms,
eſt celle qu'ils ont eue dans leur formation. Si
nous voulons les rendre féminins, nous chan-
geons cette terminaiſon, en y ajoutant un *e*
muet; & comme nous avons dit au maſculin *un
lion*, *un chat*, nous dirons au féminin *une
lionne*, *une chatte.*

En général les noms ſubſtantifs ne ſont
que d'un genre ; & par conſéquent, ils
conſervent toujours la même terminaiſon.
Homme, *arbre*, *eſprit* ſont maſculins : *plan-
te*, *connoiſſance*, *vertu* ſont féminins : on
peut ſeulement ajouter à ces noms la marque
du pluriel.

Quoique cette regle ſoit générale, elle ſouffre quelques exceptions ; *amour* qui eſt maſcu-

lin au singulier, est quelquefois féminin au pluriel ; *de folles amours* : on dit au masculin *un
comté, un duché*, & au féminin, *une comté
pairie, une duché pairie* : on dit encore *de
bonnes gens* & *des gens malheureux* : par où
vous voyez que le substantif *gens* est féminin,
lorsqu'il est précédé d'un adjectif, & qu'il est
masculin, lorsqu'il en est suivi.

Si la plupart des substantifs sont toujours de
l'un & de l'autre genre, les adjectifs au contraire peuvent toujours être des deux ; & on leur
donne l'un ou l'autre, suivant le genre des substantifs auxquels on les joints ; *un lion furieux,
une lionne furieuse*. Par ce moyen on indique
plus sensiblement le substantif que l'adjectif
modifie.

Les adjectifs sont toujours des deux genres.

Les adjectifs, terminés au masculin par un
e muet, ne changent point leur terminaison au
féminin ; *sage, aimable, honnête* sont des deux
genres.

Marque du genre féminin dans les adjectifs.

Dans tout autre cas, ils prennent un *e*
muet à leur terminaison : *charmant charmante, grand grande, poli polie* : cette
regle est générale pour les adjectifs comme
pour les substantifs.

Cependant la terminaison féminine offre
quelquefois de plus grandes altérations. Par

Variations qu'on remar.

que dans la terminaison féminine. exemple, les substantifs, *parleur, chanteur, demandeur, défendeur, acteur, protecteur, fils, roi* font, au féminin, *parleuse, chanteuse, demanderesse, défenderesse, actrice, protectrice, fille, reine.*

On remarque également de grandes variétés dans la terminaison féminine des adjectifs. Quelquefois on redouble la consonne finale, *bon bonne, cruel cruelle, gras grasse, gros grosse.* On dit, *fol folle, mol molle, vieil vieille, bel belle, nouvel nouvelle :* terminaison qui paroît encore plus altérée, lorsqu'on la compare au masculin, *fou, mou, vieux, beau, nouveau.* C'est ainsi qu'on prononce ces adjectifs, quand ils précédent un substantif qui commence par une consonne.

Dans les adjectifs terminés en *eux* ou en *oux;* on change l'*x* finale en *se : heureux heureuse, jaloux jalouse.* Quant aux plus grandes variations, comme l'usage doit vous les apprendre, je me bornerai à vous les faire remarquer dans quelques exemples : *blanc blanche, turc turque, bref breve, long longue, favori favorite, doux douce, faux fausse, benin benigne.*

Des avantages des genres. Quoique les genres aient l'avantage de prévenir souvent les équivoques, il faut convenir, avec M. Duclos, qu'ils ont l'inconvénient de mettre trop d'uniformité dans la terminaison des adjectifs, d'augmenter le nombre de nos *e* muets, & de rendre notre langue difficile à apprendre. La langue angloise n'a point de genre pour les noms ; elle est en cela plus simple que la nôtre.

CHAPITRE V.

Obſervations ſur la maniere dont on accorde, en genre & en nombre, les adjectifs avec les ſubſtantifs.

Nous venons de dire, Monſeigneur, qu'un adjectif doit-être au même genre & au même nombre que le ſubſtantif qu'il modifie. Cette regle donne lieu à quelques obſervations.

Adjectif qu'on met au ſingulier, quoiqu'il ſe rapporte à deux ſubſtantifs. Quand deux ſubſtantifs ont une ſignification fort approchante, on emploie volontiers l'adjectif au ſingulier : *une force & une fermeté admirable, une politeſſe & une cordialité affectée.*

Adjectif qu'on met au pluriel, quoiqu'il paroiſſe devoir ſe rapporter à un ſubſtantif ſingulier. Il y a, au contraire, des occaſions ou l'adjectif ſe met au pluriel, quoique le ſubſtantif, qu'il paroîtroit devoir modifier, ſoit au ſingulier. On dit, *la plupart des hommes ſont ignorants,* & on parleroit mal, ſi on diſoit, *la plupart des hommes eſt ignorante.*

La raiſon de cette façon de parler vient de ce que, *la plupart des hommes* étant la même choſe que *les hommes pour la plupart*, nous rapportons l'adjectif *ignorants* au pluriel *hommes* dont nous ſommes préoccupés, & nous oublions que le ſujet de la propoſition eſt un ſubſtantif ſingulier & féminin.

Lorſqu'un adjectif modifie des ſubſtantifs de différents genres, il ne change ordinairement ſa terminaiſon que pour prendre le pluriel: *cet homme & cette femme ſont prudents*. Si on dit *prudents* & non pas *prudentes*, ce n'eſt pas, comme le penſe les grammairiens, parce que le maſculin eſt plus noble. Mais puiſqu'il y a plus de raiſon pour faire l'adjectif maſculin que pour le faire féminin; il eſt naturel qu'on lui laiſſe ſa premiere forme, qui ſe trouve celle qu'il a plu d'appeller *genre maſculin*.

Les adjectifs n'ont point de genres, lorſqu'ils ſe rapportent à des ſubſtantifs de genre différent.

Une preuve que la nobleſſe du genre n'eſt point une raiſon, c'eſt que l'adjectif ſe met toujours au féminin, lorſque, de pluſieurs ſubſtantifs, celui qui le précéde immédiatement, eſt de ce genre. On dit: *il a les pieds & la tête nue*, & non pas *nus*: *il parle avec un goût & une nobleſſe charmante*, & non pas *charmants*. L'adjectif dégénére-t-il ici de ſa nobleſſe, en prenant le genre féminin?

Je dis donc que pour l'habitude où nous

fommes d'accorder , en genre & en nombre, l'adjectif avec le fubftantif , nous ferions
choqués de lire *tête nus*, *nobleſſe charmants*.
C'eſt pourquoi nous difons *nue & charmante* au
fingulier & au féminin, quoique ces adjectifs
fe rapportent à deux fubftantifs de genre différent. Si nous n'avions pas cette raifon pour leur
donner la terminaifon féminine , nous les laif-
ferions dans leur premiere forme. En effet on
dit , *mes pieds & ma tête font nus* , & non pas
nue ; parce que, dans cette phrafe, *tête & nus*
étant féparés l'un de l'autre , on ne penfe plus
à leur genre, & on fe borne à mettre l'adjectif
au pluriel.

Souvent le fubftantif n'eſt point énoncé ,
comme vous le voyez dans cette phrafe , *il eſt
dangereux*, employé pour *il y a du danger* :
car *dangereux* eſt un adjectif, & nous prouve-
rons que *il* en eſt un autre.

Ils n'ont point de gen-re , lorfqu'ils fe rapportent à une idée qui n'a point de nom.

Quand je dis donc *il eſt dangereux* , je fens qu'il
y a quelque chofe de fous-entendu : c'eſt une
idée à laquelle je ne puis donner aucun nom,
& qui cependant eſt modifiée par les adjectifs
il & dangereux. Or, puifque nous nous fommes
fait une habitude de ne donner des genres qu'aux
noms, cette idée qui n'a point de nom, n'a donc
point de genre , & , par conféquent, *il & dangereux* n'en ont pas davantage. J'établirai donc

pour regle, que les adjectifs n'ont point de genre, lorfqu'ils fe rapportent à une idée plutôt qu'à un nom. En effet, pourquoi juger qu'ils font alors au mafculin ? N'eft-il pas plus exact de ne voir ici que leur premiere forme, qui n'étant par elle-même d'aucun genre, ne devient mafculin que par oppofition à une autre forme que nous pouvons leur faire prendre, & que nous nommons féminine ?

CHAPITRE VI.

Du verbe.

Etymologie du mot verbe. D'APRÈS l'étymologie, *verbe* eſt la même choſe que *mot* ou *parole* ; & il paroît que le verbe ne s'eſt approprié cette dénomination, que parce qu'on l'a regardé comme le mot par excellence. Il eſt en effet l'ame du diſcours, puiſqu'il prononce tous nos jugements.

Les obſervations, que nous avons à faire ſur les verbes ſont communes au verbe ſubſtantif & aux verbes adjectifs. Le verbe *être* eſt proprement le ſeul, &, à la rigueur, nous n'aurions pas beſoin d'en avoir d'autre. Mais nous avons vu qu'il s'eſt introduit dans les langues des mots qui ſont tout à la fois verbes & adjectifs : adjectifs, parce qu'ils expriment un attribut ; & verbes, parce qu'ils expriment encore la coexiſtence d'un attribut avec un ſujet. Ce ſont, comme nous l'avons dit, des expreſſions abrégées, équivalentes à deux éléments du diſcours. Dans ce chapitre & les ſuivants, nous traiterons indiſtinctement des

verbes

verbes adjectifs & du verbe substantif *être*, parce que les observations, que nous avons à faire, sont communes à toutes les especes de verbes.

On distingue dans les verbes la personne qui parle, *je suis*, *j'aime* ; la personne à qui l'on parle, *tu es*, *tu aimes* ; & la personne dont on parle, *il est*, *il aime* : voilà le singulier. Au pluriel, les personnes ont d'autres noms, & il se fait quelque changement dans la terminaison des verbes. *Nous sommes*, *vous êtes*, *ils sont*, *nous aimons*, *vous aimez*, *ils aiment.*

On distingue, dans les verbes, les personnes,

On distingue encore les temps, suivant qu'ils sont présents, passés ou futurs : *je fus*, *je fus*, *je serai*, *j'aime*, *j'aimai*, *j'aimerai.*

les temps,

Les verbes prennent donc différentes formes, suivant qu'on parle à la premiere, à la seconde, à la troisieme personne ; & suivant qu'on parle au présent, au passé, au futur. Or, dans toutes ces formes, on affirme la coexistance de l'attribut avec le sujet.

Mais si j'affirme cette coexistence, lorsque je dis, *vous êtes tranquille* ; je ne l'affirme plus, lorsque je dis, *sois tranquille*, je voudrois que

les modes.

vous fuſſiez tranquille. Les verbes prennent donc encore différentes formes, ſuivant la maniere dont nous enviſageons cette coexiſtence. Ce ſont ces formes qu'on appelle *modes*, mot ſyno-nyme de *maniere.*

Nous allons traiter ſéparément des perſon-nes, des temps & des modes.

CHAPITRE VII.

Des noms des personnes considérés comme sujets d'une proposition.

La premiere personne n'a que deux noms ; un pour le singulier *je*, un autre pour le pluriel *nous*. La seconde en a deux au singulier, *tu*, *vous* ; & celui-ci, est le même pour les deux nombres.

Noms de la premiere & de la seconde personne.

Sans doute, Monseigneur, on a, dans les commencements, dit *tu* à tout le monde, quelque fût le rang de celui à qui l'on parloit. Dans la suite, nos peres barbares & serviles imaginerent de parler au pluriel à une seule personne, lorsqu'elle se faisoit respecter ou craindre ; & *vous*, devint le langage d'un esclave devant son maître. Il arriva de là, que *tu* ne put plus se dire qu'en parlant à ses esclaves, à ses valets, ou à un homme fort inférieur.

Usage de *tu* & *vous*.

La familiarité qu'on prenoit avec ses inférieurs, on crut souvent pouvoir la prendre avec

L 2

ses égaux, & l'usage introduisit le *tu* d'égal à égal, sur-tout entre les amis. Cependant, parce qu'il est difficile de concilier la familiarité avec la politesse, deux personnes, qui se tutoyent dans le tête à tête, ne croiront pas, par égard pour le public, devoir se tutoyer devant le monde. Les Poëtes ont conservé le *tu*, & en vers cette licence a de la noblesse, parce qu'on paroît s'égaler à son supérieur.

Les noms de la premiere & de la seconde personne sont de vrais substantifs.

Vous remarquerez que les noms de la premiere & de la seconde personne expriment bien mieux les vues de l'esprit, que ne feroient les noms propres. Ils expliquent clairement, l'un la personne qui parle, l'autre la personne à qui on parle. Vous ne vous feriez plus entendre, si vous vous nommiez, au lieu de dire *je*; & si au lieu de dire *vous*, vous vouliez faire usage du nom de celui à qui vous adresseriez la parole. Ces noms ne sont donc pas employés à la place d'aucun autre, & ce sont des vrais substantifs.

Les noms de la troisieme personne sont différents, suivant les genres.

Les noms de la premiere & de la seconde personne sont toujours les mêmes, au masculin comme au féminin : ceux de la troisieme sont différents, suivant les genres. On dit *il* au masculin, au féminin *elle*, *ils* & *elles* au pluriel.

Origine de *il*,

Du latin *ille*, *illa*, nous avons fait *il*, *elle*,

le, *la*, comme les italiens ont fait *il*, *egli*, *lo*, *ella.* Or, en latin *ille* eſt proprement un adjec‑ tif exprimé ou ſousentendu. Il en eſt de même d'*il* en françois & d'*egli* en italien. Quand, par exemple, après avoir parlé du pêcher, je dis, *il eſt en fleurs*, *il* eſt alors pour *il pêcher* : mais, à conſulter l'étymologie, *il* & *le* ſont la même choſe ; c'eſt-à-dire, un adjectif qui détermine l'étendue qu'on donne au ſubſtantif *pêcher*. An‑ ciennement nos peres employoient *il* pour *le* ; & c'eſt encore ainſi que les italiens parlent au‑ jourd'hui : ils diſent *il conte*, le comte.

elle. Ce ſont de vrais ad‑ jectifs.

Il eſt donc prouvé qu'*il*, que nous prenons pour le nom de la troiſieme perſonne, eſt un adjectif qui détermine un ſubſtantif ſous‑enten‑ du. Ainſi, quand nous diſons, *il parle*, *il chan‑ te*, nous ſuppléons le ſubſtantif qui a été nom‑ mé auparavant.

Mais, quoique nous ſoyons dans l'habitude de ne pas plus prononcer le ſubſtantif que l'ad‑ jectif *il* modifie, nous nous le rappellons cepen‑ dant ; &, en conſéquence, cet adjectif paroît en prendre la place. Nous croyons, par exemple, que *il* eſt pour *le pêcher* ; & nous ſommes d'au‑ tant plus portés à le croire, que l'uſage ne per‑ met pas de dire *il pêcher*. Voilà pourquoi on a donné à cet adjectif le nom de pronom ; c'eſt‑ à‑dire, de mot mis pour un autre. Nous

Pourquoi on les a pris pour des noms mis à la place d'un autre.

L 3

traiterons ailleurs des pronoms : il suffit pour
le préfent d'avoir confidéré *il* & *elle*, comme
noms de la troifieme perfonne.

On, ainfi que l'*on*, eft encore un nom de
la troifieme perfonne. Ils viennent par corruption ; le premier d'*homme*, le fecond de *l'homme*. Ce mot eft un vrai fubftantif : il n'eft mis
à la place d'aucun nom : il ne fe rapporte même
à aucun, & il ne laiffe rien à fuppléer. En effet,
dans *on joue*, *on*, eft le nom d'une idée qui
exifte dans l'efprit, comme celle de tout autre
fubftantif : feulement cette idée eft vague, &
fi on dit *on*, c'eft qu'on ne veut déterminer ni
quelles font les perfonnes qui jouent, ni quel
en eft le nombre.

On eft préférable à *l'on*, toutes les fois qu'il
n'occafionne pas une prononciation défagréable. Dites & *l'on*, *il faut que l'on commence*,
plutôt que & *on*, *il faut qu'on commence*.

CHAPITRE VIII.

Des temps (*).

CHAQUE forme, qu'on fait prendre au verbe, ajoute quelque idée accessoire à l'idée principale dont il est le signe. Avoir de l'amitié ou de l'amour est, par exemple, l'idée principale que le verbe *aimer* signifie dans toutes ses variations, & chaque variation exprime ce sentiment avec différents accessoires. Le présent est l'idée accessoire de la forme *j'aime* ; le passé l'est de la forme *j'aimai*, & le futur, de la forme *j'aimerai*.

Chaque forme du verbe ajoute quelque accessoire à l'idée principale dont il est le signe.

Le présent *j'aime* est simultané avec l'acte de la parole : le passé *j'aimai* est antérieur à cet

Trois époques d'après les-

(*) Le système de Mr. Beauzée sur les temps me parut, au premier coup d'œil, aussi solide qu'ingénieux. Cependant, après un mûr examen, je crus devoir l'abandonner. Mais les vues de ce grammairien m'ont donné des lumières, & j'ai refait ce chapitre.

L 4

quelles on détermine le présent, le passé & le futur.

acte ; & le futur *j'aimerai* lui est postérieur. Le moment où nous parlons est donc comme un point fixe, par rapport au quel nous divisons le temps en différentes parties, que je nommerai *époques.*

Or, on peut distinguer trois especes d'époques : l'époque actuelle qui est le moment où nous parlons, des époques qui ne sont plus, & qu'on nomme antérieures ; & des époques qu'on nomme postérieures, parce qu'elles ne sont pas encore. Ainsi comme l'idée d'actualité constitue le présent ; l'idée d'antériorité constitue le passé, & l'idée de postériorité constitue le futur.

Un verbe est donc au présent, lorsqu'il exprime un rapport de simultanéité avec l'époque actuelle : il est au passé, lorsqu'il exprime un rapport de simultanéité avec une époque antérieure ; & il est au futur, lorsqu'il exprime un rapport de simultanéité avec une époque postérieure. En un mot, il est au passé, au présent, & au futur, suivant que l'époque, avec laquelle il exprime un rapport de simultanéité, est antérieure, actuelle ou postérieure.

Il est vrai que ce qui est simultané avec une époque, soit antérieure, soit postérieure, est présent par rapport à cette époque. Mais si, en conféquence, on vouloit regarder, comme des préfents, *j'aimai* & *j'aimerai*, on confondroit tout : il n'y auroit plus ni paffé ni futur, puifque tout ce qui arrive, eft néceffairement fimultané avec une époque quelconque.

L'époque peut être déterminée ou indéterminée. Quand je dis, *j'allois*, cette forme marque une époque qui eft déterminée par la fuite du difcours ou par quelques circonftances. Par la fuite du difcours fi je dis, *j'allois chez vous lorfqu'il m'eft furvenu une affaire*, & alors l'époque eft antérieure, par une circonftance : fi c'eft au moment que je rencontre une perfonne que je lui dis, *j'allois chez vous*, & alors l'époque eft actuelle.

Les époques aux quelles fe rapportent les formes du paffé pourront être déterminées ou indéterminées.

Vous voyez donc, Monfeigneur, que *j'allois* peut être un paffé ou un préfent : *j'ai été*, au contraire, eft toujours un paffé ; & lorfque je me fers de cette forme, je puis dire à mon choix, en déterminant une époque ; *j'ai été hier à Colorno* ; ou fans en terminer aucune, *j'ai été à Colorno*.

Ainfi, parce que l'action du verbe ne peut pas ne pas être fimultanée à une époque quelconque, cette idée de fimultanéité eft une acceffoire commun aux deux formes *j'allois* & *j'ai été* ; mais ces deux formes différent en ce

qu'avec *j'allois* l'époque est nécessairement déterminée, & elle est antérieure ou actuelle ; au
lieu qu'avec *j'ai été* elle est déterminée ou ne
l'est pas, à notre choix, & elle est toujours
antérieure.

Les époques, aux quelles se rapportent les
formes du futur sont également déterminées,
ou indéterminées. Quand je dis, *j'acheverai
cet ouvrage*, j'ai la liberté de déterminer une
époque ou de n'en point déterminer. Mais
si je disois, *j'aurai achevé*, il faudroit absolument déterminer une époque, en ajoutant,
*dans peu de temps, demain, quand vous re-
viendrez.*

Ces deux futurs ont donc l'un & l'autre
un rapport de simultanéité à une époque postérieure. Mais avec *j'acheverai* cette époque
peut-être déterminée ou ne l'être pas ; & avec
j'aurai achevé, il faut nécessairement qu'elle
le soit.

L'époque actuelle ne sauroit être plus ou
moins présente : car ou elle est simultanée
avec le moment où je parle, ou elle ne l'est
pas. Si elle l'est, elle est présente : si elle ne
l'est pas, elle est antérieure ou postérieure ;
&, par conséquent, passée ou future. Il n'y a
donc qu'un manière d'envisager le présent, &

il n'y a aussi qu'un seul présent dans chaque verbe, *j'aime.*

Il n'en est pas de même du passé & du futur. Nous pouvons les considérer l'un & l'autre sous différents points de vue. Aussi avons-nous des passés plus ou moins passés, & des futurs plus ou moins futurs, suivant que les époques sont elles-mêmes plus ou moins antérieures, plus ou moins posté-rieures.

Il y a dans les verbes des passés plus ou moins passés, & des futurs plus ou moins futurs.

Je viens de faire, je faisois, je fis, j'ai fait, j'avois fait, j'eus fait, j'ai eu fait sont autant de passés différents. Ce sont des pas-sés, parce qu'ils ont un rapport de simulta-néité avec une époque antérieure ; & ils sont différents parce que l'époque n'est pas la même pour tous.

Différentes especes de passés.

Je viens de faire est un passé prochain : il signifie *il n'y a qu'un moment que j'ai fait.*

Je faisois n'est ni prochain ni éloigné : mais il devient l'un & l'autre par la suite du discours. *Il n'y a qu'un moment qu'il faisoit beau, il faisoit chaud l'été dernier.* Cette forme peut même devenir l'expression du présent : nous avons donné pour exemple, *j'allois chez vous*, lorsqu'on parle à une personne qu'on rencontre.

L'époque, avec laquelle *je faifois* a un rapport de fimultanéité, peut-être confidérée comme une période où l'on eft encore, ou comme une période où l'on n'eft plus. Si on dit, *je travaillois aujourd'hui à cet ouvrage,* l'action du verbe fe rapporte à une période où l'on eft encore ; & elle fe rapporte à une période où l'on n'eft plus, fi on dit, *je travaillois hier.*

Or, *je fis* & *j'ai fait,* qui différent de *je faifois* en ce qu'ils fuppofent tous deux une antériorité plus ou moins éloignée, différent l'un de l'autre en ce que le premier fe dit d'une période où l'on n'eft plus, *je fis hier ;* & que le fecond fe dit d'une période où l'on eft encore, *j'ai fait aujourd'hui.* Il eft vrai qu'on peut dire *j'ai fait hier :* mais on parleroit mal, fi on difoit, *je fis aujourd'hui.*

Je fis hier eft antérieur à la période actuelle, qui eft le jour où nous fommes : *j'ai fait aujourd'hui* eft antérieur à l'époque actuelle qui eft l'acte de la parole. *J'avois fait, lorfqu'il arriva* eft antérieur à une époque qui eft elle-même antérieure. Car *j'avois fait* eft antérieur à *arriva,* & *arriva* l'eft à l'époque actuelle. Voilà ce qui diftingue *j'avois fait* des paffés précédens, *je fis, j'ai fait.*

A cette queſtion *ſoupates vous hier de bon-ne heure ?* on répondra *je ſoupai* ou *j'eus ſoupé à dix heures.* A celle-ci, *avez-vous ſoupé aujourd'hui de bonne heure ?* on répondra *j'ai ſoupé*, ou *j'ai eu ſoupé à dix heures.*

Vous voyez, Monſeigneur, par ces exem-ples, que *j'ai ſoupé*, comme *je ſoupai*, ſe rapporte à une période qui eſt finie ; & que *j'ai eu ſoupé*, comme *j'ai ſoupé*, ſe rapporte à une période qui dure encore. On dit, *j'eus ſoupé hier* ; & on ne dira pas, *j'eus ſoupé aujourd'hui.*

Nous avons remarqué que le paſſé *j'ai fait* ſe dit également d'une période dans laquelle on n'eſt plus, & d'une période dans laquelle on eſt encore : il n'en eſt pas de même du paſſé *j'ai eu fait.* On parleroit mal, ſi on diſoit *j'ai eu fait hier*, il faut dire *j'eus fait.* Le paſſé *j'ai eu fait* ne s'emploie donc qu'en parlant d'une période qui n'eſt pas finie, *au-jourd'hui dès que j'ai eu ſoupé, je ſuis ſorti* ; *hier dès que j'eus ſoupé, je ſortis.*

Quand on dit *je fis* ou *j'ai fait*, on in-dique l'époque où la choſe ſe faiſoit : quand, au contraire, on dit *j'eus fait* ou *j'ai eu fait*, on indique l'époque où la choſe étoit faite, on diſtingue donc ces deux paſſés par les époques différentes aux quelles on les rapporte

Formes de paſſés que quelques grammairiens propoſent, & que l'uſage n'autoriſe pas

Voilà, je penſe, tous les paſſés que l'uſage autoriſe. Quelques grammairiens, néanmoins, en ont encore imaginé deux autres. Comme on dit *j'ai eu fait*, ils diſent, par analogie, *j'eus eu fait* & *j'avois eu fait*. Mais je ne ſais ſi on trouveroit des exemples de ces paſſés ailleurs que dans leurs grammaires.

On à été fondé à diſtinguer *j'ai fait* de *j'ai eu fait*, puiſque ces deux paſſés ſe rapportent à des époques différentes : l'un ſe dit du temps où l'on agiſſoit, & l'autre du temps où l'on a fini d'agir.

Si on diſoit, *auſſi-tôt que j'eus eu ſoupé, je ſortis*, ou *j'avois eu ſoupé, quand il arriva*, le ſens ſeroit exactement le même que ſi on avoit dit, *auſſi-tôt que j'eus ſoupé, je ſortis, j'avois ſoupé, quand il arriva*. Or, dès que ces deux paſſés, *j'eus eu fait* & *j'avois eu fait*, n'expriment que ce qu'on auroit pu dire avec les paſſés *j'eus fait* & *j'aurois fait*, ils ſont au moins tout à fait inutiles & on doit les rejeter.

Différentes eſpeces de futur.

Comme nous avons pluſieurs paſſés, nous avons auſſi pluſieurs futurs.

Je ferai a un rapport de ſimultanéité avec une époque poſtérieure. C'eſt donc un futur. Il a cela de particulier, que l'époque peut, à notre choix, être déterminée ou ne l'être pas : je puis dire, *je ferai*, sans ajouter quand ; & je puis dire, *je ferai demain*.

J'aurai fait, au contraire, est un futur dont il faut que l'époque soit déterminée. On dira, par exemple, *j'aurai fait*, *quand vous arriverez*. Or, *quand vous arriverez* détermine l'époque. Vous voyez encore que *j'aurai fait* diffère de *je ferai*, en ce qu'il renferme deux rapports, un rapport de postériorité à l'époque actuelle, & un rapport d'antériorité à une époque qui n'est pas encore. En effet, *j'aurai fait* est postérieur à l'acte de la parole, antérieur à *quand vous arriverez*.

Enfin *je vais faire*, qui signifie *je ferai dans un moment*, est un futur prochain.

Il y a des grammairiens qui mettent, parmi les futurs, les expressions suivantes : *je dois faire*, *j'ai à faire*. Pour juger si c'est avec fondement, commençons par les analyser. Formes de futurs que quelques grammairiens proposent, & qu'on ne peut pas admettre.

Si *je dois faire* signifioit *il est de mon devoir*, *je suis dans l'obligation*, il est évident que ce seroit un présent.

Si, au contraire, je voulois dire qu'il est

arrêté que je ferai, ou que je ferai parce que je l'ai arrêté ; il me paroîtroit plus naturel de regarder cette expreſſion comme l'équivalent de deux phrafes, dont l'une eſt futur, & l'autre un préſent ou un paſſé.

Il eſt vrai que *je dois faire* paroît quelquefois l'expreſſion du futur. Par exemple, ſi je dis, *je crains le jugement que vous devez porter de mon ouvrage ; devez porter* eſt pour *porterez*. Mais obfervons les acceſſoires qui diſtinguent ces deux tours.

Si je ne doute pas que vous ne portiez un jugement, je préférerai de dire, *je crains le jugement que vous porterez de mon ouvrage ;* & je dirai au contraire, *je crains le jugement que vous devez porter,* ſi je préſume que votre jugement ne me ſera pas favorable. *Porterez* a donc pour acceſſoire la perſuaſion où je ſuis que vous jugerez mon ouvrage ; & l'acceſſoire de *devez porter,* eſt la préſomption où je ſuis, que vous n'en jugerez pas favorablement. Or, feroit-on fondé, d'après ces acceſſoires, à regarder ces expreſſions comme deux futurs différents ? En effet, qu'eſt-ce qui conſtitue le futur ? C'eſt un rapport de ſimultanéité avec une époque poſtérieure. On n'en peut donc admettre de pluſieurs eſpeces, qu'autant que les époques, avec lefquelles ils ont

ont un rapport de fimultanéité, ne font pas les mêmes. On les multiplieroit à l'infini , fi on les diftinguoit d'après tous les acceffoires, qui les peuvent accompagner.

J'ai à faire , fignifie, *je ferai* , *parce qu'il faut* , *parce qu'il convient que je faffe* , *parce que je me fuis propofé de faire.* Le rapport de fimultanéité eft donc le même avec cette expreffion qu'avec *je ferai* , & l'époque eft la même encore. *J'ai à faire* , quoiqu'il foit accompagné d'acceffoires qui lui font particuliers , n'eft donc pas un futur différent de *je ferai.* Il fe pourroit même que cette expreffion ne fut pas un futur ; & c'eft ce qui arrive toutes les fois qu'elle fignifie , *il me convient de faire* , *je me fuis propofé de faire.*

CHAPITRE IX.

Des modes.

Mode indicatif.Tous les temps, Monseigneur, que nous avons expliqués, affirme la coexistence de l'attribut avec le sujet. Or, c'est de ces temps que les grammairiens ont fait le mode qu'ils nomment *indicatif.* Rassemblons les.

Présent. . . . **Je fais.**

Passé, qui paroît quelquefois se confondre avec le présent, & qui se rapporte à une époque déterminée par la suite du discours, ou par quelque circonstance, . **je fesois.**

Passés qui se rapportent à une période où l'on n'est plus, il y en a deux : l'un marque plus particulierement le temps où la chose se faisoit, . . . **je fis.**

L'autre marque le temps où la chofe étoit faite, . . . *j'eus fait.*

Paffés qui fe rapportent à une période où l'on eft encore. Il y en a également deux ; & la différence entre-eux eft la même qu'entre les paffés précédents. L'un indique donc le temps où la chofe fe faifoit, . . . *j'ai fait.*

Et l'autre celui où la chofe étoit faite , . . . *j'ai eu fait.*

Paffé antérieur à une époque qui eft elle-même antérieure à l'époque actuelle, . . *j'avois fait.*

Futur dont l'époque peut être ou n'être pas déterminée , . . *je ferai.*

Futur dont l'époque doit être déterminée , . . . *j'aurai fait.*

En obfervant ces temps, vous voyez, Monfeigneur , que l'affirmation fe retrouve dans tous. L'affirmation eft donc l'acceffoire qui caractérife le mode indicatif.

M 2

Mais fi au-lieu de dire *tu fais*, *vous fai-*
tes, je dis *fais*, *faites*, l'affirmation difparoît,
& la coexiftence de l'attribut avec le fujet
n'eft plus énoncée que comme pouvant ou devant être une fuite de mon commandement.
Cet acceffoire, fubftitué au premier, a fait
donner à cette forme le nom de *mode im-*
pératif.

Fais, *faites*, paroiffent au préfent, parce
que celui qui commande, femble vouloir que
la chofe fe faffe à l'inftant même. Cependant
ce font de vrais futurs, puifqu'on ne peut
obéir que poftérieurement au commandement.
Auffi commandons-nous avec les futurs de l'indicatif, *tu feras*, *vous ferez*.

Ayez fait, autre forme de l'impératif,
eft également un futur : *ayez fait*, *quand j'ar-*
riverai, eft pour le fond la même chofe que,
vous aurez fait, *quand j'arriverai*. Voilà tous
les temps de ce mode : il n'a point de paffé,
& on voit qu'il n'en peut pas avoir.

Le futur de l'impératif n'eft qu'un fimple
commandement ; celui de l'indicatif, quand
il eft employé dans le même fens, eft un
commandement plus pofitif, une volonté plus
abfolue dont on ne permet pas d'appeller. Si

après avoir dit, *faites* , ou *ayez fait* , on ne paroiſſoit pas diſpoſé à m'obéir ; j'inſiſterois en diſant, *vous ferez* , *vous aurez fait* , & par-là je déclarerois que je ne veux ni excuſe ni retardement.

Je fais affirme , *fais* commande, *je ferois* affirme auſſi ; mais l'affirmation n'eſt pas poſitive , comme dans l'indicatif, elle eſt conditionnelle : *je ferois* , *ſi j'en avois le temps.* Cette condition eſt l'acceſſoire d'un mode que je nomme *conditionnel.*

Mode conditionnel.

La forme *je ferois* eſt un préſent ou un futur, ſuivant les circonſtances du diſcours ; & on peut l'employer, ſans déterminer aucune époque. *Je ferois actuellement votre affaire, ſi vous m'en aviez parlé plutôt*, eſt un préſent : *je ferois votre affaire avant qu'il fût peu, ſi elle dépendoit uniquement de moi*, eſt un futur : enfin *je ferois le voyage de Rome, ſi j'étois plus jeune*, eſt un futur dont l'époque peut à notre choix, être ou n'être pas déterminée : en général cette forme exprime preſque toujours un futur : *je l'attends , il m'a promis qu'il viendroit bientôt. Viendroit* eſt pour *viendra*, & l'uſage le préfere, parce que l'exécution de ce qu'on promet , dépend toujours de quelques conditions exprimées ou ſuppoſées.

M 3

Au paſſé, on dit, *j'aurois fait votre affaire, ſi vous m'en aviez parlé*, ou *j'euſſe fait
votre affaire, ſi vous m'en euſſiez parlé*. Il me
paroît que la différence entre ces deux temps
conſiſte en ce que *j'aurois fait*, marque plus
particulierement le temps où l'affaire auroit
été entrepriſe, & que *j'euſſe fait*, marque plus
particulierement le temps où elle eut été finie. *J'aurois fait*, ſignifie, *je me ſerois occupé
à faire*, & *j'euſſe fait*, ſignifie, *elle ſeroit
faite*.

On dit encore *j'aurois eu fait*, & c'eſt
un paſſé antérieur à un autre paſſé. *Si vous
m'aviez écrit, j'aurois eu fait votre affaire,
avant que vous fuſſiez arrivé*: dans cet exemple, *j'aurois eu fait*, eſt antérieur à *avant que
vous fuſſiez arrivé*, qui l'eſt lui-même à l'é-
poque actuelle. Je ne ſais ſi on peut dire
j'euſſe eu fait. Je ne vois pas en quoi il différeroit de *j'aurois eu fait*.

Subjonctif. Nous avous diſtingué des propoſitions principales & des propoſitions ſubordonnées.
Or, une propoſition principale renferme
toujours une affirmation poſitive ou conditionnelle, avec un rapport déterminé au
préſent, au paſſé ou au futur. Le verbe
de ces propoſitions doit donc prendre ſes for-

mes dans le mode indicatif, *je fais, j'ai fait*, ou dans le mode conditionnel, *je ferois, j'aurois fait*.

Il arrive souvent qu'on trouve auffi, dans les propofitions fubordonnées, la même affirmation pofitive ou conditionnelle, avec un rapport déterminé au préfent, au paffé ou au futur; & alors il faut que le verbe de cette propofition, comme celui de la principale, emprunte également fes formes du mode indicatif ou du mode conditionnel : on dit *je crois que vous FAITES, que vous avez FAIT, je croyois que VOUS FERIEZ que VOUS AURIEZ FAIT.*

Mais il y a des propofitions fubordonnées, dont le verbe, n'ayant pas un rapport déterminé à un temps plutôt qu'à un autre, eft, fuivant les circonftances du difcours, préfent, par exemple, ou futur, quoi qu'on lui conferve toujours la même forme. Si on me dit de quelqu'un, *il part*, je puis répondre, *je ne crois pas qu'il parte*; & fi on me dit, *il partira*, je puis également répondre, *je ne crois pas qu'il PARTE.* Par où vous voyez que *parte*, indéterminé par lui-même à être préfent ou futur, devient tour-à-tour l'un & l'autre par les circonftances du difcours.

De même soit qu'on dise *il est parti*, ou *il partira*, je puis répondre, *je ne croyois pas qu'il partît*. *Qu'il partît* est donc tour-à-tour passé ou futur.

Que j'aie fait, autre forme qu'on emploie dans les propositions subordonnées, est également indéterminée, & peut se rapporter, suivant les circonstances, à des époques différentes. Vous voyez un passé dans *il a fallu QUE J'AIE CONSULTÉ*, & un futur dans *je n'entreprendrai rien QUE JE N'AIE CONSULTÉ*. . . .

Il en est de même de la forme suivante, *que j'eusse fait*. Tantôt elle exprime un passé ; *je ne croyois pas que vous eussiez fait sitôt* : tantôt elle exprime un futur, *je voudrois que vous eussiez fait avant mon retour*.

Toutes ces nouvelles formes, qu'on fait prendre au verbe dans les propositions subordonnées, expriment donc avec un rapport indéterminé au temps. Or, cette indétermination est l'accessoire qui constitue le mode qu'on nomme *subjonctif*. Il paroît que, dans ce mode, le verbe, étant subordonné aux circonstances du discours, tient plus d'elles que de sa forme, les rapports d'antériorité, d'ac-

tualité ou de postériorité qu'il exprime ; &
que les différentes formes du subjonctif font
moins destinées à distinguer les temps , qu'à
marquer la subordination du verbe de la proposition subordonnée au verbe de la proposition principale.

Nous avons analysé quatre modes, l'indicatif, l'impératif, le conditionnel & le subjonctif. Il nous reste à observer l'infinitif.

Après avoir supposé que le mot *être* avoit
signifié successivement *voir, entendre, toucher,*
nous avons vu comment, étant devenu un
terme général & abstrait, il n'a plus signifié
aucune de ces choses en particulier. Alors
il a été le signe d'une idée générale, commune à *voir*, à *entendre*, à *toucher*, &
qui n'est proprement ni *voir*, ni *entendre*,
ni *toucher*.

Ce verbe ainsi généralisé pouvoit être
joint à des adjectifs, & nous aurions pu dire
être faisant, être dormant. Mais au lieu d'employer ces éléments du discours, nous avons
imaginé des expressions plus abrégées, qui leur
font équivalentes, & nous avons fait les verbes *faire, dormir*.

Or, *être*, *faire*, *dormir*, qu'on pourroit

peut être regarder comme la premiere forme des verbes, sont ce qu'on appelle des *infinitifs*.

On peut ici observer deux choses. La premiere, c'est que l'infinitif, quoique subordonné à une proposition, n'en sauroit former une. Dans *je veux que vous fassiez*, *que vous dormiez*, les formes du subjonctif, *vous fassiez*, *vous dormiez*, sont deux propositions : au contraire si je dis, *je veux faire*, *je veux dormir*, vous n'appercevez point de propositions dans *faire* ni dans *dormir*, vous n'y voyez qu'une action ou un état.

Une autre chose à observer, c'est que, dans l'infinitif, l'indétermination est encore plus sensible que dans le subjonctif. Car ce mode qui, par lui-même, ne se rapporte à aucune époque, semble pouvoir se rapporter à toutes. *Faire*, par exemple, paroît présent dans *je puis faire*, passé dans *j'ai pu faire*, futur dans *je pourrai faire*. Mais, à mieux juger des choses, c'est *je puis* qui est présent, *j'ai pu* qui est passé, *je pourrai* qui est futur, & *faire* n'est pas plus présent, passé & futur dans ces phrases, que le seroit dans celle-ci le substantif *maison*, *j'ai une maison*, *j'ai eu une maison*, *j'aurai une maison*. En effet, Monseigneur, si vous considérez que, lors-

que le verbe eſt à l'infinitif, nous faiſons abſtraction de tous les acceſſoires qu'il a pris dans
les autres modes, vous en conclurez que nous
faiſons abſtraction des rapports d'actualité,
d'antériorité & de poſtériorité, & que, par
conſéquent, il ne peut plus exprimer aucun
de ces rapports.

Qu'eſt-ce donc que le verbe à l'infinitif?
vous voyez que, puiſqu'il eſt dépouillé de
tous les acceſſoires qu'il avoit dans les autres
modes, il ne peut plus être qu'un nom ſubſtantif, qui exprime une action ou un état. Il y a
même bien des occaſions où l'on ne peut pas
s'y méprendre : nous diſons, par exemple,
mentir eſt un crime pour *le menſonge eſt un
crime.*

Puiſqu'on multiplie les verbes, en compo-
ſant une idée totale de l'idée du verbe ſubſtantif & de celle de quelque adjectif, il faut
qu'en décompoſant cette idée, on retrouve un
adjectif dans les verbes d'action & dans les
verbes d'état. Or, cet adjectif eſt ce qu'on
nomme *participe*, & il y en a deux : l'un eſt
le participe du préſent, ainſi nommé d'après
ce qu'il paroît être, *faiſant*; l'autre eſt le participe du paſſé, qui concourt aux formes
compoſées des temps paſſés, *fait*. Ces
noms participent de l'adjectif & du verbe ; de

Les participes ſont des ad-jectifs.

l'adjectif en ce qu'ils modifient un substantif, du verbe en ce qu'ils le modifient avec un rapport de simultanéité à une époque quelconque. Je dis *à une époque quelconque*, parce qu'ainsi que l'infinitif *faire*, ils ne sont ni passés, ni présents, ni futurs. Quand nous traiterons particulierement de ces noms, nous verrons que ce sont souvent encore de vrais substantifs.

L'infinitif avoir, joint à un participe, est un nom substantif. Comme on a dit à l'indicatif, *j'ai fait*, *j'avois fait*, on a dit à l'infinitif, *avoir fait*, & cette forme a paru exprimer un passé ou un futur : un passé antérieur à un autre passé, *après avoir fait, il partit ;* un futur antérieur à un autre futur, *il faudra avoir fait, quand j'arriverai :* mais si le verbe, à l'infinitif, ne conserve aucun des accessoires qu'il avoit dans les autres modes, comment *avoir fait* pourroit-il être un passé ou un futur ? Je vois un passé dans *il partit*, & un futur dans *il faudra :* je ne vois qu'un nom dans *avoir fait*, & à ce nom j'en pourrois substituer un autre, *la chose* faite, par exemple : *après la chose faite il partit, la chose faite faudra, quand j'arriverai.*

Outre les participes dont la forme est simple, *faisant* & *fait* il y en a un autre dont la forme est composée, *ayant fait.*

Vous voyez que ce participe est encore un adjectif.

Nous avons observé & expliqué toutes les variations du verbe dans ses différents temps & dans ses différents modes. C'est de là que se forment les conjugaisons dont nous allons traiter.

CHAPITRE X.

Des conjugaisons.

Nous venons de voir que lorsque nous considérons les infinitifs *faire*, *aimer*, nous faisons abstraction de tous les accessoires que le verbe exprime dans ses temps & dans ses modes. Donc si nous regardons cette forme comme la premiere que les verbes ont eue, nous verrons que, suivant les variations dont elle sera susceptible, elle ajoutera différents accessoires à la signification des verbes.

Or, on a remarqué que les infinitifs ont des terminaisons différentes. Ils se terminent en *er* comme *aimer*, en *ir* comme *finir*, en *oir* comme *recevoir*, en *re* comme *rendre*, *faire*. Toutes les terminaisons des infinitifs peuvent se rapporter à ces quatre.

Alors, ayant observé tous les verbes dont l'infinitif se termine en *er*, on vit que, dans

leurs temps & dans leurs modes, ils prennent
en général les mêmes formes qu'*aimer*. On regarde donc les variations de ce verbe, comme
le modele des variations de tous ceux qui se
terminent de la même maniere, & on en fit une
classe, sous le nom de premiere conjugaison.
On imagina de même trois autres conjugaisons,
parce qu'on fit de pareilles observations sur les
verbes en *ir*, en *oir* & en *re*.

Alors conjuguer un verbe fut lui faire
prendre successivement, sur le modele d'un
verbe qui servoit de regle, toutes les formes
que nous avons analysées; c'est-à-dire, les
formes de l'indicatif, de l'impératif, du
mode conditionnel, du subjonctif & de l'infinitif.

Dès que chaque conjugaison eut un modele,
on fut fondé de regarder comme singuliers,
tous les verbes, qui ayant à l'infinitif la même
terminaison que celui qui servoit de regle,
se conjuguoient exactement de la même maniere. *Calmer* par exemple, fut régulier, parce
que, dans tous ses temps & dans tous ses
modes, il se conjugue comme *aimer*.

En considé-
rant les ver-
bes par rap-
port aux con-
jugaisons, on
en distingue
de trois espe-
ces.

En conséquence, on mit, parmi les verbes
irréguliers, ceux dont les variations n'étoient

pas conformes à celles du verbe qui devoit fervir de modele : & on nomma *défectueux*, ceux qui manquoient de quelque temps ou de quelque mode. *Aller*, par exemple, fut un verbe irrégulier, parce qu'il fe conjugue différemment d'*aimer* : *faillir* fut un verbe défectueux, parce qu'il n'eft en ufage qu'à l'infinitif *faillir* & aux paffés, *je faillis*, *j'ai falli*, *j'avois failli* : *querir* eft plus défectueux encore : il ne fe dit qu'à l'infinitif.

En confidérant les verbes par rapport aux conjugaifons, il y en a donc de trois efpeces : réguliers, irréguliers & défectueux.

Verbes auxiliaires. Nous remarquons dans les conjugaifons des formes fimples *je fais*, *je fis*, *je fors*, *je fortis* ; & des formes compofées, *j'ai fait*, *j'avois fait*, *je fuis forti*, *j'étois forti*.

Les verbes *avoir* & *être*, qui entrent dans les formes compofées, & qui fe joignent au participe du paffé, fe nomment *verbes auxiliaires*, parce qu'ils concourent à la formation des temps. Nous en traiterons dans le chapitre fuivant.

Aller eft auffi un verbe auxiliaire dans la formation du futur prochain, *j'a vais faire*; & *venir*

nir en eſt un autre dans la formation du paſſé prochain, *je viens de faire*. L'uſage qu'on fait de ces deux verbes, ne ſouffre aucune difficulté. Nous verrons qu'il n'en eſt pas de même des auxiliaires *avoir* & *être*.

Il faut remarquer, Monſeigneur, qu'un verbe, lorſqu'il devient auxiliaire, ne conſerve pas exactement ſa premiere ſignification; par exemple, dans *avoir fait* & *avoir des vertus*, l'idée qu'offre le verbe *avoir*, n'eſt pas certainement la même. Vous voyez par là pourquoi *devoir* ne peut pas être mis parmi les auxiliaires : c'eſt que lorſqu'on dit *je dois faire*, *je dois* conſerve exactement ſa premiere ſignification. Il ſignifie toujours, *il eſt arrêté*, ou *il faut*.

Le verbe ſubſtantif peut être employé avec le participe du préſent, *Pierre eſt aimant*, & avec le participe du paſſé, *Pierre eſt aimé* : il eſt, dans ces deux phraſes, le même verbe, dont le propre eſt d'exprimer la coexiſtence de l'attribut avec le ſujet.

La diſtinction des verbes actifs, paſſifs & neutres ne doit pas être admiſe dans notre langue.

Or, quand on dit, *Pierre eſt aimant*, Pierre eſt le ſujet de l'action, comme il l'eſt de la propoſition : c'eſt lui qui agit ; au contraire, il n'eſt plus le ſujet de l'action, quand on dit ;

Pierre est aimé. Il en est l'objet : il n'agit donc plus, & c'est ce qu'on appelle *être passif.*

Etre aimant renferme deux éléments, auxquels nous pouvons substituer *aimer* ; verbe adjectif, que nous avons nommé *verbe d'action*, & que les Grammairiens nomment *verbe actif.*

Etre aimé renferme également deux éléments, auxquels les latins substituoient *amari*, verbe qu'ils nommoient *passif*, parce que dans les modes de ce verbe, le sujet est l'objet de l'action.

Notre langue ne peut rien substituer à de pareils éléments. Elle n'a donc point de verbe passif. En effet, c'est avec les participes du passé, joints aux différentes formes du verbe *être*, que nous traduisons les verbes passifs des latins.

Comme on a nommé *verbes actifs*, ceux dont l'action se termine à un objet différent du sujet de la proposition ; & *verbes passifs*, ceux dont le sujet de la proposition est l'objet même de l'action ; les verbes actifs & les verbes passifs ont emporté l'idée d'un objet sur lequel une action se termine. En conséquence, les Grammairiens ont appellé *verbes neutres* ; c'est-à-dire, qui ne font ni actifs ni paffifs, tous ceux où ils ne voyoient point d'action, *repofer, dormir*, & tous ceux où ils voyoient une action qui ne fe terminoit pas fur un objet, *marcher, rire*. Comme nous n'avons point de verbes paffifs, il me paroît inutile d'admettre des verbes neutres. Il nous fuffit, par conféquent, de diftinguer les verbes en deux claffes, en verbes d'action & en verbes d'état.

Les Grammairiens diftinguent encore trois efpeces de verbes, dont je ne vois pas l'utilité: des verbes *réfléchis*, dont l'action réfléchit en quelque forte fur le fujet, *je me connois, je me trompe*; des verbes *réciproques* dont l'action réfléchit alternativement d'un fujet fur un autre, *Pierre & Paul fe battent*; enfin des verbes qu'ils appellent improprement *imperfonnels*, parce qu'ils ne s'emploient ni avec la premiere, ni avec la feconde perfonne, *il faut, il pleut*. Si on s'obftinoit à diftinguer les verbes par des acceffoires auffi étrangers à leur ufage, on en trouveroit de bien des efpeces, fouvent même dans un feul verbe. *Aime*, par exemple, feroit actif, réfléchi, réciproque, neutre, & tout ce qu'on voudroit. Il eft néceffaire d'analyfer; mais il y a un terme où il faut s'arrêter. Les analyfes inutiles n'éclairent pas, & elles embarraffent.

Ni celle des verbes réfléchis, réciproques & imperfonnels.

Fausses déno-
minations
qu'on a don-
nées aux
temps des ver-
bes.

Si vous remarquez, Monseigneur, que je n'ai pas donné des noms à tous les temps des verbes, je vous répondrai que je ne crois pas devoir adopter ceux qui sont en usage parmi les Grammairiens.

On appelle *je ferois*, *prétérit imparfait* ; *je fis* & *j'ai*, *prétérit parfait* ; & *j'avois fait*, *plusque parfait*. On dit encore que *je fis* est un *prétérit défini*, & *j'ai fait*, un *prétérit indéfini*. Enfin, on donne à *je fis*, le nom de *prétérit simple*, & à *j'ai fait* & *j'avois fait*, celui de *prétérit composé*.

Voilà les noms généralement usités. Il y a des grammaires où on en trouve encore d'autres que je ne rapporterai pas. Vous pouvez juger, à cette multitude de noms, de l'embarras où ont été les Grammairiens. En effet, plus ils ont fait d'efforts, moins ils ont réussi, & nous ne savons plus comment nommer les temps.

Pour moi, j'avoue que je n'ai jamais pu comprendre ce qu'ils entendent par *imparfait*, *parfait*, *plusque parfait*, *défini*, *indéfini* : je comprends mieux ce qu'ils veulent dire par *simple* & *composé*. Ces noms marquent au moins les formes que le verbe prend au passé : mais ils n'expriment aucun des accessoires que ces formes réveillent ; & c'eft néanmoins d'après ces accefoires , qu'il auroit fallu nommer les temps.

En effet les noms feroient bien choifis, s'ils étoient comme le réfultat des analyfes de chaque temps. C'eft ainfi qu'on a fait ceux de *paffé prochain* & de *futur prochain*. Mais de pareils noms feroient difficiles à imaginer , & quand on les propoferoit, le public ne les adopteroit pas. Ce feroient des dénominations métaphyfiques , dont les idées échapperoient fouvent aux métaphyficiens mêmes; & cependant la grammaire doit être à la portée de tout homme capable de réflexion. On pourroit employer un moyen plus fimple.

Le verbe *faire* varie dans tous fes temps & dans tous fes modes. Or , pourquoi les variations dont on auroit fait l'analyfe , ne ferviroient-elles pas de dénominations aux variations des autres verbes ? Pourquoi ne diroit-on pas le paffé *je fis* du verbe *aimer* & *j'aimai*; le futur *je ferai* & *j'aimerai*, &c. de pareilles dénominations ne feroient point métaphyfiques ; elles n'exigeroient de la part de l'efprit aucune contention , & elles rappelleroient d'une maniere précife , à celui qui auroit bien analyfé , les accefoires, comme les formes , de chaque temps.

Moyen d'y fuppléer.

Il ne me resteroit plus, Monseigneur, qu'à terminer ici, d'après ce plan, les différentes conjugaisons des verbes. Mais pourquoi vous donner la peine d'apprendre de moi ce que vous apprendrez de l'usage sans effort. Je crois donc devoir me borner à mettre les conjugaisons à la fin de cette grammaire, afin que vous puissiez les consulter au besoin.

CHAPITRE XI.

Des formes compofées avec les auxi-liaires, ÊTRE *ou* AVOIR.

On dit *je fuis aimé, j'étois aimé, je fus aimé, j'ai été aimé,* &c. Ainfi pour traduire le verbe paffif *amari,* être aimé, il fuffit de connoître d'un côté le participe *aimé ;* & de l'autre, la conjugaifon du verbe *être.* Alors, pour exprimer une même idée, nous employons, comme nous l'avons remarqué, les éléments auxquels en latin on fubftituoit une expreffion plus abrégée.

Or, *je fuis aimé* exprime l'état du fujet, & *j'ai aimé* en exprime l'action. Nous pouvons donc pofer, pour regle générale, que le verbe *être* entre dans les formes compofées qui expriment l'état, & que le verbe *avoir* entre dans les formes compofées qui expriment l'action.

Cette regle fouffre une exception ; car,

Exception à

N 4

cette regle. quoiqu'on dife , *j'ai aimé cette perfonne* , on ne dira pas *je M'AI aimé* ; il faut dire , *je ME SUIS aimé*.

Il y a donc ici une diftinction à faire : où l'action a , pour objet, le fujet même qui agit , & alors il faut dire avec le verbe, *être*, *il s'eft vu* , *il s'eft tué* , *il s'eft reconnu* : où , l'objet eft différent du fujet qui agit, & alors il faut dire avec le verbe *avoir*, *il l'a vu* , *il l'a tué*, *il l'a reconnu* ; c'eft ainfi qu'on doit toujours parler. On fe fert encore du verbe *être*, toutes les fois que le terme du verbe eft le fujet de la propofition. Ainfi, quoiqu'on dife *J'AI fait des difficultés à cet écrivain*, on dit *je me SUIS fait des difficultés*.

Confirmation de cette regle. À ces exceptions près, qui font elles-mêmes une regle fans exception , la regle que nous avons d'abord établie, doit-être obfervée dans tous les cas : c'eft-à-dire, que le participe doit fe conftruire avec le verbe *avoir*, toutes les fois qu'il exprime une action ; & avec le verbe *être*, toutes les fois qu'il exprime un état.

On dit , *il A monté ce cheval*, *il A defcendu les degrés* , parce que *monté* & *defcendu* expriment une action, & on ne peut s'y tromper, puifque cette action a un objet, *ce cheval*, *les degres*. Mais on dit, *il EST monté* , *il EST descendu*, parce qu'alors on considere moins l'action de monter, que l'état où l'on est après avoir monté.

Je dirai, *la procession A passé sous mes fenêtres*, parce que je songe à l'action de la procession qui passoit. Mais que quelqu'un me demande s'il vient à temps pour la voir, je répondrai, *elle est passée*. C'est que je ne pense plus qu'à l'état.

En un mot, on ne peut pas choisir indifféremment entre les deux auxiliaires, quoique les participes puissent se construire également avec l'un & avec l'autre. Il faut toujours considérer, si on veut exprimer un état, ou si on veut exprimer une action ; & c'est d'après cette regle qu'on doit choisir entre *il est accouru*, *il a accouru*, *il est disparu*, *il a disparu*, *il est apparu*, *il a apparu*, *sa fievre est cessée*, *sa fievre a cessé*, *il nous est échappé*, *il nous a échappé*, &c.

Tous les exemples confirment cette regle. On dit, *il EST sorti*, en parlant de quelqu'un qui n'est pas chez lui ; & *il A sorti*, en parlant de quelqu'un qui est rentré. De même on dit, *il EST demeuré à Paris*, de quelqu'un qui y est encore ; & *il A demeuré à Paris*, de quelqu'un qui y a été & qui n'y est plus.

Formes com-
poſées, où
l'on n'em-
ploie jamais
que le verbe
avoir.

Tout ce que nous venons de dire eſt vrai des participes qui expriment également un état & une action, & nous n'avons parlé que de ceux-là. Mais quand le participe eſt de nature à n'exprimer qu'un état, il ſe conſtruit toujours avec le verbe avoir : on dit, *il a langui, il a dormi, il a vieilli.* Cette derniere regle, Monſeigneur, me paroît ſans exception : ſi elle en a, l'uſage vous en inſtruira.

CHAPITRE XII.

Observations sur les temps.

Le préfent n'eft à la rigueur que le moment où l'on parle. Mais fi nous voulions le borner à cet inftant, il nous échapperoit à mefure que nous parlons. Nous fommes donc forcés à l'étendre dans le paffé & dans l'avenir; & à regarder, comme parties du préfent, des moments qui ne font pas encore.

Extenfion que nous donnons au temps préfent.

Or, dès qu'une fois nous lui donnons de l'extenfion, nous pouvons lui en donner toujours davantage, & nous n'avons plus de raifon pour nous arrêter. Ce jour fera donc un temps préfent, ce mois, cette année, ce fiecle, toute période quelle qu'en foit la durée, enfin l'éternité même.

Il ne faut donc pas s'étonner, fi la forme du préfent a été choifie pour exprimer les vérités néceffaires. C'eft que ce préfent, *Dieu eft jufte*,

Pourquoi la forme du préfent a été choi-

fe pour ex-
primer les
vérités néces-
faires.
a une extenfion indéterminée, qui fait, de tous les fiecles, une feule période ; & cette période, qui eft l'éternité, eft en quelque forte préfente comme l'inftant où je parle.

Comment on
emploie les
formes des
temps les
unes pour les
autres.
Vous avez pu remarquer, Monfeigneur, qu'on emploie fouvent les formes des temps les unes pour les autres. Racine a dit :

J'ai vu votre malheureux fils traîné par les chevaux que fa main a nourris.

Il *veut* les rappeller, & fa voix les *effraie*.

Ils *courent*. Tout fon corps n'*eft* bientôt qu'une plaie.

Racine fubftitue, dans ces vers, la forme du préfent à celle du paffé. S'il eût dit, *il a voulu les rappeller, & fa voix les a effrayés*, la penfée eût été la même quant au fond : mais ce n'eût été qu'un récit, au lieu que la forme du préfent, fait un tableau qu'elle met fous les yeux.

En fubftituant les unes aux autres les formes des temps, on change donc les acceffoires d'une penfée. Lorfque je dis, *je partirai demain*, je ne fais qu'indiquer le jour de mon départ ; & je fais voir que je fuis bien décidé à partir, fi je dis, *je pars demain* : cette forme, *je pars*, femble rapprocher *demain* du moment préfent, & ce rapprochement fait juger combien je fuis déterminé à partir, parce qu'il me préfente déja comme partant.

Finiffez-vous bientôt? finirez-vous bientôt? Le premier de ces tours eft l'expreffion d'une perfonne qui eft impatiente de voir finir. Le fecond peut n'être qu'une queftion.

Au lieu de répondre *à finiffez-vous bientôt? je finirai dans le moment*, on répondra, *j'ai fini dans le moment*; parce qu'en fubftituant la forme du paffé à celle du futur, on repréfente comme déja fait ce qui va l'être; & que, par-conféquent, on marque mieux la promptitude avec laquelle on promet de finir. En voilà affez, Monfeigneur, pour vous faire comprendre comment on emploie la forme d'un temps pour celle d'un autre. Je dis *la forme*; car il ne feroit pas étonnant de dire, avec les Grammairiens, qu'on emploie le préfent pour le paffé, & le paffé pour le futur.

CHAPITRE XIII.

Des prépositions.

On pourroit diſtinguer deux ſortes de prépoſitions.

Quand on dit *Pierre reſſemble à ſon frere*, le verbe *reſſemble* exprime le rapport qui eſt entre Pierre & ſon frere ; & la prépoſition *à* ſe borne à indiquer *ſon frere*, comme ſecond terme de ce rapport.

Mais il y a des prépoſitions qui, en indiquant le ſecond terme d'un rapport, expriment encore le rapport même ; & qui, par conſéquent, modifient le premier terme : par exemple, dans *le livre de Pierre*, la prépoſition *de*, qui indique le ſecond terme, explique encore le rapport d'appartenance du livre à Pierre. Elle modifie donc le premier terme, *le livre*, auquel elle ajoute la qualité d'appartenir.

Nous ſerions, par conſéquent, fondés à diſtinguer deux expeces de prépoſitions : mais, comme j'aurai peu beſoin de cette diſtinction, il ſuffira de l'avoir remarquée.

Selon les Grammairiens, il y a des prépositions simples, *dans*, *pour*, & des prépositions
composées, *à l'égard de*, *à la réserve de*. Mais
pourquoi appeller prépositions des substantifs
qui sont précédés d'une préposition & suivie
d'une autre. Vous sentez, Monseigneur, que,
si on ne veut pas tout confondre, il faut toujours
rappeller les expressions aux premiers éléments
du discours. Cette distinction est donc tout-à-
fait inutile.

On ne doit pas distinguer les préposi-tions en sim-ples & com-posées.

On a remarqué que les mêmes prépositions
font employées dans des cas différents, & cela
est vrai, lorsque les prépositions se bornent à
indiquer le second terme d'un rapport. En effet,
il y a bien de la différence entre *aller à Paris*,
& *être à Paris* ; & cependant nous employons,
dans l'un & l'autre cas, la même préposition *à*.
C'est que cette préposition indique seulement le
second terme *Paris*, & que le rapport est exprimé par les verbes *aller* & *être*.

Comment les mêmes prépo-sitions sont employées dans des cas différents.

Mais parce qu'on a cru voir, dans *être dans
le royaume*, *être en Italie*, *être à Rome*, plus
de ressemblance qu'il n'y en a, on a dit que des
prépositions différentes sont employées dans des
cas semblables. C'est une erreur. Nous verrons
bientôt que, dans ces trois phrases, les rapports,
exprimés par les prépositions mêmes, sont dif-

Différentes prépositions ne sont jamais employées dans des cas absolument semblables.

férents ; & que, par conséquent, les cas ne font pas femblables.

On a encore imaginé des prépofitions qui ne le font pas toujours, & on donne, pour exemple, *dedans*, *dehors*, *deffus*, *deffous*. Ce font des prépofitions, dit-on, lorfqu'on met enfemble les deux oppofées : *la pefte eft dedans & dehors la ville* ; *il y a des animaux deffus & deffous la terre*. Ce n'en font pas, lorfqu'on n'emploie que l'un des deux : car on ne dit pas *deffus la terre*, *dedans la ville* ; il faut dire, *fur la terre*, *dans la ville*.

Lorfqu'on raifonne ainfi, on ne paroît s'occuper que du matériel du difcours, ce qui arrive quelquefois aux Grammairiens. En effet, quand on répond à *eft il fur la table ? il eft deffus* ; voilà *deffus* fans fon oppofé, & cependant il eft prépofition, puifqu'il indique le fecond terme du rapport, *la table*. Il eft vrai qu'on ne prononce pas ces mots *la table* : mais ils font fousentendus, & la raifon veut qu'on les fupplée. Il falloit donc fe borner à remarquer que les prépofitions, *dedans*, *dehors*, *deffus*, *deffous*, s'emploient d'ordinaire avec ellipfe ; c'eft-à-dire, fans prononcer le fecond terme qu'elles indiquent.

Le premier emploi des prépofitions a été de remarquer des rapports entre les objets fenfibles.

bles. Mais parce que les idées abstraites, exprimées par des noms substantifs, prennent, dans notre imagination, presque autant de réalité que les choses en ont au-dehors ; elles peuvent être considérées comme ayant entre elles des rapports à-peu-près semblables à ceux qui sont entre les objets sensibles. C'est pourquoi on dit, *de la vertu au vice*, comme *de la ville à la campagne.*

On n'est pas dans la jeunesse, comme on est dans la maison : mais l'analogie, qui est entre ces deux noms, comme substantifs, a fait employer la même préposition devant l'un & l'autre.

Par là, une même préposition est usitée dans des cas différents ; & quelquefois les dernieres acceptions ressemblent si peu aux premieres, que si on ne saisit pas le fil de l'analogie, il ne sera pas possible de rendre raison de l'usage. Je me bornerai à vous en donner quelques exemples : car vous jugez bien, Monseigneur, que je ne me propose pas d'analyser les acceptions de toutes les prépositions.

De la préposition à.

On dit, *je suis à Paris, je vais à Paris* ; & cette préposition, dans l'une & l'autre phrase,

Tom. I.   O

primer des rapports entre les objets sensibles, les prépositions ont été employées pour exprimer des rapports entre les idées abstraites.

Quelquefois les dernieres acceptions d'une préposition ressemblent fort peu aux premieres.

Premier usage de la préposition

se borne à indiquer un lieu comme terme d'un rapport.

Il y a beaucoup d'analogie entre la maniere d'être dans un lieu & celle d'être dans le temps : on dira donc, *à une heure*, *à midi*, *à l'avenir*.

Il y en a encore entre les lieux & les circonstances où l'on se trouve, & l'on dira, *à ce sujet*, *à cette occasion*.

Ce que nous appellons *substance*, ne se montre à nous que par les manieres d'être qui paroissent l'envelopper : c'est une chose qui existe comme au milieu d'elles. Il y a donc de l'analogie entre être dans un lieu, & exister ou agir d'une certaine maniere, *être à pied*, *à cheval*, *prier Dieu à mains jointes*, *recevoir à bras ouverts*.

Dès lors on dira, par analogie à ces derniers tours, *peindre à l'huile*, *travailler à l'aiguille*; parce que ce sont-là des manieres de peindre & de travailler.

Tout terme, auquel une chose tend, est analogue au lieu où l'on va. *Donner à son ami*, *ôter à son ami*, *parler à son ami*. Son ami est le terme des actions de donner, d'ôter & de parler. Cette analogie eſt encore plus ſenſible dans *en venir à des injures, à des reproches.*

A un ſeptié-me.

Table à manger, maiſon à vendre, action à raconter, homme à naſardes; parce que la fin, ainſi que l'uſage qu'on fait d'une choſe, eſt comme le terme auquel elle tend.

A un huitie-me.

Par la même raiſon on emploiera cette pré-poſition, lorſqu'on parlera des diſpoſitions d'une perſonne : *homme à réuſſir, à ne pas pardonner.* Ces exemples ſuffiſent pour vous faire comprendre que les uſages de cette pré-poſition ſont tous analogues, quoiqu'ils paroiſ-ſent d'abord avoir peu de rapport les uns aux autres.

De la prépoſition de.

Cette prépoſition marque le lieu d'où l'on vient, & par analogie, tout terme d'où une choſe commence : *du matin au ſoir, d'un bout à l'autre, du commencement à la fin, de Corneille à Racine.*

Quelles ſont les premieres acceptions de la prépoſition de, & par quelle analo-gie elle paſſe à d'autres.

On dit : *près, loin de Paris* ; parce que *Paris* eſt un terme ſur lequel l'eſprit ſe porte, pour revenir delà à la choſe dont on parle, & en marquer la ſituation.

Il y a quelque analogie entre le rapport de
situation & le rapport d'appartenance; car on
est comme différemment situé, suivant les choses auxquelles on appartient : *le palais du roi,
les mouvements du corps, les facultés de l'ame.*

Les rapports de dépendance sont analogues
aux rapports d'appartenance, & il y en a de
plusieurs especes; de l'effet à la cause, *les tableaux de Raphaël*; au moyen, *saluer de la
main*; à la maniere, *parler d'un ton bas*; à la
matiere, *réale d'or.*

Nous dépendons des qualités dont nous sommes doués : *homme d'esprit, de sens, de cœur.*

Des principes qui nous changent ou qui nous
affectent : *accablé de douleur, comblé de bonheur, mort de chagrin.*

Le genre dépend de l'espece qui le détermine : *faculté de la vue, de l'ouie, de l'odorat*:
Car la signification du mot *facultés* est déterminée par les mots *vue, ouie, odorat,* &, par
conséquent, elle en dépend.

Les parties appartiennent à leur tout : *moitié de, quart de.* C'est pourquoi on emploie
cette préposition, lorsqu'on ne veut parler que
d'une partie; & qu'on la retranche, lorsqu'on
parle du tout. *Perdre l'esprit,* c'est perdre tout

ce qu'on en a; *avoir de l'esprit*, c'est avoir une partie de ce qu'on nomme *esprit*; & il y a ellipse, car le premier terme du rapport est sousentendu. On dit également : *j'ai de la raison*, pour *j'ai une partie de la raison*; & *j'ai raison*, pour *j'ai toute la raison qu'on peut avoir dans le cas dont il s'agit.*

Une chose peut être regardée comme appartenant à la collection d'où elle est tirée. D'ailleurs il y a beaucoup d'analogie entre *être tiré de* & *venir de.* On doit donc dire : *c'est un des hommes des plus savants.* : car le sens est *cet homme est tiré d'entre les plus savants.* Au contraire, on dira : *c'est l'opinion des hommes les plus savants*; parce qu'alors *hommes* n'est pas pris comme une partie des plus savants, mais comme tous les plus savants ensemble.

En quoi diffèrent *des hommes des plus savants* & *des hommes les plus savants.*

Il faut remarquer qu'il y a ellipse, toutes les fois que les prépositions *à* & *de* se construisent ensemble. Puisqu'elles indiquent des termes différents, elles ne peuvent se réunir, que parce qu'on sousentend les mots qui devroient les séparer. *Il s'est occupé à des ouvrages utiles*, signifie donc *à quelques-uns des ouvrages.*

Il y a ellipse lorsque *à* & *de* se construisent ensemble.

Dans les exemples que j'ai rapportés, l'analogie marque suffisamment les différentes ac-

Ces deux prépositions pa-

O 3

ceptions de ces prépositions; mais, dans d'autres, le fil en devient si délié, qu'il échappe tout-à-fait. C'est pourquoi il semble qu'on puisse alors les employer indifféremment l'une pour l'autre. Je ne crois pas cependant qu'il leur arrive jamais d'être tout-à-fait synonymes, & je pense qu'il y a quelque différence entre *continuer de parler* & *continuer à parler*. Il en est de même des tours où nous paroissons pouvoir, à notre choix, employer ou retrancher la préposition. Tel est, *il espere de réussir, il espere réussir.*

roissent quelquefois pouvoir s'employer l'une pour l'autre.

Nous employons souvent la préposition *de* avec ellipse, d'où il arrive que nous appercevons moins facilement l'espece du rapport qu'elle exprime. Par exemple, on ne verra pas que, dans *marcher de jour, de nuit, de* marque le rapport de la partie au tout, si on ne fait pas que cette expression revient à celle-ci: *marcher en temps de jour, en temps de nuit.*

L'ellipse peut empêcher d'appercevoir l'espece de rapport qu'exprime la préposition de.

Au reste, Monseigneur, il peut se faire que je ne découvre pas l'analogie que l'usage a suivie : mais il suffit que j'en saisisse une, pour vous faire connoître comment les mêmes prépositions ont pu servir à exprimer des rapports qui, au premier coup d'œil, ne paroissent pas se ressembler,

Des prépositions dans & en.

On dit : *dans une maison, dans ce temps, dans cette année*; & par analogie : *dans le désordre, dans le plaisir, dans la prospérité.*

Acceptions de la préposition *dans*.

A, désigne seulement le lieu, où est une chose : *dans* le désigne avec un rapport du contenu au contenant. *Je partirai dans le mois d'avril* signifie avant la fin, ou dans le courant du mois. Au contraire, je ferois entendre que je partirai dès le commencement, si je disois : *je partirai au mois d'avril*, ou en supprimant la préposition, *je partirai le mois d'avril.*

En quoi elle diffère de la préposition *à*.

En, diffère de *dans*, parce que le terme qu'il indique se prend toujours d'une maniere indéterminée. *J'étois en ville* signifie *je n'étois pas chez moi*; & je n'ajoute pas au mot *ville* l'adjectif *la*, parce qu'en pareil cas il n'est pas nécessaire de le déterminer : il me suffit de faire entendre que j'étois quelque part dans la ville. Si, au contraire, je veux dire que je n'étois pas sorti hors des portes, je détermine ce mot, & je dis : *j'étois dans la ville.*

En quoi *en* diffère de *dans*.

Dans, s'emploie donc avec un substantif, précédé de l'adjectif *le* ou *la*; & on supprime

O 4

cet adjectif, toutes les fois qu'on fait usage de la préposition *en*. On dit *en été, dans l'été, en temps de guerre, dans le temps de la guerre; être en santé, en doute, dans la santé dont il jouit, dans le doute où il est; en charge, dans la charge qu'il remplit; en posture de suppliant, dans la posture d'un suppliant*. Ces exemples vous font voir sensiblement comment le substantif, toujours indéterminé avec la préposition *en*, est toujours déterminé avec la préposition *dans*.

En, exprime des accessoires tout différens de ceux des prépositions en & dans.

Il y a des occasions où la préposition *en* renferme des accessoires qu'*à* & *dans* n'expriment pas. *Il est en prison* se dit d'un prisonnier : *il est à la prison* se dit de quelqu'un qui y est allé, comme on va toute autre part : & *il est dans la prison* se dit de quelqu'un qui y a été mis, ou qui y est allé, & qui n'en est pas encore sorti.

De la préposition par.

Premieres acceptions de la préposition par.

Comme préposition de lieu, *par* indique l'endroit par où une chose passe. *aller par les rues, par monts & par vaux, passer par la ville*: & par analogie, *passer par l'étamine, par de rudes épreuves, par le plaisir, par les peines*.

Autres acceptions.

Un effet peut être en quelque sorte considéré comme passant par la cause qui le produit : ca-

bleau *fait par Rubens*, *tragédie faite par Ra-*
cine.

Mais, dès que *par* indique le rapport de
l'effet à la cause, il indiquera encore les rapports qui sont à-peu-près dans la même analogie : celui de l'effet au moyen : *élevé par ses*
intrigues, connoître par la raison ; au motif, *se*
refuser tout par avarice, agir par intérêt, par
ressentiment ; à la maniere, *parler par énigmes,*
se conduire par coutume, rire par intervalles.

En voilà assez, Monseigneur, pour vous faire
connoître comment l'analogie a étendu chaque
préposition à des usages différents. Vous pouvez vous amuser à chercher vous-même d'autres exemples. Souvenez-vous seulement de
commencer toujours par observer comment les
prépositions ont d'abord été employées avec des
idées sensibles ; vous chercherez ensuite par
quelle analogie on en a fait usage avec des idées
abstraites.

CHAPITRE XIV.

De l'article.

Écrivains qui ont les premiers connu la nature de l'article.
L'ARTICLE, Monseigneur, a fort embarrassé les Grammairiens, & c'est la chose qu'ils ont traitée le plus obscurément. M. du Marsais a commencé le premier à débrouiller ce chaos, & M. Duclos y a répandu un nouveau jour. Je n'entreprendrai pas de réfuter ce que les autres Grammairiens ont dit à ce sujet, parce que de pareilles critiques vous seroient tout-à-fait inutiles. Je me borne à expliquer la nature de l'article, soit d'après les vues des deux écrivains que je viens de nommer, soit d'après quelques réflexions qui me sont particulieres.

On nomme article l'adjectif le, la.
Je ne reconnois d'autre article que l'adjectif le, la, les; & d'abord vous voyez que l'article est susceptible de genre & de nombre.

Changements qui arrivent à
L'e & l'a se suppriment, lorsque l'article est joint à un mot qui commence par une voyelle,

ou par une *h* non afpirée : au-lieu de dire : *le* *homme, la efpérance*, on dit *l'homme, l'efpérance.*

L'article fe déguife encore davantage, lorfqu'étant au mafculin & au fingulier, il eft précédé de la prépofition *de*, & fuivi d'un nom qui commence par une confonne ou par une *h* afpirée. Alors *de le* fe change en *du : du mérite, du héros.* Mais il ne s'altere jamais, foit au mafculin, foit au féminin, lorfque le nom commence par une voyelle ou par une *h* non afpirée : *de l'homme, de la fatigue.* Quant à *de les*, il fe transforme toujours en *des, à le*, en *au, à les*, en *aux : des vertus, au mérite, aux honneurs.*

Pour faifir la nature de l'article, il faut vous fouvenir, Monfeigneur, qu'un nom peut être pris déterminément ou indéterminément.

L'article eft un adjectif qui détermine un nom, foit parce qu'il le fait prendre dans toute fon étendue, foit parce qu'il concourt à le reftreindre.

Il eft déterminé, lorfqu'il eft employé pour défigner un genre, une efpece, ou un individu. Dans *les hommes*, le nom eft genre, parce qu'il fe prend dans toute fon étendue. Dans *les hommes favants*, le nom eft efpece, parce qu'il eft reftreint à une certaine claffe, ou à un certain nombre d'individus. Dans *l'homme dont je vous parle*, le nom eft pris individuellement, & cette expreffion eft l'équivalent d'un nom propre.

Un nom eſt pris indéterminément , lorſque ne voulant ni le faire conſidérer comme genre, ni le reſtreindre à une eſpece ou à un individu, on ne détermine rien ſur l'étendue de ſa ſignification. C'eſt ce qu'on voit dans cet exemple, *il eſt moins qu'homme.* Car alors je ne veux parler ni de tous les hommes en général, ni de telle claſſe, ni de tel homme en particulier. Je veux ſeulement réveiller l'idée indéterminée, dont ce mot eſt le ſigne, lorſqu'il n'eſt modifié par aucun adjectif.

Or, vous vous rappellez, Monſeigneur, que les adjectifs modifient de deux manieres. ils modifient en expliquant quelqu'une des qualités d'un objet ; ou ils modifient en déterminant une choſe, c'eſt-à-dire , en indiquant les vues de l'eſprit qui la conſidere dans route ſon étendue, ou qui la renferme dans de certaines bornes.

L'article eſt donc un adjectif. En effet, dans *l'homme eſt mortel*, il détermine le mot *homme* à être pris dans toute ſa généralité ; & dans *l'homme vertueux* , il concourt avec *vertueux* à le reſtreindre à une certaine claſſe.

On dira donc avec l'article, *le courage de Turenne , l'érudition de Freret , la ſageſſe de Socrate* ; parce qu'on veut reſtreindre ces mots

courage, érudition, sagesse Mais on dira sans
article, *homme de courage*, *se conduire avec
sagesse*, *rempli d'érudition*; parce qu'alors il
n'est pas nécessaire de distinguer différentes especes de courage, de sagesse, d'érudition : on
ne veut que modifier les mots *homme*, *se conduire*, *rempli*.

On dit *un courage surprenant, une sagesse sin-
guliere, une érudition vaste*; & pour lors l'ad- *L'article se
supprime,
lorsque les*
jectif *un* fait l'office de l'article. Il en est de
même de *tout, chaque, nul, aucun, quelque;
ce, cet, mon, votre, notre*, &c. L'article se
supprime donc toutes les fois que les noms
sont précédés par d'autres adjectifs qui les
déterminent. Ainsi vous direz sans article, *il
y a d'anciens philosophes, il y a de grands
hommes*. Il est vrai cependant qu'on dit avec
l'article *des sages-femmes, des petits-pâtés :*
mais, en pareil cas, les mots *sages* & *petits*
sont plutôt regardés comme faisant partie du
nom que comme adjectifs.

*noms sont dé-
terminés par
d'autres ad-
jectifs qui les
précédent.*

Quelquefois le substantif ne fait, avec l'adjectif qui le précéde, qu'une seule idée qui a *Il ne se supprime pas,*
besoin d'être déterminée, & vous concevez
qu'alors on ne doit pas supprimer l'article. Vous
direz donc *les ouvrages des anciens philosophes, les actions des grands hommes*. Car,
vous voulez parler de tous les anciens philo-

*lorsque le
substantif ne
fait qu'une
seule idée
avec l'adjec-
tif qui le pré-
céde.*

sophes, de tous les grands hommes ; & l'article est nécessaire pour déterminer ces idées à être prises dans toute leur généralité.

Proverbe où il est supprimé.

Il seroit à souhaiter qu'on supprimât l'article, toutes les fois que les noms sont suffisamment déterminés par la nature de la chose, ou par les circonstances : le discours en seroit plus vif. Mais la grande habitude, que nous nous en sommes faite, ne le permet pas ; & ce n'est que dans des proverbes, plus anciens que cette habitude, que nous nous faisons une loi de le supprimer. On dit, *pauvreté n'est pas vice*, aulieu de *la pauvreté n'est pas un vice*.

Quand l'article se met devant les noms propres, il faut de deux choses l'une, ou qu'ils soient employés comme noms généraux, ou qu'il y ait ellipse.

Tout nom propre est déterminé par lui-même. L'article lui est donc inutile, & on dira *César, Alexandre*. Mais si, après avoir généralisé ces noms, on veut les restreindre, on dira, *l'Alexandre de le Brun*. En pareil cas, *Alexandre* est d'abord considéré comme un nom commun, & il est ensuite restreint à un seul individu. C'est par cette raison qu'on dit, sans article, *Dieu est tout-puissant*, & avec l'article, *le Dieu de paix, le Dieu de miséricorde*.

Le Tasse, le Dante, l'Arioste ne sont pas des exceptions à la regle que je viens d'établir. Car il est du génie de notre langue de regarder *le* plutôt comme partie du nom, que comme article. Il eſt vrai néanmoins que nous paroiſſons quelquefois employer l'article avec des noms propres, & ſur-tout avec des noms de femmes ; mais alors il y a ellipſe. Ce n'eſt pas à ces noms que nous joignons l'article, c'eſt à un ſubſtantif que nous ne voulons pas prononcer, parce que notre deſſein eſt de mettre la perſonne dont nous parlons, dans une claſſe ſur laquelle nous jetons quelque mépris. Ce tour que nous employons rarement, parce qu'il n'eſt pas honnête, eſt plus ordinaire dans la langue italienne, où il indique le titre de la perſonne dont on parle. Car, lorſque les Italiens diſent *la Malaſpina, il Taſſo*, ils veulent dire *la conteſſa Malaſpina, il ſignor* ou *il poëta Taſſo.*

Il y a des termes, qui , ſans être généraux, ont cependant une ſignification fort étendue, parce qu'ils repréſentent une collection de choſes de même eſpece. Tels ſont les noms des métaux. On peut donc déterminer ces noms à être pris dans toute l'étendue de leur ſignification, & alors on dit, avec l'article *l'or, l'argent*, c'eſt-à-dire, tout ce qui eſt or , tout ce qui eſt argent. Mais ſi on n'emploie ces mots, que pour réveiller indéterminément l'idée du métal, on omet l'article , *une tabatiere d'or.* L'analogie eſt ici la

L'article avec les noms des métaux.

même que dans les exemples que nous avons
donnés.

On dit, *je vous payerai avec de l'or*, &
non pas, *avec d'or* ; parce que le mot *or*,
employé par oppofition à argent, eft un nom
qui veut être déterminé. On ne s'arrête plus
à l'idée du métal : on fe repréfente l'idée générale de monnoie, dont l'or & l'argent font
deux efpeces, & veulent, par conféquent, l'article : fi on dit, *je vous payerai en or* , c'eft
que la prépofition emporte toujours avec elle
une idée indéterminée, qu'elle communique
au nom qu'elle précéde.

Ce que nous venons de dire fur l'article
employé ou fupprimé, eft une fuite des principes que nous avons établis. Mais pourquoi
le donne-t-on quelquefois aux noms de pro-
vince & de royaume ? Ou pourquoi ne le leur
donne-t on pas toujours ? L'ufage eft bizarre,
répondent les grammairiens. Peut-être feroit
il plus vrai de dire que nous ne favons pas
toujours faifir l'analogie qui le regle.

Les hommes jugent toujours par comparaifon , & en conféquence ils ont regardé une
ville comme un point par rapport à un royaume. Les noms de ville font donc fuffifamment déterminés par eux-mêmes , & on les a
mis

mis parmi les noms propres qui ne prennent jamais l'article : *Paris*, *Parme*. *Le Catelet* & d'autres ne font pas une exception :
car, *le Catelet*, c'est par corruption *le petit
château*.

Mais les noms de provinces & de royaumes ont, comme ceux des métaux, une fignification plus ou moins étendue. Ils peuvent
donc être pris déterminément, ou indéterminément ; &, par conféquent, on dira, avec
l'article, *la Provence*, *la France*, & fans article, *il vient de Provence*, *de France*.

Dans ces occafions, il faut confidérer fi le
difcours fait porter l'attention fur l'étendue
d'un pays, ou feulement fur le pays, abftraction
faite de toute étendue. On dit *je viens d'Efpagne*, parce qu'alors il fuffit de confidérer
l'Efpagne comme un terme d'où l'on part ; &
on dit *l'Efpagne eft fort dépeuplée*, parce qu'a-
lors l'efprit embraffe ce royaume avec toutes
fes provinces. Une preuve de ce que j'avance,
c'eft que nous difons *les limites de la France*,
les bornes de l'Efpagne, avec l'article ; & fans
article, *la nobleffe de France*, *les rois d'Efpagne*. Car, pourquoi cette différence, fi ce
n'eft parce que les mots de *limites* & de *bornes* obligent de penfer à l'étendue de ces

royaumes, ce que ne font pas ceux de *noblesse* & de *rois*.

Il faut cependant remarquer que *la noblesse
de la France* est un tour très françois : mais il
ne signifie pas la même chose que *la noblesse
de France*. Par celui ci, on entend la collection des gentilshommes françois, & pour les
distinguer de ceux des autres royaumes, il suffit de déterminer le substantif *noblesse* en ajoutant *de France*. Mais par *la noblesse de la
France*, on entend les prérogatives, les avantages, l'illustration dont elle jouit. Or, ces
choses s'étendent sur toute la France, & obligent d'en déterminer le nom à toute l'étendue
dont il est susceptible.

L'usage, remarque l'abbé Regnier Desma-
rais, permet qu'on dise, presque egalement
bien : *les peuples de l'Asie, les villes de l'Asie,
& les peuples d'Asie, les villes d'Asie, les villes
de France, les peuples de France, & les villes
de la France, les peuples de la France*. La différence de ces tours vient de ce que, dans ces
occasions, l'esprit peut presqu'à son gré donner ou ne pas donner son attention à l'étendue des pays. En pareil cas, on use du droit
de choisir. Il me paroît cependant que les
tours avec l'article sont les plus usités. On

dit, par exemple, toujours *les nations de l'A-sie*, & jamais *les nations d'Asie*.

Il me semble que quand on parle des quatre principales parties de la terre, on a quel-que peine à faire abstraction de leur grandeur. C'est pourquoi nous disons, avec l'article, *il vient de l'Amérique, de l'Asie, de l'Euro-pe, de l'Afrique*. Je ne crois pas même que l'usage permette de parler autrement.

Usage de l'article avec les noms des quatre parties de la terre.

Cela n'est pas particulier à ces noms : car, ceux de quelques royaumes veulent l'article, & on doit toujours dire, *les rois de la Chine, du Pérou, du Japon*. péut être en usons nous ainsi à l'exemple de nos voisins qui, ayant commercé dans ces pays avant nous, en ont donné les premieres relations, & nous ont en-gagés à en parler avec l'article, parce que c'est ainsi qu'ils en parlent. Peut être aussi que le vulgaire, qui fait l'usage, rempli des vastes idées qu'on lui a données de ces royaumes, leur attache une idée de grandeur, dont il ne fait plus faire abstraction.

Avec les noms de quel-ques royau-mes.

La terre, le soleil, la lune, l'univers pren-nent l'article, & cela est fondé sur l'analo-gie. Mais on ne le donne point à *mars, mercure, venus, jupiter, saturne*; parce que,

Avec les noms des as-tres.

dans l'origine ce font là des noms propres d'hommes.

Suivant les vues que nous avons, en parlant des rivieres, des fleuves & des mers, nous employons ou nous fupprimons l'article.

Je dirai, *je bois de l'eau de Seine*, parce que pour faire connoître l'eau que je bois, il n'eft pas néceffaire que je prenne le mot *Seine* d'une maniere déterminée. Mais je dirai, *l'eau de la Seine eft bourbeufe*, parce qu'alors j'ai befoin de déterminer ce mot à toute l'étendue de fa fignification.

On dit, *le poiffon de mer*, lorfqu'on ne veut que diftinguer ce poiffon de celui de riviere. Mais on dit *le poiffon de la mer des Indes*, & l'article eft néceffaire pour contribuer à déterminer ce nom à une certaine partie de la mer.

Selon l'abbé Regnier, il faut toujours dire *l'eau de la mer*. Cependant l'analogie autorife à dire *l'eau de riviere eft douce & l'eau de mer eft falée*; & je ne fais fi l'ufage eft pour la décifion de ce grammairien.

Dès que l'article est un adjectif, il ne peut être employé, qu'autant qu'on énonce, ou qu'on sousentend le substantif qu'il modifie; & toutes les fois qu'il n'est suivi que d'un adjectif, *le grand, le noble, le sublime*, il faut qu'il y ait ellipse, ou que l'adjectif soit pris substantivement.

L'article modifie toujours un substantif.

Lorsqu'un nom est précédé de plusieurs adjectifs, tantot on met l'article devant chaque adjectif, *les bons & les mauvais citoyens*; tantot on ne le met que devant le premier, *les sages & zélés citoyens.* La raison de cette différence, c'est que, dans le premier exemple, le substantif est distingué en plusieurs classes, *les bons & les mauvais*, & en pareil cas il faut toujours répéter l'article; dans l'autre, les adjectifs énoncent des qualités qui appartiennent ou peuvent appartenir à une même classe, & c'est alors que l'article ne doit pas être répété.

Dans quel cas on répéte l'article devant plusieurs adjectifs.

Je crois, Monseigneur, n'avoir oublié aucune des difficultés qu'on peut faire sur l'article; quels que soient les exemples, on verra toujours la même analogie donner la loi. Il suffit de se souvenir que l'article est un adjectif qui détermine un nom à être pris dans toute son étendue, ou qui concourt à le restreindre.

Regle générale pour l'usage de l'article.

La nature de l'article étant connue, on voit quelle en est l'utilité. Mais il ne faut pas s'imaginer que le latin perde beaucoup à n'en pas avoir. Ce que l'article fait, les circonstances où l'on parle, peuvent souvent le faire. La langue latine s'en repose sur elles, & n'aime pas à dire ce qu'elles disent suffisamment. Vous vous en convaincrez un jour.

CHAPITRE XV.

Des pronoms.

Nous avons vu qu'*il*, *elle*, *le*, *la* sont dans le vrai des adjectifs employés avec ellipse ; en effet, qu'après avoir parlé d'Alexandre, j'ajoute *il a vaincu Darius*, *il*, sera pour *il Alexandre*, où l'on voit que ce mot est un adjectif. De même, si ayant parlé de la campagne, je dis, *je l'aime* ; c'est *je la campagne aime*, & on reconnoît encore un adjectif, aussi-tôt qu'on a rempli l'ellipse.

Comment les adjectifs *il*, *elle*, *le*, *la* sont devenus des pronoms.

Nous avons mis, parmi les noms de la troisieme personne, les adjectifs *il*, *ils*, *elle*, *elles*, & nous venons de considérer comme articles les adjectifs *le*, *la*, *les*.

Or, parce que ces noms de la troisieme personne & ces articles sont employés sans être suivis des substantifs qu'ils modifient, il est arrivé qu'ils ont paru prendre la place des

P 4

noms qu'on supprime, & ils sont devenus des pronoms, c'est-à-dire, des noms employés pour des noms qui ont été énoncés auparavant, & dont on veut éviter la répétition.

Quelle est l'expression des pronoms.

Telle est l'expression des pronoms ; c'est qu'ils rappellent un nom avec toutes les modifications qui lui ont été données. *Avez-vous vu la belle maison de campagne qui vient d'être vendue ? Je l'ai vue. La*, c'est-à-dire, *la belle maison de campagne qui vient d'être vendue.* C'est que cette phrase, qui est déterminée par l'article *la*, n'est qu'une seule idée, comme elle n'en seroit qu'une, si elle étoit exprimée par un seul mot.

Souvent les pronoms rappellent plutôt les idées qu'on a dans l'esprit, que les mots qu'on a prononcés. *Voulez-vous que j'aille vous voir ? je le veux. Le*, c'est-à-dire, *que vous veniez me voir.*

Y & en doivent être mis parmi les pronoms.

Il y a des mots qui n'ont jamais été ni articles, ni noms de la troisieme personne, & que l'on doit néanmoins mettre parmi les pronoms. Ce sont *y* & *en. Allez-vous à Paris ? j'y vais. C'est à Paris. Avez-vous de l'argent ? J'en ai. En, c'est de l'argent. Y* & *en*, sont donc employés à la place d'un nom précédé d'une préposition ; & ce sont des pronoms, à plus juste

titre, que les articles & les noms de la troisieme
personne, puisqu'ils n'ont jamais pu avoir d'autre emploi. On ne balancera pas à les regarder comme tels, si on juge des mots par les
idées dont ils sont les signes, plutôt que par
le matériel.

Le substantif *on* ou *l'on*, que nous avons
vu être un nom de la troisieme personne,
n'est pas un pronom, puisqu'il n'est jamais employé à la place d'aucun nom.

On ou l'on n'est pas un pronom.

Les termes figurés se substituent à d'autres
mots : mais c'est moins pour en prendre la
place, que pour réveiller le même fond d'i-
dées avec des accessoires différents. Tel est
voile, employé pour *vaisseau*. Les termes figurés ne sont donc pas des pronoms.

Les termes figurés ne sont pas des pronoms.

En traitant des verbes, nous avons considéré, comme sujets d'une proposition, les
noms des personnes. Il nous reste à observer
les autres rapports que ces noms ont avec le
verbe, les différentes formes qu'ils prennent,
& les loix que suit l'usage. Nous acheverons,
à cette occasion d'expliquer tout ce qui con-
cerne les pronoms.

CHAPITRE XVI.

De l'emploi des noms des personnes.

Au singulier, les noms de la premiere personne sont *je*, *me*, *moi*, & au pluriel, *nous*.

Je est toujours le sujet de la proposition : *je crois*, *je suis*.

Me est l'objet ou le terme de l'action exprimée par le verbe. Il est l'objet dans cette phrase, *il m'aime* ; il est le terme dans cet autre, *il me parle*.

Me se construit toujours avant le verbe : *moi*, doit toujours en être précédé, soit lorsqu'il en est l'objet, *aimez moi*, soit lorsqu'il en est le terme, *donnez-moi*, *donnez à moi*, *donnez à moi-même*. Il n'y a pas d'autre maniere de l'employer à l'impératif.

Donnez moi sans préposition, & *donnez à*

moi avec la préposition *à*, ne s'emploient pas indifféremment l'un pour l'autre. On dit, *donnez moi*, lorsqu'on se borne à demander une chose ; & on dit, *donnez à moi*, lorsqu'on la demande à quelqu'un qui, paroissant ne savoir à qui la donner, est au moment de la donner à un autre. Quant à *même* qu'on joint souvent à *moi*, il fixe l'attention sur ce substantif, & il paroît le montrer. C'est un adjectif.

A tout autre mode que l'impératif, *moi* ne peut pas s'employer seul. Il se construit avec *je*, lorsqu'il est le sujet de la proposition : *moi, moi-même, je prétends.* Lorsqu'il est l'objet ou le terme du verbe, il se construit avec *me : il me préfére moi*, ou *moi-même : il me soutient à moi, à moi-même.* Vous concevez que lorsqu'on joint à propos ces deux noms de la premiere personne, la phrase peut en avoir plus d'énergie.

Nous peut être sujet, objet ou terme. Sujet : *nous*, ou *nous mêmes nous pensons.* Objet : *aimez nous*, ou *aimez nous nous-mêmes.* Terme : *donnez nous, donnez à nous, à nous mêmes.*

Tel est l'usage pour les noms de la premiere personne. Il est le même pour ceux de Comment on emploie les noms de la feconde perfonne.

la feconde. Il ne faut que fubftituer, dans les exemples, *tu à je*, *te à me*, *toi à moi*, & *vous à nous*. Au fingulier *vous* eft le feul nom qu'on peut employer, quand on ne tutoye pas.

Emploi des noms de la troifieme perfonne, il, le, la & elle, lorfque celui-ci eft fujet d'u-ne propofi-tion.

Les noms de la troifieme perfonne, *il*, *ils*, *elle*, *elles*, *lui*, *eux*, *le*, *la*, *les*, *leur*, *fe*, *foi*, *en*, *y*, *on*, *l'on*, fouffrent de plus grandes diffi-cultés. Les uns ne fe difent que des perfon-nes, les autres ne fe difent que des chofes : enfin il y en a qui fe difent également des chofes & des perfonnes.

Du nombre de ces derniers font *il* & *ils*. Mais le pronom féminin, *elle* ou *elles*, ne fe dit également des perfonnes & des chofes, que lorfqu'il eft le fujet d'une propofition. Quant à *le*, *la*, *les*, qui font toujours l'objet du verbe, ils font dans le même cas qu'*il*; & voici comment ils fe conftruifent. *Je le lis, je les lirai*, *lifez-la*, *ne la lifez pas*, *lifez-le & le renvoyez*, ou encore *renvoyez-le*. Ces exemples vous ferviront de regle.

Ces pronoms doivent ré-veiller la mê-me idée que les noms dont ils prennent la place.

Racine a dit :

Nulle paix pour l'impie, il la cherche, elle fuit.

Et ce vers a été critiqué avec raifon : car les pronoms *la* & *elle*, qui par la conftruction

paroiffent employés pour *nulle paix*, font déterminés par le fens à ne rappeller que l'idée
du fubftantif *la paix*, c'eft-à-dire, une idée
toute contraire. C'eft ce qu'il faut éviter. La
regle eft donc que le pronom doit réveiller
la même idée que le nom dont il prend la
place. Cependant, Monfeigneur, il faut convenir qu'il y a, dans le tour de Racine, une
vivacité & une précifion qui doit d'autant
plus faire pardonner cette licence au poëte,
que l'efprit a fuppléé ce qui manque à l'expreffion, avant d'appercevoir la faute.

Il, quoique pronom, paroît quelquefois ne
prendre la place d'aucun nom. C'eft lorfqu'on
l'employe avec les verbes qui n'ont ni premiere, ni feconde perfonne, tel qu'*il faut*, il
importe, *il tonne*, *il pleut*. Ce mot néanmoins continue, dans tous les cas, d'avoir la
même acception ; & c'eft celle de l'adjectif
le que nous avons nommé article. Ainfi, quand
on dit, *il faut parler*, *il importe de faire*,
les verbes à l'infinitif font les noms que l'adjectif *il* modifie, & le fens eft, *il parler faut*,
il faire importe. Il eft vrai que dans *il tonne*,
il pleut, on ne voit pas d'abord le nom qui
peut être modifié : il y en a un cependant. Ce
fera, par exemple, *ciel*, *il ciel tonne*, *il ciel*
pleut.

Il a toujours la même acception, même avec les verbes qui n'ont ni premiere ni feconde perfonne.

Lui, *leur* & *eux* ne ſe rapportent d'ordinaire qu'aux perſonnes; & il en eſt de même du pronom *elle* ou *elles*, lorſqu'étant le terme d'un rapport, il eſt précédé d'une prépoſition. Voici, Monſeigneur, ce que les grammairiens obſervent à ce ſujet.

Quoiqu'un homme diſe fort bien d'un autre, *qu'il ſe repoſe ſur lui*, *qu'il s'appuie ſur lui*; on ne dira pas pour cela d'un lit ou d'un bâton, *repoſez vous ſur lui*; *appuyez vous ſur lui*: mais on ſe ſervira de la prépoſition elliptique *deſſus*, *repoſez vous*, *appuyez vous deſſus*.

En parlant des choſes, on emploie le pronom *en* au lieu de *de lui*, & le pronom *y* au lieu d'*à lui*. On ne dit pas d'un mur *n'approchez pas de lui*, on dit, *n'en approchez pas*; ni d'une ſcience où d'une profeſſion, *il s'eſt adonné à elle*, il faut dire, *il s'y eſt adonné*.

Une femme dit d'un chien qu'elle aime: *il fait tout mon amuſement*, *je n'aime que lui*, *je ſuis attachée à lui*, *je ne vais pas ſans lui*. Cependant on ne dira pas d'un cheval, *qu'on n'a jamais monté ſur lui*, mais *qu'on ne la jamais monté*; ni *qu'on ne s'eſt pas encore ſervi de lui* , mais *qu'on ne s'en eſt pas encore ſervi*.

Il ſemble donc qu'avec les prépoſitions *de* & *à*, les pronoms *lui* , *eux*, *elle* ne ſe diſent pas indifféremment des choſes & des perſonnes. Cependant , lorſqu'ils ſont précédés des prépoſitions *avec* ou *après* , ils peuvent ſe dire des choſes même inanimées. *Ce torrent entraîne avec lui tout ce qu'il rencontre. Il ne laiſſe après lui que du ſable & des cailloux.*

Il y a des phraſes fort en uſage en parlant des perſonnes, dont on ne ſe ſert pas en parlant d'une multitude. Quoiqu'on diſe d'une femme , *je m'approchai d'elle*, il faut dire d'une armée, *je m'en approchai.*

La regle , que donnent les grammairiens , eſt que , lorſque ces pronoms ſont précédés d'une prépoſition , ils ne ſe diſent des choſes, que dans le cas où elles ont été perſonnifiées. Mais cette regle n'eſt pas exacte, puiſque nous venons de voir que les prépoſitions *avec* & *après* n'empêchent pas qu'on ne les diſe des choſes. D'ailleurs quoi de plus perſonnifié qu'une armée qu'on fait mouvoir, agir & combattre ? & pourquoi ne diroit-on pas : *Nous allames, nous marchames à elle?* Pourroit-on même parler autrement? Voilà donc le pronom *elle*, précédé d'une préposition qui se dit d'une armée. Je crois qu'on peut dire encore : *J'aime la vérité, au point que je sacrifierois tout pour elle* ; & il importe peu que la vérité soit personnifiée, ou ne le soit pas. Mais nous traiterons plus particuliérement cette question dans le chapitre suivant, à l'occasion des adjectifs possessifs *son, sa.*

Quelle est dans le discours la place du pronom eux.

Eux se met toujours après le verbe. Tantôt il est précédé d'une préposition : *il dépend d'eux je vais à eux* ; alors il est le terme d'un rapport. S'il n'en est pas précédé, il est le sujet d'une préposition, & en pareil cas, il est ordinairement accompagné de l'adjectif *même : ils prétendent eux-mêmes.*

Quelle est la place de lui.

Lui peut également être le sujet de la préposition : *il l'a dit lui-même* ; & ce tour est encore usité avec le pronom *elle, elle l'assure elle-même.*

Lui se construit de différentes manieres. Avec le verbe *parler*, on dira : *voulez-vous parler à lui* ou *lui parler*. Pour plus d'énergie, on le répétera en ajoutant *même : Je lui ai représenté à lui-même*. Enfin il peut être l'objet du verbe : *Je le verrai lui-même.*

A

A l'impératif, sans négation, on dit ordinairement : *Donnez-lui*, quelquefois aussi *donnez à lui* ; & au même mode, avec négation, *ne lui donnez pas* ou *ne donnez pas à lui*.

A tout autre mode *lui* doit précéder le verbe, toutes les fois qu'il est le terme d'un rapport qui pourroit être exprimé par la préposition *à* : *Je lui ai lu mon ouvrage*. Au contraire, il doit suivre le verbe, s'il est le terme d'un rapport exprimé par la préposition *de* : *nous dépendons de lui*.

Leur veut toujours le précéder : *Je leur ai offert*. Si on vouloit, pour plus d'énergie, mettre un pronom après le verbe, *eux* est le seul dont on pourroit se servir : *Je leur ai offert à eux - mêmes*.

Quelle est la place de *leur*.

Lorsque le sujet de la proposition est l'objet du verbe ou le terme d'un rapport, on se sert de *se*, de *soi*, ou de *lui*, pour marquer cet objet ou ce terme : *il s'aime*, *se* est l'objet d'*aimer*. *Chacun est pour soi*, *soi* est le terme d'un rapport marqué par la préposition *pour*. *Il se donne des louanges*, *se* est le terme d'un rapport qui seroit exprimé par la préposition *à*.

Emploi de *se* & de *soi*.

Tom. I. Q

Se ne se met jamais qu'avant le verbe ; & *soi* se met toujours après : *s'occuper de soi.*

Lui & elle employés pour *se* & *soi.*

Ils servent aux deux genres & aux deux nombres. Cependant les pluriels *eux-mêmes* & *elles-mêmes* doivent être préférés à *soi-même.* Ainsi quoiqu'on dise fort bien : *ce raisonnement est bon en soi*; on dira : *ces raisonnements sont solides en eux-mêmes.*

En général, *lui-même* se construit avec tous les noms qui portent une idée déterminée, & *soi-même* avec ceux qui n'offrent qu'une idée indéterminée : *on se tourmente soi-même, on fait soi-même sa félicité, chacun est soi-même son juge, la confiance en soi seul est dangereuse.* On diroit au contraire: *le sage fait lui-même sa félicité, il est lui-même son juge, il ne met pas sa confiance en lui seul.*

Se se dit également des personnes & des choses, & *soi* ne se dit que des personnes, ou du moins y a-t-il peu d'exceptions à faire. Quoiqu'on ne puisse pas blâmer, *ces choses sont de soi indifférentes*, il me semble qu'il seroit encore mieux de dire, *sont d'elles-mêmes.*

Emploi du pronom *y.*

Y s'emploie dans des phrases, d'où nous avons vu que l'usage rejette le pronom *lui.*

Ainſi il faut dire d'une maiſon, *vous y avez ajouté un pavillon.* Il ſe dit néanmoins quelquefois des perſonnes. *Avez-vous penſé à moi ? Je n'y ai pas penſé. Y,* c'eſt-à-dire, *à faire ce que je vous ai promis.*

En équivaut toujours à un nom précédé de la prépoſition *de :* &, ſelon ce qui précéde, à pluſieurs noms, ou même à des phraſes entieres. *J'en ai reçu* ſera *de l'argent, des livres, un exemplaire d'un ouvrage qui fait beaucoup de bruit.*

Du pronom en.

On & *l'on* ſont les noms d'une troiſieme perſonne conſidérée vaguement. *On chante,* on rit. Ils ſont toujours le ſujet d'une propoſition; nous avons vu qu'ils viennent, par corruption, du mot *homme.*

D'on & l'on.

Nous finirons ce chapitre par une difficulté ſur l'uſage des pronoms *le, la, les.* Une femme à qui on demande *êtes-vous malade ?* ou *êtes-vous la malade ?* répond à la premiere queſtion, *je le ſuis,* & *je la ſuis,* à la ſeconde. Pluſieurs répondroient : *nous le ſommes* à *êtes-vous malades ?* & *nous les ſommes* à *êtes-vous les malades.* Voilà certainement l'uſage; il s'agit d'en rendre raiſon.

Quand une femme doit dire, je le ſuis ou je la ſuis.

Je remarque d'abord que, dans les phraſes

où le pronom ne doit être qu'au singulier masculin, le nom auquel on le rapporte, est toujours un adjectif, *malade* ou *malades*. Au contraire, dans celles où il peut être au féminin ou au pluriel, il tient toujours la place d'un substantif sur lequel l'attention se porte, *la malade* ou *les malades*.

Je remarque en second lieu, que, lorsque ce pronom se rapporte à un substantif, il est dans l'analogie de la langue qu'il en suive le genre & le nombre. On dira donc *je la suis ; la*, c'est-à-dire, *la malade*.

Mais les adjectifs, quoiqu'ils prennent souvent différentes formes suivant le nombre & le genre des noms qu'ils modifient, ne sont pas eux-mêmes ni du masculin ni du féminin, ni du singulier ni du pluriel. Il n'y a donc pas de fondement pour changer la terminaison du pronom qui en prend la place; & on lui laisse sa forme primitive, qui se trouve celle qu'on a choisie pour marquer le masculin & le singulier. *Je suis. Le* quoi ? *malade*. Or, *malade* est une idée qui par elle-même n'a point de genre.

Autre question sur le pronom le. Voici un exemple que l'abbé Girard dit avoir été proposé à l'académie, & sur lequel les avis furent partagés. *Si le public a eu quel-*

que indulgence pour moi, je *le dois à votre*
protection. C'eſt ainſi qu'il faut dire, comme
le décide l'abbé Girard, & non pas, *je la dois.*
Car, le pronom ne ſe rapporte pas à *indul-*
gence, mais à cette phraſe, *le public a eu quel-*
que indulgence pour moi : Or, cette phraſe
n'a point de genre. Il faudroit dire au contraire: *l'indulgence que le public a eue pour moi ;*
je la dois ; parce qu'alors il eſt évident que le
pronom ſe rapporte à *indulgence.*

CHAPITRE XVII.

Des adjectifs possessifs

J'APPELLE *adjectifs possessifs* ceux qui déterminent un nom avec un rapport de propriété. dans *mon chapeau*, *mon* est adjectif, puisqu'il détermine *chapeau* ; & il est possessif, puisqu'il marque un rapport de propriété du chapeau à moi.

Ces adjectifs expriment un rapport de propriété à la première personne, *mon*, *le mien*, *notre*, *le nôtre* ; à la seconde, *ton*, *le tien*, *votre*, *le vôtre* ; à la troisieme, *son*, *le sien*, *leur*, *le leur*.

Mon, *ton*, *son*, leur féminin & leur pluriel s'emploient toujours avec des substantifs, & ne peuvent jamais être précédés de l'article.

Avec *mien*, *tien*, *sien*, leur féminin & leur pluriel, il faut au contraire faire toujours usage de l'article, & sousentendre un substantif. *Vôilà votre plume, donnez moi la mienne*: *la mienne* fignifie *la plume mienne*, c'eft une ellipfe. L'article s'emploie en pareil cas, non pour déterminer *mienne*, mais pour concourir avec cet adjectif à déterminer le mot *plume* qui eft fousentendu.

Enfin *notre*, *votre*, *leur*, fe mettent avec le fubftantif fans article, ou avec l'article fans fubftantif. Un coup d'œil fur la table fuivante fuffira, Monfeigneur, pour vous faire remarquer l'ufage qu'on fait de tous ces adjectifs.

RAPPORTS DE PROPRIÉTÉS.

		SANS ELLIPSE.	AVEC ELLIPSE.
A la premiere perfonne.	Sing. Plur.	Mon. Mes.	Le mien. Les miens.
A plufieurs de la premiere.	Sing. Plur.	Notre. Nos.	Le nôtre. Les nôtres.
A la feconde.	Sing. Plur.	Ton. Votre Tes. Vos	Le tien. Le vôtre. Les tiens. Les vôtres
A plufieurs de la feconde.	Sing. Plur.	Votre. Vos	Le vôtre. Les vôtres.
A la troifieme.	Sing. Plur.	Son. Ses.	Le fien. Les fiens
A plufieurs de la troifieme.	Sing. Plur.	Leur. Leurs.	Le Leur. Les Leurs.

Mon, ton,
fon, s'em-
ploient quel-
quefois avec
les noms fé-
minins.

Mon, *ton, fon* ont cela de particulier,
qu'ils s'emploient non - feulement avec les
noms mafculins, mais encore avec les féminins, qui commencent par une voyelle ou par
une *h* non afpirée : *mon ame, ton amitié,* &
non pas, *ma ame, ta amitié.*

C'eft une regle générale que nous fupprimons ces adjectifs, toutes les fois que les
circonftances y fuppléent fuffifamment. On dit,
j'ai mal à la tête, ce cheval a pris le mors
aux dents ; & non pas; *j'ai mal à* MA *tête,*
ce cheval a pris SON *mors à* SES *dents.*

Les adjectifs
poffeffifs de la
troifieme per-
fonne ne s'em-
ploient pas
indifférem-
ment pour
les perfonnes
& pour les
chofes.

Il n'y a aucune difficulté fur l'ufage des
adjectifs de la premiere & de la feconde perfonne. Il n'en eft pas de même de ceux de
la troifieme. En parlant d'un homme ou d'une
femme, on dira, *fa tête eft belle,* & on ne
dira pas *la tête* EN *eft belle,* quoique *fa* &
en ayent ici la même fignification. S'il s'agif-
foit d'une ftatue, il faudroit dire au contraire,
la tête EN *eft belle,* & non pas, SA *tête eft*
belle.

La regle générale que vous pouvez vous
faire, c'eft d'employer les adjectifs *fon, fa,*
lorfque vous parlez des perfonnes, ou des
chofes que vous perfonnifiez, c'eft-à-dire,
auxquelles vous attribuez des vices & une

volonté. Hors ces cas, l'usage varie beaucoup, & les grammairiens ont bien de la peine à se faire des regles.

On ne dira pas, en parlant d'une riviere, SON *lit est profond*, mais LE *lit* EN *est profond*; on dit cependant, *elle est sortie de* SON *lit*.

On ne dira pas d'un parlement, d'une armée, d'une maison: SES *magistrats sont intégres*, SES *soldats sont bien disciplinés*, SA *situation est agréable*. Il faut dire: LES *magistrats* EN *sont intégres*, LES *soldats* EN *sont bien disciplinés*, LA *situation* EN *est agréable. Cependant* vous direz *le parlement est mécontent d'une partie de* SES *magistrats, l'armée a perdu beaucoup de* SES *soldats, cette maison est mal située, il faudroit pouvoir la tirer de* SA *place*: vous ne pourriez pas même parler autrement.

Regle du sujet.

D'après ces exemples, il est aisé de se faire une regle: la voici. Quand il s'agit des choses qui ne sont pas personnifiées, on doit se servir du pronom *en*, toutes les fois qu'on en peut faire usage; & on ne doit employer l'adjectif possessif, que lorsqu'il est impossible de se servir de ce pronom. Vous direz donc: *l'église a* SES *priviléges, le parlement a* SES droits, *la république a conservé* SES *conquêtes*; *fi la ville a* SES *agrémens*, *la campagne a* LES SIENS. Il n'eft pas poffible de fubftituer ici le pronom *en*, aux adjectifs poffeffifs; &, par conféquent, on ne doit pas fe faire un fcrupule de les employer. Mais fi on peut fe fervir de ce pronom, on dira en parlant de la ville, LES *agrémens* EN *font préférables à ceux de la campagne*; d'une république, LES *citoyens* EN *font vertueux*; d'un parlement, LES *magiftrats* EN *font intégres*; de l'églife, LES *privileges* EN *font grands*.

Vous pouvez, Monfeigneur, faire l'application de cette regle aux exemples que j'ai apportés plus haut, & à beaucoup d'autres. Vous parlerez donc également bien, foit que vous difiez d'un tableau, *il a* SES *beautés*; *ou* LES *beautés en font fupérieures*; & d'une maifon, *elle a* SES *commodités*; *ou* LES *commodités* EN *font grandes*. Quoique les adjectifs poffeffifs paroiffent plus particulierement deftinés à marquer le rapport de propriété aux perfonnes, il eft naturel de s'en fervir pour marquer ce même rapport aux chofes, quand on n'a pas d'autres moyens. On dira donc, de l'efprit, SES *avantages*; de l'amour, SES *mouvemens*; d'un triangle, SES *côtés*; d'un quarré, SA *diagonale*: ceci réfout la queftion que nous avons agitée au fujet des pronoms, *lui, eux*, &c. c'eſt-à-dire, qu'on doit ſe ſervir de ces pronoms, toutes les fois qu'on n'y peut ſuppléer par aucun autre tour.

Je remarquerai par occaſion, que *ce ta-bleau a* SES *beautés* & *ce tableau a* DES *beau-tés* ne ſignifient pas exactement la même choſe. On dira, *ce tableau a* SES *beautés*, lorſ-qu'on parle à quelqu'un qui y trouve des dé-fauts, dont on eſt obligé de convenir malgré ſoi ; & ce tour exprime un conſentement ta-cite aux critiques qui ont été faites. On dira au contraire *ce tableau a* DES *beautés*, lorſ-qu'on y trouve des défauts qu'on ne releve pas, qu'on veut même paſſer ſous ſilence, & qu'on ſeroit fâché de voir échapper aux autres.

En quoi dif-fere ce ta-bleau a SES *beautés de ce tableau a* DES *beautés.*

On demande s'il faut dire, *tous les juges ont opiné chacun ſelon* SES *lumieres*, ou *tous les juges ont opiné chacun ſelon* LEURS *lumie-res*.

Difficulté ſur les adjectifs ſes & leurs.

Pour réſoudre cette queſtion, il faut con-noître la différente ſignification des adjectifs *ſes & leurs*. Or, le premier ſignifie que la choſe appartient diſtributivement aux uns & aux autres ; & le ſecond, qu'elle leur appar-tient à tous collectivement.

De cette explication, il s'enfuit que vous devez dire : *tous les juges ont opiné chacun selon SES lumieres*. Car, ce que vous dites de tous collectivement, c'est qu'ils ont opiné ; & ce que vous dites diftributivement, c'est que chacun a opiné felon fes lumieres. Il y a ellipfe, & le fens eft : *tous les juges ont opiné, & chacun a opiné felon fes lumieres.*

Vous direz au contraire : *tous les juges ont donné chacun leur avis fuivant LEURS lumieres.*

Pour fentir la différence de ces deux tours, il faut remarquer que, dans ces mots *les juges ont opiné*, le fens collectif eft fini , & qu'il ne l'eft pas dans ceux ci, *les juges ont donné.* Or, dès que *chacun* ne vient qu'après un fens collectif fini, c'eft à ce mot que tout ce qui fuit doit fe rapporter, & on doit dire diftributivement ; *les juges ont opiné chacun felon fes lumieres.* Mais fi *chacun* vient avant que le fens collectif foit fini, ce qui fuit ne peut plus fe dire diftributivement. Vous direz donc : *les juges ont donné chacun LEUR avis fuivant LEURS lumieres* car, le fens collectif ne finit qu'après *avis* que *chacun* précéde.

Par la même raifon vous direz : *il leur a dit à chacun LEUR fait,* & non pas , *SON fait.*

Vous direz cependant, *il a dit à chacun SON fait*, parce que n'y ayant point de nom auquel l'adjectif possessif puisse se rapporter collectivement, *chacun* détermine le sens distributif.

Voilà, Monseigneur, les regles générales. Il suffit de vous les avoir fait remarquer. L'usage achevera de vous instruire.

CHAPITRE XVIII.

Des adjectifs démonstratifs.

Ce qu'on entend par *adjectif démonstratif.* Les adjectifs démonstratifs font ceux qui montrent, pour ainfi dire, l'objet qu'ils déterminent. *Ce livre, cet homme, ces abus.*

De ce nombre font *ci* & *là.* Parmi ces adjectifs on doit mettre *ci* & *là*, dont l'un détermine lequel des deux objets eft le plus près ; & l'autre, lequel eft le plus loin. Ils font les mêmes pour tous les genres & pour tous les nombres, & ils fe placent après les noms. *Cet homme-ci* fignifie le plus près, *cet homme-là* fignifie le plus loin.

Ci ne s'emploie qu'à la fuite d'un nom: *là* s'emploie feul, & alors c'eft une expreffion elliptique. *Il eft là*, fuppléez *dans ce lieu*: *il vient de là*, fuppléez *de ce lieu.*

Ci & là ajoutés à ce. On a ajouté *ci* & *là* à *ce*, & on a fait *ceci*, *cela*, qui font encore deux expreffions ellipti-

ques, où l'efprit fousentend une idée vague,
un nom tel qu'*objet*, *être* ou tout autre.

L'ellipfe a lieu encore, lorfque nous joignons *ce* au verbe *eft*. *J'aime Moliere, c'eft*
le meilleur comique, c'eft-à-dire, *ce Moliere*
eft le meilleur comique. C'eft une chofe merveil-
leufe que de l'entendre. Ici il n'y a point d'ellipfe : car *de l'entendre* eft le nom que modifie
l'adjectif *ce* ; & le fens *ce de l'entendre eft une*
chofe merveilleufe. Mais il y a ellipfe dans la
phrafe fuivante : *prenez garde à ce que vous di-*
tes. Car l'efprit ajoute à *ce* l'idée de difcours
ou de propos, & ce tour eft équivalent à
celui-ci : *prenez garde aux propos que vous*
tenez.

Ce avec le
verbe être.

Cet adjectif, joint au verbe *être*, a un
avantage du côté de l'expreffion. *Ce fut Sylla*
qui montra le premier que la république pou-
voit perdre fa liberté, indique, d'une maniere
plus fenfible, Sylla comme le premier auteur
de la tyrannie, que fi on difoit, *Sylla fut le*
*premier....*En effet *ce fut* fixe l'attention fur
Sylla & le montre au doigt, pour ainfi dire :
au lieu qu'en difant *Sylla fut*, on ne fait que
le nommer.

On dit indifféremment *c'eft eux*, *ce font*
eux, *c'eft elles*, *ce font elles.* Mais avec les

noms de la premiere perſonne & de la ſeconde, on ne peut employer que le ſingulier, *c'eſt vous, c'eſt nous, c'eſt moi.*

Dans ces phraſes le ſujet du verbe eſt une idée vague, que montre l'adjectif *ce*, & que la ſuite du diſcours détermine. Si l'eſprit ſe porte ſur cette idée, nous diſons au ſingulier, *c'eſt eux, c'eſt nous* : & nous diſons au pluriel, *ce ſont eux*, ſi l'eſprit ſe porte ſur le nom qui ſuit le verbe.

L'uſage a donc ici le choix des tours, & il peut à ſon gré rejeter quelquefois l'un des deux. C'eſt ce qu'il fait, lorſque le nom eſt à la premiere ou à la ſeconde perſonne : car il ne permet jamais de dire *ce ſont nous, ce ſont vous.* Il uſe encore du même droit, lorſqu'on parle au paſſé, & il ne veut pas qu'on diſe: *ce fut les Phéniciens qui inventerent l'art d'écrire.* Cependant le ſingulier ne ſeroit pas une faute, ſi on parloit au préſent: *c'eſt les Phéniciens qui ont inventé l'art d'écrire.* Je conviens néanmoins que *ce ſont* pourroit être mieux, parce que l'attention ſe porte plus particulierement ſur le nom qui eſt au pluriel.

Celui, celle.

Il y a des adjectifs démonſtratifs qui n'indiquent qu'une choſe ou qu'une perſonne en général.

général. C'est pourquoi on ne les joint jamais
à aucun nom : ce sont *celui*, *celle*. On dit *celui qui*, *celle qui* ; & l'esprit supplée toujours
l'idée sousentendue, *homme*, *chose* ou quelque
autre.

A ces adjectifs on a ajouté *ci* & *la*, & on
a fait *celui-ci*, *celui-la* ; le premier indique ce
qui est près, ou ce dont on a parlé en dernier
lieu ; & le second, ce qui est loin, ou ce qu'on
a nommé en premier lieu.

Celui-ci, celui-la.

Celui est formé de *ce* & de *lui* : *celle* de
ce & d'*elle*. On disoit même autrefois *cil* de *ce*
& d'*il*, & nous disons aujourd'hui *ceux* de *ce*
& d'*eux*. Vous voyez que l'adjectif *ce* a été
joint aux noms des troisiemes personnes, &
qu'il est pour tous les genres & pour tous les
nombres.

CHAPITRE XIX.

Des adjectifs conjonctifs.

Quelle eſt la nature des adjectifs, conjonctifs, *qui*, *lequel* &c. LE propre des mots, *qui*, *que*, *dont*, *lequel*, *laquelle*, quoique tous les grammairiens les mettent dans la claſſe des pronoms, n'eſt certainement pas de pouvoir être ſubſtitué à aucun ſubſtantif. Voyons quelle en eſt la nature.

Nous avons dit, Monſeigneur, qu'un ſubſtantif peut être modifié par une propoſition incidente. *Les vers de l'écrivain que vous aimez, dont vous recherchez les ouvrages, & auquel vous donnez la préférence.* Voilà trois propoſitions incidentes. Il s'agit de ſavoir quelle eſt l'énergie des mots *que*, *dont*, *auquel*.

Obſervons d'abord *lequel & du quel*, & diſons : *l'écrivain lequel vous aimez & duquel...*

Je fais bien que l'ufage préfére *l'écrivain que...* & *dont.....* Mais toutes ces expreffions ont le même fens, & je ferai en droit d'appliquer à *qui*, *que*, *dont*, ce que j'aurai démontré de *lequel* & *duquel*.

Or, quand je dis *l'écrivain*, j'offre une idée dans toute fa généralité; & fi j'ajoute *lequel*, ce mot reftreint mon idée. J'annonce que je vais parler d'un individu, & je fais preffentir que je vais le défigner par quelques modifications particulieres.

Ces modifications font exprimées dans la propofition incidente, & cette propofition eft annoncée par le mot *lequel*, qui la lie au fubftantif. Ce mot commence donc à déterminer celui d'écrivain, &, par conféquent, il doit être mis dans la claffe des adjectifs.

Mais, comme nous l'avons remarqué, tout adjectif eft cenfé accompagné de fon fubftantif; & lorfque celui-ci n'eft pas exprimé, il eft foufentendu. *l'écrivain lequel vous aimez & auquel vous donnez la préférence*, eft donc pour *l'écrivain lequel écrivain vous aimez & auquel écrivain.....* il n'eft pas étonnant qu'on faffe ufage de l'ellipfe en pareil cas, puifque l'idée qu'on néglige d'énoncer, fe fupplée d'elle-même.

Or, *qui*, *que*, *dont* font fynonymes de *lequel & du quel*. Ce font donc auffi des adjectifs; & toutes les propofitions où nous les employons, font des tours elliptiques. Ce ne feroit pas faire une difficulté que de dire que l'ufage ne permet pas de leur ajouter le mot fousentendu : l'idée s'en préfente au moins, & c'eft affez. L'*écrivain qui* eft donc pour l'*écrivain qui écrivain*. Ainfi, bien loin que ces mots *qui*, *que*, *dont*, *lequel*, tiennent la place d'un nom, ils le foufentendent au contraire toujours après eux. Je les appelle *adjectifs conjonctifs* : *adjectifs*, parce qu'ils commencent à déterminer le nom *conjonctif*, parce qu'ils le lient à la propofition incidente qui acheve de le modifier.

Il faut remarquer que le nom que les adjectifs déterminent, n'eft pas toujours exprimé; mais il le fupplée. *Qui vous a dit cela?* c'eft *quel eft l'homme, qui homme*. *Qui ne fait pas garder un fecret, ne mérite pas d'avoir des amis :* C'eft *l'homme qui homme ne fait* .... Quelquefois auffi le conjonctif n'eft précédé que d'un autre adjectif vague : *celui qui*; & alors il faut fuppléer le fubftantif pour l'un & pour l'autre adjectif, *celui homme qui homme*.

Qui & *lequel* ne se rapportent d'ordinaire qu'à un substantif qui le précéde : mais nous avons d'autres adjectifs conjonctifs qui ne se rapportent jamais qu'à des noms sousentendus : ce sont *quoi* & *où.* Quand on dit, *à quoi vous occupez vous ? quoi* est entierement l'équivalent de *lequel* ou *laquelle.* C'est un adjectif qui est le même pour les deux genres; & il faut suppléer *chose* ou tout autre nom. *Quelle est la chose, à quoi chose* pour *à laquelle chose , vous vous occupez ?*

Quand on dit : *où allez vous ? d'où venez vous ?* le sens est , *quel est le lieu au quel lieu vous allez ! quel est le lieu du quel lieu vous venez ?* Ces exemples vous font voir que l'adjectif *où* est équivalent à un conjonctif suivi de son substantif, & à une proposition qui le pourroit précéder, mais qu'on supprime. Il est vrai, Monseigneur , que les grammairiens seront étonnés de voir *quoi* & *où* dans la classe des adjectifs. Mais remarquez que je rappelle ces expressions aux élémens du discours, & que c'est le seul moyen d'en déterminer la nature.

Lequel & *laquelle* sont formés des articles *le* *la,* & des adjectifs, *quel* & *quelle*, qui ne sont pas conjonctifs, & qui s'emploient souvent avec ellipse. *Quel est-il? quelle est-elle ?* se diront ; par exemple, pour *cet homme quel hom-me eſt-il !* *cette femme quelle femme eſt-elle ?* nous diſons auſſi ? *qui eſt-elle ?* ces adjectifs ne ſouffrent point de difficultés. Il n'en eſt pas de même des adjectifs conjonctifs. Nous allons obſerver dans le chapitre ſuivant, comment on les emploie.

CHAPITRE XX.

De l'emploi des adjectifs conjonctifs.

On ne dit point, *l'homme est animal qui raisonne, vous avez été reçu avec politesse qui....* il faut dire, *l'homme est* UN *animal qui raisonne, vous avez été reçu avec* UNE *politesse ou avec la politesse qui...* En examinant ces exemples, nous trouverons la regle qu'on doit suivre.

Les mots *animal* & *politesse* sont indéterminément dans *l'homme est animal* & dans *vous avez été reçu avec politesse.* Au contraire, ils sont déterminés & restreints, lorsqu'on dit *un animal, une* ou *la politesse...* La regle est donc qu'un adjectif conjonctif, ne doit se rapporter qu'à un nom, pris dans un sens déterminé.

Un nom est sensiblement déterminé toutes les fois qu'il est précédé de l'article ou des ad-

R 4

Les adjectifs conjonctifs ne peuvent se rapporter qu'à des noms pris déterminément.

jectifs *un*, *tout*, *quelque* & autres semblables.
Mais il peut l'être encore, quoiqu'il ne soit
précédé d'aucun de ces adjectifs ; & on y sera
trompé, si on ne saisit pas le sens de la phrase.
Tous les tours suivants, par exemple, sont
très corrects. *Il n'a point de livre qu'il n'ait lu,
est-il ville dans le royaume qui soit plus obéis-
sante ? il n'y a homme qui sache, il se conduit
en pere qui* ... *Livre*, *ville*, *homme*, *pere* sont
évidemment déterminés : car le sens est; *il n'a
pas un livre qu'il* ... *est-il dans le royaume une
ville qui* ... *il n'y a pas un homme qui* ... *il se
conduit comme un pere qui* ... on dira de même, *il est accablé de maux, de dettes qui* ...
parce qu'on sousentend *certains*, *plusieurs* ou
quelque chose d'équivalent : *il est accablé de
certains maux, de plusieurs dettes* ; on dira encore : *une sorte de fruit qui ne mûrit point dans
nos climats* ; parce que *sorte* restreint le mot
fruit : enfin on dira, *il n'y a point d'injustice
qu'il ne commette* ; parce que le sens est, *il n'y
a pas une sorte d'injustice.*

Tous les conjonctifs se disent ils in-différemment des personnes & des choses?

Une observation que nous avons déja faite
sur d'autres noms, a encore lieu ici : c'est que,
parmi les adjectifs conjonctifs, les uns ne se
disent que des personnes, & les autres se disent
des personnes & des choses. Il s'agit d'observer
ce que l'usage prescrit à ce sujet.

Il faut d'abord diftinguer fi l'adjectif conjonctif eft le fujet de la propofition incidente,
l'objet du verbe ou le terme d'un rapport. Il
eft le fujet dans *la fcience qui plaît le plus*, l'objet dans *la fcience que j'aime*, & le terme d'un
rapport, toutes les fois qu'il peut être précédé
d'une prépofition.

Lorfque le conjonctif eft le fujet de la propofition incidente, *qui* doit-être préféré à *lequel*
& *laquelle*, foit qu'on parle des chofes, foit
qu'on parle des perfonnes. *Les écrivains qui fa-*
vent penfer, favent écrire : les talents qui font
le philofophe, & ceux qui font l'homme focia-
ble ne font pas toujours les mêmes : la philofo-
phie qui cabale, qui déclame & qui crie, eft un
fanatifme qui veut paroître ce qu'il n'eft pas. Il
ne feroit pas permis de fubftituer ici *lequel* ou
laquelle. Cependant ces adjectifs, fufceptibles
de genre & de nombre, font très propres à prévenir des équivoques ; & il y a des écrivains qui
les emploient fouvent dans ce deffein : mais il
faut, autant qu'il eft poffible, préférer tout autre moyen.

Lorfque le conjonctif eft l'objet du verbe, c'eft encore une regle générale de préférer *que* à *lequel* & *laquelle*. *Les arts que*
vous étudiez : les ennemis qu'il a vaincus :

la grammaire que je fais. Jamais *les arts lesquels ,* &c.

Lorsque le conjonctif est le terme d'un rapport qu'on pourroit exprimer par la préposition *de* , *dont* s'emploie en parlant des choses comme en parlant des personnes: il est même préferable à tous les autres. *César dont la valeur : les biens dont vous jouissez : la maladie dont vous êtes menacé.*

Si on vouloit faire usage des autres conjonctifs , il faudroit distinguer s'ils se rapportent à une chose ou à une même personne. Dans le premier cas , le plus sûr seroit d'employer *du quel* ou *de laquelle* , & jamais *de qui. Un arbre du quel le fruit : Une chose de laquelle.* Sur quoi il faut remarquer que , *dont* seroit préferable.

Si le conjonctif se rapporte à des personnes , vous préférerez *de qui* à *du quel* & *de laquelle : César de qui la valeur.*

Mais il y a une exception à faire sur ces deux dernieres regles. Pour cela j'observe que *de qui* peut être le terme auquel se rapporte le substantif de la proposition incidente , ou le terme auquel se rapporte le verbe.

Dans *Céſar de qui la valeur*, *de qui* eſt le terme auquel ſe rapporte le ſubſtantif *la valeur*, & il le détermine, comme *de Céſar* le détermineroit. Mais *dans l'homme de qui vous m'avez parlé*, *de qui* eſt le terme auquel on rapporte le verbe.

Or, toutes les fois que le conjonctif eſt le terme auquel on rapporte le verbe, on peut ſe ſervir de *de qui* ou de *dont*, qui eſt encore mieux.

Mais s'il eſt le terme auquel ſe rapporte le ſubſtantif de la propoſition incidente, il faut diſtinguer ; ou il eſt ſuivi de ce ſubſtantif, ou il en eſt précédé.

S'il en eſt ſuivi, *dont* pourra ſe dire des perſonnes & des choſes, & *de qui* ne ſe dira que des perſonnes. *La Seine dont le lit*, & non pas *de qui*. *Le prince dont* ou *de qui la protection*.

S'il en eſt précédé, il faudra toujours préférer *du quel* ou *de laquelle*. *La Seine dans le lit de laquelle* : *le prince à la protection duquel* : *de qui* ne ſeroit pas ſi bien, même en parlant des perſonnes.

Avec la prépoſition *à* on emploie les con-

jonctifs *lequel* & *laquelle*, en parlant des choses : *la fortune à laquelle je ne m'attendois pas.*
En parlant des personnes, on a le choix entre
qui & *lequel : les amis à qui* ou *auxquels je me
suis confié.*

A quoi ne se dit que des choses absolument
inanimées, & encore peut-on toujours substituer *au quel* ou *à laquelle : c'est une objection à
quoi* ou *à laquelle on ne peut satisfaire.* On
ne dira pas, *c'est un cheval à quoi je me suis
fié*, mais *auquel. A quoi* & *de quoi*, ne
s'emploient proprement que lorsqu'on les
rapporte à des choses plutôt qu'à des noms :
*c'est de quoi je me plains : c'est à quoi je ne
m'attendois pas.*

Il y a des occasions ou *que* se met pour
à qui ; c'est avec vous que je parle : & d'autres où il s'emploie pour *dont, c'est de lui
que je parle* ; on ne doit pas même s'exprimer
autrement.

Où & *d'où* ne se disent jamais que des choses : *voilà le point où je m'arrête* ; *voilà le principe d'où je conclus.*

Avec toute autre préposition qu'*à* & *de*, le
conjonctif *lequel* & *laquelle*, peut se dire des

Les notes marginales :

tif on doit em-
ployer avec la
préposition *à.*

Emploi du
conjonctif
quoi avec les
prépositions *à*
ou *de.*

Que employé
pour *à qui* &
pour *dont.*

Où & *d'où* ne
se disent que
des choses.

Emploi des
conjonctifs

personnes & des choses : mais *qui* ne s'emploie qu'en parlant des personnes. *Les revenus fur lefquels vous comptez ; les accidents contre lefquels vous êtes en garde : l'homme chez qui ou chez lequel vous êtes allé : la perfonne avec qui ou avec laquelle vous m'avez compromis.*

avec toute au-ne prépofi-tion qu'à & de.

S'il s'agit des chofes inanimées, on employera *quoi* ou *lequel : le principe fur quoi ou fur lequel je me fonde : la chofe en quoi ou dans laquelle il a manqué.*

La grammaire, Monfeigneur, feroit bien longue & bien difficile, s'il falloit retenir toutes les regles que je vous donne dans ce chapitre & dans d'autres. Mais mon deffein n'eft pas de vous arrêter long-temps fur ces chofes : je ne veux vous les faire obferver qu'une fois, cela fuffira pour vous préparer à étudier l'ufage. Finiffons ce chapitre par un queftion qui fouffre quelques difficultés.

Il n'eft pas néceffaire de s'arrêter long-temps fur les regles de grammaire.

Pourquoi dit-on ; *votre ami eft un des hommes qui manquerent périr dans la fédition ;* quoiqu'on dife, *votre ami eft un des hommes qui* DOIT *le moins compter fur moi ?* pourquoi le pluriel *qui manquerent,* dans l'une de ces phrafes, & pourquoi, dans l'autre, le fingulier *qui doit.*

Queftion.

C'eſt que les vues de l'eſprit ne ſont pas les mêmes. On ſe ſert de la premiere phraſe quand on veut mettre *votre ami* parmi ceux qui manquerent périr; & on ſe ſert au contraire de la ſeconde, quand on veut le mettre à part, & le ſens eſt, *votre ami eſt un homme, qui doit, le moins de tous les hommes, compter ſur moi.*

CHAPITRE XXI.

Des participes du préfent.

Je vous ai déja rappellé plufieurs fois, Monſeigneur, que les verbes adjectifs font des expreſſions abrégées, équivalentes à deux éléments du difcours, à un nom adjectif & au verbe *être*. *Aimer* eſt équivalent d'*être aimant*; *lire*, d'*être lifant*; *faire*, d'*être faifant*. Ces adjectifs font les participes du préfent dont nous avons à traiter.

Les participes du préfent ne font fufceptibles ni de genre ni de nombre.

Ces participes, faciles à reconnoître, fe terminent tous de la même maniere, & leur terminaifon ne fouffre jamais aucune variation. D'ailleurs ils n'ont ni genre ni nombre, ou, ſi vous voulez, ils font tout à la fois du mafculin & du féminin, du fingulier & du pluriel. Car, fans aucun égard pour le genre & pour le nombre des noms qu'ils modifient, on les prononce & on les écrit toujours de la même maniere : *les hommes préférant, les femmes préfé-*

rant, *un homme préférant*. C'eſt en cela qu'on les diſtingue des autres adjectifs que nous terminons en *ant*, & qui ſont ſuſceptibles de genre & de nombre. Quand on dit, *une vue riante*, *des perſonnes obligeantes* ; *riante* & *obligeantes* rentrent dans la claſſe des autres adjectifs, & ce ne ſont pas des participes.

Comment d'adjectifs, les participes du préſent deviennent ſubſtantifs. Vous remarquerez, Monſeigneur, que les participes du préſent ſont ſouvent précédés de la prépoſition *en*. *Je l'ai vu en paſſant*, *en riant on peut dire la vérité*.

Or, vous ſavez qu'une prépoſition indique le ſecond terme d'un rapport, & vous concevez qu'il ne peut y avoir de rapport qu'entre deux choſes qui exiſtent, ou qui, étant conſidérées comme exiſtantes, ſont diſtinguées par des noms ſubſtantifs. La prépoſition *en*, vous fait donc appercevoir deux ſubſtantifs dans les participes *paſſant* & *riant*.

Il n'eſt pas étonnant que ces noms, qui ſont originairement des adjectifs, deviennent des ſubſtantifs, puiſqu'ils participent du verbe qui, à l'infinitif, eſt un vrai ſubſtantif, & que d'ailleurs nous avons remarqué que les adjectifs ſe prennent ſouvent ſubſtantivement. Faiſons actuellement l'analyſe de ces participes, lorſqu'on les emploie comme ſubſtantifs, &

lorſqu'on

lorfqu'on les emploie comme adjectifs. La chofe
ne fera pas difficile.

En riant , on peut dire la vérité , fignifie ,
lorfqu'on rit ou quoiqu'on rie , on peut dire la
vérité. En riant eft donc l'équivalent d'une propofition fubordonnée, & il exprime une action
qui peut n'être pas un acceffoire de la propofition principale , & qui n'en eft un que par occafion.

Analyfe de
ces participes,
employés foit
comme fubf-
tantifs , foit
comme adjec-
tifs.

Les courtifans , préférant leur avantage particulier au bien général , ne donnent que des confeils intéreffés. Les courtifans préférant eft ici
la même chofe que les courtifans qui préférent.
Préférant eft donc l'équivalent d'une propofition incidente , il exprime une habitude qui
paroît devoir être toujours un acceffoire du
fubftantif qui eft modifié. La penfée eft la
même que fi on difoit : c'eft le caractere des
courtifans de préférer leur avantage particulier
au bien général , & c'eft pourquoi ils ne donnent
que des confeils intéreffés.

Vous voyez, par l'analyfe de ces exemples,
en quoi l'acception de ces participes, employés
comme fubftantifs differe de l'acception de ces
mêmes participes employés comme adjectifs.

Quelquefois on fupprime la prépofition en ;
Equivoque à

laquelle ils
donnent lieu,
& qu'il faut
éviter.

& alors on ne fait plus fi le participe doit être pris fubftantivement, ou adjectivement. *Les hommes jugeant fur l'apparence, font fujets à fe tromper.*

Si dans cette phrafe, *jugeant* eft adjectif, il fignifient *les hommes qui jugent*, & il les repréfente comme s'étant fait une habitude de juger fur l'apparence.

Si au contraire ce participe eft un fubftantif, il fignifie *les hommes lorfqu'ils jugent*, & alors il ne repréfente pas les jugements qu'ils font fur l'apparence, comme une habitude, mais feulement comme une circonftance qui peut quelquefois les jeter dans l'erreur. C'eft à un écrivain à favoir laquelle de ces deux chofes il veut dire, & à la dire clairement.

L'équivoque peut être plus grande encore : *je l'ai rencontré allant à la campagne.* On ne fait fi la prépofition doit être fuppléée devant le participe *allant*, ou fi elle ne doit pas l'être, &, par conféquent, on ne voit pas, fi c'eft celui qui a rencontré ou celui qui a été rencontré, qui alloit à la campagne.

Dans le cas où la prépofition devroit être fuppléée, *allant* feroit un fubftantif, & le fens feroit, *je l'ai rencontré en allant* ; c'eft-à-dire, lorsque j'allois à la campagne. Dans le cas où la préposition ne devroit pas être suppléée, *allant* seroit un adjectif, & le sens seroit, *je l'ai rencontré qui alloit à la campagne.* Ces sortes de phrases sont incorrectes, & il les faut éviter. (a)

(*) Quelques grammairiens voient un gérondif dans cette expression *en riant, en passant.* Il seroit plus exact de dire que nous n'avons point de gérondif. Si une langue n'avoit, pour tout verbe, que le verbe *être,* la grammaire en seroit fort simple. Mais combien ne la compliqueroit-on pas, si on vouloit trouver, dans cette langue, des verbes substantifs, adjectifs, actifs, passifs, neutres, déponents, réfléchis, réciproques, impersonnels, des participes, des gérondifs, des supins, &c. C'est ainsi que nous avons compliqué notre grammaire, parce que nous l'avons voulu faire d'après les grammaires latines. Nous ne la simplifierons, qu'autant que nous rappellerons les expressions aux éléments du discours.

CHAPITRE XXII.

Des participes du passé.

On dit : *j'ai habillé mes troupes, mes troupes que j'ai habillées, mes troupes sont habillées :* voilà constamment l'usage. Or, vous voyez, Monseigneur, pourquoi dans la derniere phrase, le participe se met au féminin & au pluriel, c'est qu'*habillées* est un adjectif qui modifie un substantif féminin & pluriel.

Mais si, dans la seconde phrase, ce participe modifie également le substantif *troupes,* il y devra prendre encore la terminaison qu'il a prise dans la troisieme, & il faudra dire, *mes troupes que j'ai habillées :* or, il le modifie. En effet, quel est l'objet du verbe *avoir,* lorsque je dis, *mes troupes que j'ai,* ou ce qui est la même chose, *mes troupes, lesquelles troupes j'ai?* il est évident que c'est *mes troupes.* Si j'ajoute donc *habillées,* ce participe ne peut exprimer

(marginal note:) Les participes du passé sont adjectifs, ou substantifs, suivant la maniere dont on les emploie.

qu'une des modifications du subſtantif *troupes*; il eſt donc encore adjectif.

Mais que fera-t-il dans la phraſe où il ne prend ni le féminin, ni le pluriel, *j'ai habillé mes troupes*? Mr. du Marſais a le premier remarqué qu'en pareil cas, le participe eſt toujours un ſubſtantif. Il en eſt donc du participe du paſſé, comme du participe du préſent : il eſt ſubſtantif ou adjectif, ſuivant la maniere dont on l'emploie.

Le verbe *avoir*, dit le grammairien que je viens de nommer, ſignifie proprement *poſſeder*, *j'ai une terre*. On l'a enſuite étendu à d'autres uſages, & on a dit, *j'ai faim*, *j'ai ſoif*. Car quoiqu'on n'eût pas faim comme on a une terre, & que, dans l'un comme dans l'autre cas, *avoir* ne ſignifie pas abſolument la même choſe que *poſſéder*, il y a cependant quelque analogie entre *j'ai une terre* & *j'ai faim*. Or, nous avons vu que d'analogie en analogie, un mot finit ſouvent par être pris dans une acception qui a à peine quelque rapport à la premiere. C'eſt ce qui eſt arrivé au verbe *avoir* : il a paſſé par une ſuite d'acceptions, dont les deux extrêmes ſont, *j'ai une terre*, *j'ai habillé*; & ces deux extrêmes différent en ce que l'un a pour acceſſoire, un rapport au préſent, & que l'acceſſoire de l'autre eſt un rapport au paſſé. Dans *j'ai*

une terre, l'objet du verbe *avoir* est *une terre :*
habillé est donc également l'objet du verbe *avoir*
dans *j'ai habillé.* Or, un verbe ne peut avoir
pour objet qu'une chose qui existe, ou que nous
considérons comme existante; c'est-à-dire, qu'il
ne peut avoir pour objet qu'une chose que nous
désignons par un nom substantif. *Habillé* est
donc, ainsi qu'*une terre*, un substantif.

Quelle est la nature des participes substantifs.
Ces sortes de substantifs participent du verbe; ils ont un objet, quand le verbe en a un :
mes troupes, par exemple, est l'objet d'*habillé*,
dans *j'ai habillé mes troupes.* Ils n'ont point
d'objet, quand le verbe n'en a pas. Ainsi, dans
j'ai parlé, *parlé* est un substantif qui n'a point
d'objet.

Comme nous avons distingué des verbes
d'action & des verbes d'état, on pourroit distinguer deux espéces de participes substantifs :
les uns sont des substantifs qui expriment une action, *habillé*, *parlé*; les autres sont des substantifs qui expriment un état, *dormi, langui.*

Tous ces substantifs différent des autres, en
ce qu'ils ne sont ni masculins, ni féminins, ni
singuliers, ni pluriels : leur terminaison ne varie donc jamais; &, par conséquent, les participes adjectifs sont seuls susceptibles de genre
& de nombre.

Dès que les participes substantifs sont invariables dans leur terminaison, vous concevez, Monseigneur, qu'il ne peut y avoir aucune difficulté sur la maniere de les employer. Passons donc aux participes adjectifs.

Les participes adjectifs peuvent se construire avec le verbe *être* ou avec le verbe *avoir*.

Comment on employe les participes adjectifs, lorsqu'ils se construisent avec le verbe *être*.

Dans le premier cas, ou le verbe *être* conserve la signification qui lui est propre, ou il ne la conserve pas. S'il la conserve, le participe doit toujours s'accorder avec le sujet de la proposition : *il est aimé, elle est aimée, ils sont aimés.*

S'il ne la conserve pas, il sera employé à la place du verbe *avoir*; & on dira *il s'est tué*, pour *il a tué soi*, & *il s'est crevé les yeux*, pour *il a crevé les yeux à soi*. Alors il y a encore une distinction à faire.

Ou l'action, exprimée par le participe a pour objet le sujet même de la chose, & vous direz, *il s'est tué, elle s'est tuée, ils se sont tués.* Car, en pareil cas, le participe est un adjectif qui doit prendre le genre & le nombre du nom qu'il modifie.

Ou l'action a pour objet un nom différent du

S 4

sujet de la proposition ; & vous direz, *il s'est crevé les yeux*, *elle s'est crevé les yeux*, *ils se font crevé les yeux*. C'est qu'ici le participe *crevé* est un substantif. Dans cette phrase, *il s'est crevé*, *se* n'est pas l'objet comme dans *il s'est tué* : il est le terme du rapport, & on dit *se* pour *à soi*.

La regle que l'usage suit dans toutes ces phrases où le verbe *être* est employé à la place du verbe *avoir*, est donc de regarder comme adjectif tout participe qui a pour objet le sujet même de la proposition ; & de regarder comme substantif tout participe qui a un autre nom pour objet. Dans le premier cas, le participe est susceptible de genre & de nombre ; dans le second il ne l'est pas. Cette regle est constante & ne souffre point d'exception.

Vous pourrez, Monseigneur, facilement connoître si le participe est substantif ou s'il est adjectif. Il est substantif toutes les fois qu'il est suivi de son objet ; *j'ai reçu les lettres* : il est adjectif toutes les fois qu'il en est précédé ; *les lettres que j'ai reçues*.

3. Vous direz donc *de deux filles qu'elle avoit*, *elle en a fait une religieuse*, & non pas *faite*. Car *une* est l'objet du participe *fait*, & il ne

vient qu'après. Le sens est *elle a fait une d'elles religieuse*.

Par la même raison, vous direz, en faisant du participe un substantif, *les académies se sont fait des objections*; & en faisant de ce même participe un adjectif; vous direz, *j'ignore les objections que les accadémies se sont faites*.

On a demandé s'il faut dire *la justice que vous ont rendu* ou *rendue vos Juges*. Pendant long-temps tous les grammairiens se sont déclarés pour *rendu*, parce que, disoient-ils, ce participe est suivi du sujet de la proposition. Comme cette raison est sans fondement; je crois, avec Mr. Duclos, qu'il faut dire *rendue*.

Mais la grande question est de savoir si le participe est variable dans sa terminaison, lorsqu'il est suivi d'un verbe ou d'un adjectif; par exemple, faut-il dire *elle s'est LAISSÉE mourir* ou *elle s'est LAISSÉ mourir*; ou *elle s'est RENDUE, catholique* ou *elle s'est RENDU catholique*. Cette question en renferme deux: il faut d'abord observer le participe, lorsqu'il est suivi d'un verbe: nous l'observerons ensuite, lorsqu'il est suivi d'un adjectif.

Comment s'emploient les participes adjectifs, lorsqu'ils sont suivis d'un verbe ou d'un adjectif.

On dit; *elle s'est FAIT peindre*, & non pas *elle s'est FAITE peindre*; parce que ce n'est pas

Première-ment, lors-

le participe *fait* qui eſt exprimé par ces deux mots *fait peindre.*

De même quoiqu'on diſe, *une maiſon que j'ai* FAITE, parce que l'adjectif conjonctif *que* eſt l'objet du participe *faite*; on doit dire *une maiſon que j'ai* FAIT *faire*; parce qu'alors le conjonctif au lieu d'être l'objet du participe, devient l'objet de *fait faire.*

Vous direz encore; *imitez les vertus que vous avez* ENTENDU *louer*, & vous ne direz pas *entendues*; parce que le conjonctif n'eſt l'objet ni d'*entendu*, ni de *louer* pris ſéparément : il l'eſt de ces deux mots réunis, ou d'une ſeule idée qu'on exprime avec deux mots, comme on pourroit l'exprimer en un ſeul.

Enfin vous direz, *terminez les affaires que vous avez* PRÉVU *que vous auriez*, & non pas *prévues*; parce que le conjonctif eſt l'objet d'une ſeule idée exprimée par ces mots *prévu que vous auriez.*

D'après ces exemples, nous pouvons établir pour regle, que le participe eſt invariable dans ſa terminaiſon, toutes les fois que nous le joignons à une verbe, pour exprimer, avec deux mots, une ſeule idée, comme nous l'exprimons avec un ſeul. Il ne s'agit donc plus, pour juger si le participe, suivi d'un verbe, doit être ou n'être pas susceptible de genre & de nombre, qu'à considérer comme deux idées séparées, celle du verbe & celle du participe, ou si au contraire nous sommes portés à les regarder comme une seule idée.

On doit dire, *elle a pris un remede qui l'a* FAIT *mourir*, parce que le pronom *la* est l'objet d'une seule idée, *fait mourir*. Mais, dira-t-on, *elle a pris un remede qui l'a* LAISSÉE *mourir* ou *qui l'a* LAISSÉ *mourir* ? M. Duclos veut qu'on dise *laissée*. Il considere donc séparément l'idée de *laissée* & celle de *mourir* ; &, parce que *mourir* ne peut pas avoir un objet, il pense que le pronom *la* est celui du participe *laissée*. De même il veut qu'on dise ; *elle s'est présentée à la porte, je l'ai* LAISSÉE *passer*; quoiqu'on doive dire, *je l'ai* FAIT *passer*. Pour rendre la chose plus sensible, il traduit ces phrases, *je l'ai laissée passer, je l'ai laissée mourir*; par celle-ci, *j'ai laissé elle passer, j'ai laissé elle mourir* : mais que veut dire, *j'ai laissé elle* ? il me semble que nous sommes portés à regarder *laisser mourir* ou *laisser passer*, comme une seule idée, & que nous sommes choqués de la voir partagée en deux par un pronom placé entre le participe & le verbe.

Autre exemple de Mr. Duclos : *avez-vous en-*

tendu chanter la nouvelle actrice? je l'ai ENTEN-DUE chanter : c'est-à-dire, j'ai entendu elle chan-ter : avez-vous entendu chanter la nouvelle ariette? je l'ai ENTENDU chanter : c'est-à-dire, j'ai en-tendu chanter l'ariette. "

Quand il s'agit de l'ariette, Mr. Duclos considere donc *entendu chanter* comme une seule idée ; parce que, en effet, l'ariette ne peut être l'objet que de l'idée exprimée par ces deux mots réunis, *entendu chanter.*

Or, je conviens qu'à la rigueur, la nouvelle actrice pourroit être l'objet d'*entendu* : mais il ne s'agit pas seulement de l'avoir entendue, il s'agit de l'avoir entendu chanter ; & il me semble qu'on ne peut pas considérer, comme deux idées séparées, celle du participe & celle du verbe : il faudroit donc dire *je l'ai entendu chanter*, même en parlant de l'actrice.

En second lieu, lorsqu'ils sont suivis d'un adjectif.

Considérons actuellement le participe, lors-qu'il est suivi d'un adjectif ; il faut dire, com-me l'assure Mr. Duclos, *elle s'est RENDUE la maitresse, elle s'est rendue catholique?*

Pour résoudre cette question, je considére encore si nous sommes portés à séparer ces idées ou à les réunir dans une seule. Or, il me semble qu'on dira beaucoup mieux, *le com-*

merce a rendu riche cette ville, que *le commerce a rendu cette ville riche.* Ainfi, quoique nous employons deux mots, nous ne paroiffons voir qu'une feule idée, comme fi nous difions *a enrichi.* L'idée feroit elle donc une, lorfque nous nous fervons d'une périphrafe, comme lorfque nous la rendons en un feul mot ? mais cette conclufion feroit peut-être trop précipitée : car l'oreille eft quelquefois la regle de nos conftructions, autant au moins que notre maniere de concevoir. En effet, on dira plutôt, *le commerce a rendu cette ville opulente*, que *le commerce a rendu opulente cette ville*; *j'ai rendu cette perfonne maîtreffe de mon fort*, que *j'ai rendu maîtreffe de mon fort cette perfonne*; *un docteur a rendu ce proteftant catholique*, *qu'un docteur a rendu catholique ce proteftant.* Il me femble donc que nous foyons portés, à féparer l'idée du participe de celle de l'adjectif; &, par conféquent, on peut dire avec Mr. Duclos, *elle s'eft rendue catholique*, *elle s'eft rendue maîtreffe.* Cependant, il feroit bien plus fimple que les participes, fuivis d'un adjectif, fuffent affujettis à la même regle, que les participes fuivis d'un verbe.

Au refte, fi nous féparons plus volontiers l'idée du participe de celle d'un adjectif que de celle d'un verbe ; c'eft qu'un adjectif préfente une idée qui, étant plus déterminée, fe diftinque davantage de tout autre. Celle d'un verbe à l'infinitif, étant au contraire indéterminée, est, par cette raison, plus propre à se confondre avec celle du participe.

Je n'oserois, Monseigneur, vous répondre de l'exactitude des regles que je viens de proposer sur les participes du passé. En fait de langage, quand l'usage ne fait pas lui-même la regle, il est bien à craindre qu'il n'y ait de l'arbitraire dans les décisions des grammairiens.

CHAPITRE XXIII.

Des conjonctions.

Nous avons vu que les conjonctions sont moins des éléments du discours que des expressions abrégées, auxquelles on pourroit suppléer par des expressions plus composées.

Deux propositions ne se lient que par les rapports qu'elles ont l'une à l'autre. Or, le propre des conjonctions est de prononcer ces rapports.

Une proposition se lie-t-elle à une précédente, comme conséquence ? nous avons les conjonctions *donc*, *ainsi* ; comme preuve ? *car* ; comme opposée ? *mais*, *cependant*, *pourtant* ; affirment-elles ensemble ? nous avons la conjonction *&* ; nient-elles ensemble ? *ni* ? affirment-elles séparément, ensorte que dès deux une seule puisse être vraie ? *ou*. Mais, Monseigneur, il est inutile de faire l'énumération de toutes les conjonctions. Il le feroit encore plus de charger votre mémoire des noms qu'on leur a donnés: car les grammairiens en ont diftingué jufqu'à quinze efpeces. Bornons-nous à obferver la conjonction *que*, la feule qui puiffe fouffrir quelques difficultés !

De la con-
jonction *que*.

Nous avons vu, dans la premiere partie de cette grammaire, quelle eft la nature de cette conjonction, & comment elle a été trouvée : il nous refte à voir comment on l'emploie.

Nous l'employons quelquefois dans des tours elliptiques où la propofition principale eft fupprimée. Nous difons, par exemple, *que je meure*; c'eft-à-dire, *plut à Dieu que je meure* : *qu'il fe foit oublié jufqu'à ce point là* ! c'eft-à-dire, *je fuis étonné qu'il fe foit oublié jufqu'à ce point là* ! Quelquefois nous laiffons à fuppléer la conjonction même *qui m'aime me fuive*; c'eft-à-dire, *je veux que celui qui m'aime me fuive*.

Avec cette conjonction, le verbe de la propofition fubordonnée fe met, tantôt à l'indicatif, *je fais qu'il* EST *furpris*; tantôt au fubjonctif, *je doute qu'il* SOIT *furpris* : or, ce n'eft pas la conjonction *que*, c'eft le verbe de la propofition principale qui détermine

termine le mode du verbe de la propofition fubordonnée.

Si le verbe de la propofition principale affirme pofitivement & avec certitude, celui de la propofition fubordonnée doit auffi affirmer pofitivement & avec certitude ; & nous difons, à l'indicatif, *je fais qu'il* EST *furpris*, parce que le propre de ce mode eft l'affirmation. Au contraire, nous difons, au fubjonctif, *je doute qu'il* SOIT *furpris*, parce que ce mode n'étant deftiné qu'à marquer le rapport de la propofition fubordonnée, à la propofition principale, il conferve dans le fecond verbe le doute exprimé dans le premier.

La regle eft donc que le verbe de la propofition fubordonnée doit-être au fubjonctif, toutes les fois que celui de la propofition principale exprime quelque doute, quelque crainte, quelque incertitude. Vous direz, par conféquent, *j'ignore qu'il* VIENNE, *je fais qu'il* VIENDRA : *je crains qu'il ne réuffiffe*, *je crois qu'il réuffira* : *je fouhaite qu'il parvienne*, *on dit qu'il eft parvenu*.

Cette regle s'applique à toutes les expreffions compofées, où nous faifons entrer la conjonction *que*, & que les grammairiens mettent parmi les conjonctions. Ainfi il faut dire, *atten-*

du que cela EST , *vu que cela* EST ; parce qu'attendu & *vu* affirment positivement : & il faut dire, *pourvu que cela* SOIT , *afin que cela* SOIT , *avant que cela* SOIT ; parce que *pourvu, afin* & *avant* laissent dans l'esprit quelque incertitude, ou du moins, quelque suspension.

Je ne crois pas , Monseigneur , qu'il y ait rien de plus à remarquer sur les conjonctions.

CHAPITRE XXIV.

Des adverbes.

Nous avons dit, Monseigneur, que l'adverbe est une expression abrégée, qui est l'équivalent d'un nom précédé d'une préposition; & nous avons donné, pour exemple, *sagement*, qui signifie *avec sagesse*, *plus*, qui signifie *en quantité supérieure*, &c. Ce qu'on entend par un adverbe.

Sagement, *prudemment*, & autres semblables, se nomment *adverbes de maniere* ou *de qualité*, parce qu'ils expriment la maniere dont une chose se fait. Tout ce qu'il y a à remarquer sur ces adverbes, c'est qu'ils se joignent au verbe qu'ils modifient: *il s'est conduit sagement*, *il s'est prudemment conduit*. Adverbe de qualité.

Quand nous considérons les mêmes qualités dans deux objets, nous y trouvons de l'égalité ou de l'inégalité, & nous avons pour exprimer ces rapports les adverbes *plus*, *moins*, *aussi* lus grand, *moins grand*, *aussi grand*. Adverbe de quantité.

T 2

Mais quand nous difons d'un homme, *il eft fort inftruit*, *il eft très favant*, nous ne confidérons plus la même quantité dans deux objets; nous la confidérons dans un feul, & nous la comparons à une idée que nous nous fommes faite & qui nous fert de mefure. Nous employons encore à cet ufage *infiniment*, *confidérablement*, *abondamment*, *copieufement*, *grandement*, *petitement*. Tous ces adverbes fe rapportent à une mefure, que chacun fe fait d'après les jugements qu'il eft dans l'habitude de porter. On les nomme *adverbes de quantité*.

Les grammairiens diftinguent encore des adverbes de temps, de lieu & d'autres, fur lefquels il n'y a rien à remarquer. Nous aurions même peu de chofes à dire dans ce chapitre, s'ils n'avoient pas confondu, parmi les adverbes, des adjectifs & des expreffions que nous allons rappeller à leurs vrais éléments.

Noms quil ne faut pas confondre avec les adverbes. *Je n'ai pas pu vous voir HIER, je vous verrai DEMAIN.* *Hier* & *demain* font évidemment des noms fubftantifs : *c'eft au jour d'hier*, *au jour de demain*, & il faut vous accoutumer à remplir ces ellipfes.

On dit, *il eft en haut*, *il eft en bas*, pour *en lieu haut*, *en lieu bas*. Ici, l'adjectif eft précédé d'une prépofition ; quelquefois il eft employé

feul. *Parler bas , chanter juſte , frapper fort ,
voir clair , voir trouble , voir double ,* ſignifient
*parler d'un ton bas , chanter d'une voix juſte ,
frapper à coup fort , voir d'un œil clair , trouble ,
voir d'une maniere double. Bas , juſte , fort ,
clair , trouble , double* font donc des adjectifs,
& ces tours ſont elliptiques.

Si , comme le veulent les grammairiens , *à
toute heure , à tout moment , de temps en temps ,*
ſont des adverbes , pourquoi n'en diroit-on pas
autant de *à l'heure que je vous vois , au moment
que je vous parle , dans le temps que vous étiez en
France?* Bornons-nous donc à reconnoître les
élémens dont ces expreſſions ſont compoſées.
S'il y en a qu'on puiſſe , avec quelque fondement
mettre parmi les adverbes , ce ſont celles dont
l'uſage ne fait plus qu'un ſeul mot : telles ſont
aujourd'hui qui eſt formé d'*à ce jour d'hui*, *do-
rénavant* qui l'eſt de *de cette heure en avant*, &
beaucoup qui l'eſt, comme le remarque Mr. du
Marſais , de *bella copia* grande abondance.

T 3

CHAPITRE XXV.

Des interjections.

Les interjections font des expressions équivalentes à des phrases entieres.

Les interjections, ou ces accents que nous avons vu être communs au langage d'action & à celui des sons articulés, font des expressions rapides, équivalentes quelquefois à des phrases entieres. Elles n'ont point de place marquée, & elles n'en font que plus expressives ; soit qu'elles commencent un discours, soit qu'elles le terminent, soit qu'elles l'interrompent, il semble qu'elles échappent toujours au moment de produire leur effet.

Aux accents naturels du langage d'action, les langues ont ajouté des mots tels que *hélas* ! *ciel* ! *Dieu* ! La grammaire n'a rien à remarquer sur ces especes de mots : c'est au sentiment à les proférer à propos.

CHAPITRE XXVI.

De la syntaxe.

Nous ne concevons jamais mieux une pensée, que lorsque toutes les parties distinctes les unes des autres, se présentent à nous, avec tous les rapports qui sont entre elles. Ce n'est donc pas assez d'avoir des mots pour chaque idée ; il faut encore savoir former, de plusieurs idées, un tout dont nous saisissions tout à la fois les détails & l'ensemble, dont rien ne nous échappe. Voilà l'objet de la syntaxe.

Objet de la syntaxe.

Les rapports se marquent de plusieurs manieres : par la place qu'on donne aux mots, par les différentes formes qu'ils prennent, par des prépositions qui les montrent comme second terme d'un rapport, par des conjonctifs qui rapprochent, autant qu'il est possible, les propositions incidentes des substantifs qu'elles modifient ; enfin, par des conjonctions qui prononcent la liaison entre les principales parties du discours. Voilà, Monseigneur, tous les moyens :

Comment se marquent les rapports entre les mots.

T 4

nous les avons déja remarqués dans le cours de cet ouvrage : nous allons les observer plus particulierement.

Arrangement des mots dans une proposition simple. *Pierre est homme.* Tel est l'ordre des mots dans une proposition simple : le sujet, puis le verbe, enfin l'attribut. Notre syntaxe ne permet pas d'autre arrangement.

Tout sujet d'une proposition offre une idée déterminée, puisque c'est la chose dont on parle, & qu'on désigne comme existante. Il semble donc qu'on auroit pu dire, *homme est pierre.* Car *homme*, étant indéterminé, ne sauroit être pris pour sujet ; &, par conséquent, la phrase n'en seroit pas moins claire. Mais l'usage ne l'a pas permis. Il permet encore moins, *un homme est pierre*, parce qu'*un homme* paroîtroit le sujet, & la phrase auroit quelque chose de louche. Mais on dira également, *Pierre est l'homme que vous voyez*, ou *l'homme que vous voyez est Pierre* : c'est que les deux termes de cette proposition étant identiques, ils peuvent être indifféremment l'un & l'autre, le sujet ou l'attribut.

L'attribut peut être un adjectif : *Pierre est courageux.* Il semble encore qu'en pareil cas, on pourroit dire *courageux est Pierre* : mais nous nous sommes fait une si grande habitude du premier tour, que nous ne permettons point ces fortes de tranfpofitions.

Une propofition fe compofe fuivant qu'on ajoute des acceffoires au fujet, au verbe ou à l'attribut.

Arrangement des mots dans une propofition compofée. Quelle eft la place de l'objet?

L'objet eft un acceffoire du verbe; il doit le fuivre immédiatement, ou du moins il n'en peut être féparé que par des modifications même du verbe. *Le roi aime le peuple, le roi aime beaucoup le peuple.* Vous voyez que *beaucoup* ne fépare *le peuple d'aime,* que parce qu'il eft une modification de l'action d'aimer.

Il ne faut excepter de cette regle que les pronoms *le, la, les,* les noms des perfonnes *me, te, je, nous, vous,* & le conjonctif *que.* Sans doute, c'eft l'oreille qui a engagé à tranfpofer les pronoms & les noms des perfonnes avant le verbe. *Je l'aime, il nous aime.* Ces monofyllabes auroient fait une chûte défagréable, s'ils avoient terminé la phrafe. Cela eft, fur-tout, fenfible dans *me, te, fe, le :* auffi préférons-nous, *moi, toi, foit, lui,* lorfque nous voulons faire précéder le verbe, ce qui eft rare.

Place des noms des perfonnes, lorfqu'ils font l'objet du verbe, ou le terme.

Voilà conftamment la place de ces noms, quand le verbe eft à tout autre mode que l'impératif. Mais quand on commande ou qu'on défend, voici ce que prefcrit l'ufage.

On dit, *dites-lui*, *menez-le*, *conduisez-la*, *parlez-moi*, *prenez-en*, *allez-y*. En pareil cas, chacun de ces noms doit-être précédé du verbe.

Si la phrase est composée de deux impératifs, l'arrangement de ces mots sera encore le même avec le premier : mais ils pourront, à notre choix, précéder ou suivre le second. *Allez le chercher & me l'amenez*, ou *amenez-le moi : allez le trouver & lui mandez*, ou *mandez-lui : allez-là & y demeurez*, ou, ce qui est mieux, *demeurez-y : prenez des étoffes & en apportez*, ou ce qui est mieux encore, *apportez-en*.

Lorsqu'on défend, ces noms doivent toujours être placés avant le verbe. *Ne lui dites pas : ne le menez pas : ne le conduisez pas, ne lui mandez pas, n'en parlez pas, n'y allez pas, n'en prenez pas*. Voilà, en pareil cas, les seuls arrangements. On dit, *parlez-moi*, & jamais *parlez me*. Il semble donc qu'on ne devroit pas dire *parlez m'en* : on le dit cependant, mais on ne dit point *menez m'y*.

Place des adjectifs conjonctifs.

Le conjonctif *que* ne peut avoir qu'une place : il faut qu'il suive immédiatement le substantif, auquel il lie la proposition incidente dont il est l'objet. Dans *les conquêtes qu'Alexandre à faites*, *que* est l'objet de la proposition incidente , *Alexandre a faites* , & il fuit immédiatement le fubftantif *conquêtes.*

Mais une propofition incidente modifie fouvent un nom, qui eft revêtu de quelques modifications. Par exemple , l'*homme de courage que vous connoiffez* , offre le fubftantif *homme* modifié par ces mots *de courage.* Or , ce n'eft point au mot *courage*, dont l'idée eft indéterminée , que fe rapporte le conjonctif *que :* ce n'eft pas non plus au mot *homme*, confidéré tout feul. C'eft à l'idée totale qui réfulte de ces mots , l'*homme de courage* , & qui eft une comme fi elle étoit exprimée par un feul nom fubftantif. Cet exemple confirme donc la regle que nous avons donnée que *le conjonctif* QUE *doit toujours fuivre immédiatement le fubftantif auquel il lie la propofition incidente.* Or, cette régle eft la même pour tous les adjectifs de cette efpece; *qui, dont, lequel,* &c.

La phrafe que nous avons apportée pour exemple , *les conquêtes qu'Alexandre a faites ,* occafionne une exception à la regle que nous avons donnée pour la place du fujet. Car le fens étant également marqué , foit qu'on dife *qu'Alexandre a faites* , ou *qu'a faites Alexandre*, on peut , à fon choix , donner au nom l'une ou l'autre place. Il y a même encore un cas où le fujet peut fuivre le verbe; c'eft lorfque celui-

Le fujet peut quelque fois fuivre le verbe.

ci eſt précédé par une circonſtance de temps.
On dira, par exemple, *alors arriva votre ami.*

**Les propoſi-
tions ſubor-
données ont
pluſieurs pla-
ces dans le
diſcours.**
Les propoſitions incidentes n'ont qu'une place dans le diſcours, puiſqu'elles ne ſauroient être ſéparées du ſubſtantif, ou du moins de l'idée totale à laquelle on les rapporte. Mais comme les propoſitions ſubordonnées ſont des acceſſoires du verbe de la propoſition principale, & que leur rapport eſt ſuffiſamment indiqué par des conjonctions, ou par des prépoſitions, elles peuvent commencer ou finir la phraſe, ou même être inſérées entre le nom & le verbe. *Votre fils n'eſt pas connoiſſable, depuis qu'il a voyagé : depuis que votre fils a voyagé, il n'eſt pas connoiſſable : votre fils, depuis qu'il a voyagé, n'eſt pas connoiſſable.* Il eſt évident que, dans tous ces arrangements, la liaiſon des idées eſt également conſervée; &, par conſéquent, ils ſont tous dans les regles de la ſyntaxe.

**Les moyens &
les circonſtan-
ces ont auſſi
différentes
places dans le
diſcours.**
Les moyens & les circonſtances ſont encore des acceſſoires du verbe : on peut donc auſſi leur donner différentes places dans le diſcours. Exemple pour les moyens : *avec votre ſecours, cet homme finira ſon affaire ; cet homme finira ſon affaire avec votre ſecours : cet homme, avec votre ſecours, finira ſon affaire.* Exemple pour les circonſtances : *votre ami étoit à Rome dans ce temps-là : votre ami, dans ce temps-là, étoit à*

rome : *dans ce temps-là , votre ami étoit à Rome.*
C'eſt donc une regle générale, qu'un nom , précédé d'une prépoſition, peut prendre différentes
places dans le diſcours, toutes les fois qu'il exprime les moyens, les circonſtances ou quelque
autre acceſſoire du verbe. Il faut ſeulement
prendre garde qu'il n'en naiſſe quelque équivoque avec ce qui précéde, ou avec ce qui ſuit.

Au reſte, quand je dis que les moyens, les circonſtances & autres acceſſoires du verbe peuvent avoir différentes places dans le diſcours,
c'eſt proprement des acceſſoires du verbe *être*
que je parle. Lors donc que vous employerez un
verbe adjectif, vous le rappellerez à ſes éléments , ſi vous voulez diſtinguer les acceſſoires
qui appartiennent au verbe, de ceux qui appartiennent à l'adjectif. En traduiſant, par exemple, *finira* par *ſera finiſſant*, vous vetrez qu'*avec*
votre ſecours eſt l'acceſſoire du verbe *ſera* , &
que *ſon affaire* eſt celui de l'adjectif *finiſſant.*
Cet homme ſera , avec votre ſecours , finiſſant
ſon affaire.

Il ne faudroit pas confondre, avec les acceſſoires du verbe , tout nom qui ſeroit précédé
d'une prépoſition. Traduiſez cette phraſe , *je*
pars demain pour Rome, par celle-ci, *je ſuis*
demain partant pour Rome : vous voyez auſſitôt
que *pour Rome* eſt un acceſſoire qui appartient

Un nom pré-
cédé d'une
prépoſition ,
s'il eſt l'accef-
ſoire d'un ad-
jectif, ne peut
pas être tranf-
poſé.

à l'adjectif *partant*, & que vous ne pouvez pas transposer. Au lieu que vous pouvez dire à votre choix : *demain je pars pour Rome, je pars demain pour Rome, je pars pour Rome demain.*

Il peut l'ê-
tre, s'il est
l'acceſſoire
d'un ſubſtan-
tif. Un nom, précédé d'une préposition, ne peut donc pas être transposé, lorsqu'il est l'accessoire d'un adjectif. Il n'en seroit pas de même, s'il étoit l'accessoire d'un substantif : alors il pourroit être transposé. EXEMPLE : *Quand de Rome avec vous j'entreprendrai le voyage.*

Or, pourquoi ne peut-on pas transposer *pour Rome* avant *partant*, comme on transpose *de Rome* avant *voyage* ?

Si vous considérez les actions, exprimées par des adjectifs tels que *partant*, vous remarquerez qu'elles ont un but auquel elles tendent ; & que, par conséquent, il est dans l'ordre des idées que ce but soit nommé après l'action, dans une langue où la place est le principal signe des rapports. Il faut donc dire *partant pour Rome.*

Mais si vous considérez le substantif *voyage* & le nom *Rome*, qui étant précédé de la préposition *de*, détermine de quel voyage on parle, vous ne sentez plus qu'il soit nécessaire que les idées viennent à la suite l'une de l'autre, dans

cet ordre, *le voyage de Rome.* Au contraire,
vous appercevez deux idées que vous pouvez
éloigner, & placer, pour ainsi dire, dans deux
points de perspective. Après avoir donc fixé ma
vue sur Rome, en disant *de Rome*, vous la conduisez sur l'autre terme, qui est *le voyage*; &
lorsque votre phrase est finie, je rapproche les
mots que vous avez écartés, j'en apperçois le
rapport, & votre construction n'a rien qui me
choque.

Une preuve que ces idées doivent être regardées comme deux points de perspective dif-
tants l'un de l'autre, c'est que vous ne pouvez
les transposer, qu'autant que vous les séparez
par quelques mots. Vous ne direz pas, *quand
j'entreprendrai avec vous de Rome le voyage.*
Cette transposition paroîtroit dure, parce que
les idées ne seroient par assez éloignées pour
être regardées comme deux points de perspective. Il faut donc les séparer, ou ne les point
transposer.

Souvent les mots qu'on peut transposer, se
rapportent à un substantif qu'on n'appercevra
pas, si on ne fait pas réduite les expressions
composées à leurs vrais éléments. Lorsque je
dis, *à de pareils propos je ne fais que répondre,*
ce n'est pas à l'adjectif *répondant* que se rapportent les mots transposés, *à de pareils pro-*

pos. Car le fens n'eſt pas, *je ne ſais qu'être répondant :* je veux dire que je ne ſais quelle réponſe faire. C'eſt donc au ſubſtantif *réponſe* que ces mots doivent ſe rapporter : *je ne ſais quelle réponſe faire à de pareils propos.*

D'après les exemples que nous avons apportés, vous jugez, Monſeigneur, que ce ſont toujours les mêmes ſignes qui marquent les rapports des mots & des phraſes. C'eſt-là proprement ce qui appartient à la ſyntaxe. Mais comme l'arrangement des mots & des phraſes peut varier, ſuivant les différentes tranſpoſitions qu'on ſe parmet ; les conſtructions changent, quoique la ſyntaxe ſoit toujours la même. La ſyntaxe, comme le remarque Mr. du Marſais, ne conſiſte que dans des ſignes choiſis pour marquer les rapports ; & la conſtruction conſiſte dans les différents arrangements que nous pouvons nous permettre, en obſervant toujours les regles de la ſyntaxe. Nous allons traiter des conſtructions dans le chapitre ſuivant.

CHAPITRE XXVII.

Des constructions.

Un Prince, qui remplit exactement ses devoirs, mérite l'amour de ses sujets & l'estime de tous les peuples. Un Prince est le nom de la phrase : c'est la chose dont je parle : il ne suppose rien d'antérieur, & tous les autres mots se rapportent successivement à celui qui les précéde. Dans un pareil discours, l'esprit n'est point suspendu : on saisit la pensée à mesure qu'on lit. J'appelle cet ordre *construction directe.*

Construction directe,

Mais si je dis, *avec des procédés comme les vôtres,* ces mots laissent l'esprit en suspens. Vous voyez, Monseigneur, qu'ils dépendent de quelque chose que je vais dire : car la préposition *avec* indique le second terme d'un rapport, & je n'ai pas encore montré le premier. Vous sentez donc que mon discours va finir par des idées qui, dans l'ordre direct, de-

Construction renversée, ou inversion.

vroient être les premieres. Or, cet ordre a lieu toutes les fois qu'il y a transposition. Je l'appelle *construction renversée.*

Cette forte de construction est ce que les grammairiens nomment *inversion.* L'inversion n'est donc pas, comme ils le disent, un ordre contraire à l'ordre naturel, mais feulement un ordre différent de l'ordre direct; & les constructions directes & renversées font également naturelles.

Les constructions directes & renversées font également naturelles.

Comme il étoit naturel à Cicéron de parler latin, & par conféquent de faire beaucoup d'inversions : il nous est naturel de parler françois, & par conféquent d'en faire peu. Le mot *naturel* n'est pris ici qu'improprement. Il ne signifie pas ce que nous ferons en conféquence de la conformation que la nature nous donne; mais feulement ce que nous ferons en conféquence des habitudes que nous avons contractées.

L'ordre direct & l'ordre renversé ne font point dans l'esprit: ils ne font que dans le discours.

A parler vrai, il n'y a dans l'esprit ni ordre direct, ni ordre renversé; puisqu'il apperçoit à la fois toutes les idées dont il juge, il les prononceroit toutes à la fois, s'il lui étoit poffible de les prononcer comme il les apperçoit. Voilà ce qui lui feroit naturel; & c'est ainfi qu'il parle, lorfqu'il ne connoît que le langage d'action.

C'eſt , par conſéquent , dans le diſcours
ſeul , que les idées ont un ordre direct ou renverſé , parce que c'eſt dans le diſcours ſeul
qu'elles ſe ſuccedent. Ces deux ordres ſont également naturels. En effet , les inverſions ſont
uſitées dans toutes les langues , autant du moins
que la ſyntaxe le permet.

Je ſais bien , Monſeigneur , qu'on aura
de la peine à ſe perſuader que nous appercevons à la fois toutes les idées qui ſont comme
enveloppées dans une penſée un peu compoſée ;
& on s'obſtinera à demander quel eſt l'ordre
naturel dans lequel elles ſe préſentent ſucceſſivement à l'eſprit. Mais ſi je demandois *quel*
eſt l'ordre naturel dans lequel les objets ſe pré-
ſentent ſucceſſivement à la vue, lorſque la vue elle-
même embraſſe à la fois tout ce qui frappe les
yeux, vous me diriez que je fais une queſtion
abſurde ; & ſi j'ajoutois qu'il faut cependant
qu'il y ait dans la vue un ordre direct ou renverſé , vous penſeriez que je déraiſonne tout-
à-fait. Quand on voit tout à la fois , me diriez-
vous, on ne voit pas l'un après l'autre : il faut
regarder ſucceſſivement les choſes qu'on voit.
Dites-en autant, Monſeigneur, de la vue de
l'eſprit. Quand il voit , il voit à la fois tout
ce qui s'offre à lui ; il faut qu'il regarde pour
mettre, dans ce qu'il apperçoit, un ordre direct
ou un ordre renverſé ! Or, il ne regarde

qu'autant que nous avons befoin de parler, ou
d'appercevoir les chofes d'une maniere diftincte.

Quand nous étudierons l'art d'écrire, nous
verrons plus particuliérement l'ufage qu'on
peut faire des inverfions. Pour le préfent, Monfeigneur, je ne vous donnerai qu'un exemple;
& ce fera le même qui nous a fervi à l'analyfe du difcours.

» Dans cette enfance, ou, pour mieux dire,
» dans ce chaos du poëme dramatique parmi
» nous, votre illuftre frere, après avoir quel-
» que temps cherché le bon chemin, & lutté,
» fi je l'ofe dire ainfi, contre le mauvais goût
» de fon fiecle, enfin, infpiré d'un génie ex-
» traordinaire, & aidé de la lecture des an-
» ciens, fit voir fur la fcene la raifon, mais
» la raifon accompagnée de toute la pompe,
» de tous les ornements dont notre langue eft
» capable, accordant heureufement la vraifem-
» blance & le merveilleux, & laiffant bien loin
» derriere lui tout ce qu'il avoit de rivaux, dont
» la plupart, défefpérant de l'atteindre, &
» n'ofant plus entreprendre de lui difputer le
» prix, fe bornerent à combattre la voix publi-
» que déclarée pour lui, & effayerent en vain,
» par leurs frivoles critiques, de rabaiffer
» un mérite qu'ils ne pouvoient égaler.

Confidérez, Monfeigneur, comment toutes les parties de cette période fe lient à une idée principale pour former un feul tout. C'eft ainfi que cette multitude d'idées s'offroit à Racine, & c'eft ainfi qu'il lui étoit naturel de les préfenter. Cependant les conftructions font renverfées. Subftituons l'ordre direct, & difons :

Votre illuftre frere fit voir fur la fcene la raifon ; mais la raifon accompagnée de toute la pompe, de tous les ornements dont notre langue eft capable, accordant heureufement la vraifemblance & le merveilleux, & laiffant bien loin derriere lui tout ce qu'il avoit de rivaux.

Il fit voir la raifon dans cette enfance, ou, pour mieux dire, dans ce chaos du poëme dramatique parmi nous.

Il la fit voir après avoir quelque temps cherché le bon chemin, & lutté, fi je l'ofe dire ainfi, contre le mauvais goût de fon fiecle.

Enfin il la fit voir, lorfqu'il étoit infpiré d'un génie extraordinaire, & aidé de la lecture des anciens.

Vous voyez, Monfeigneur, que pour fuivre l'ordre direct, je fuis obligé de partager une penſée qui eſt une, & qui doit être une. Quand j'éviterois de répéter *il fit voir la raiſon*, la penſée n'en ſeroit pas moins partagée : car ce ne ſeroit qu'à pluſieurs repriſes que j'acheverois de la développer. Dans Racine, au contraire, cette penſée eſt, pour ainſi dire, moulée d'un ſeul jet. Tel eſt l'avantage de l'ordre renverſé.

Il y a dans le diſcours deux choſes : la liaiſon des idées & l'enſemble. La liaiſon des idées ſe trouve toujours dans l'ordre direct : mais, pour peu qu'une penſée ſoit compoſée, l'enſemble ne peut ſe trouver que dans l'ordre renverſé. Il eſt donc abſolument néceſſaire de faire uſage des inverſions ; & ſi elles ſont néceſſaires, il faut bien qu'elles deviennent naturelles.

Nous avons conſidéré les langues comme autant de méthodes analytiques ; & nous avons vu, Monſeigneur, quels ſont, dans la nôtre, les ſignes de cette méthode, & d'après quelles regles nous devons nous en ſervir. Mais nous avons encore bien des obſervations à faire pour démêler tout l'artifice de cette analyſe, & pour en ſaiſir la ſimplicité. Ce ſera le ſujet de l'ouvrage ſuivant, *l'art d'écrire.*

CONJUGAISONS.

On commence par la conjugaison du verbe *faire*, dont les formes doivent servir de dénominations aux formes des autres verbes.

INDICATIF.

L'affirmation est l'accessoire qui caractérise ce mode.

Forme qui exprime un rapport de simultanéité avec le moment où l'on parle.

Singulier.

Je fais, tu fais, il fait.

Pluriel.

Nous faisons, vous faites, ils font.

Forme qui est propre à exprimer un rapport de simultanéité, soit avec une époque antérieure, soit avec une époque actuelle.

Singulier.

Je faisois, tu faisois, il faisoit.

V 4

Pluriel.

Nous faifions, vous faifiez, ils faifoient.

Je faifois ce que je vous ai promis, lorfqu'il m'eſt furvenu une affaire, a un rapport de fimultanéité avec une époque fenfiblement an-térieure.

Si quelqu'un, en entrant chez moi, me demande : *que faifiez-vous ?* cette forme ex-prime un rapport de fimultanéité avec une épo-que immédiatement antérieure à l'époque ac-tuelle.

Enfin elle exprime un rapport de fimulta-néité avec l'époque actuelle même, lorfque je dis à quelqu'un que je rencontre, *j'allois chez vous.*

Forme qui exprime un rapport de fimulta-néité avec une période où l'on n'eſt plus. Il y en a deux. L'une marque plus particuliérement le temps où la chofe fe faifoit.

Singulier.

Je fis, tu fis, il fit.

Pluriel.

Nous fîmes, vous fîtes, ils firent.

L'autre marque le temps où la chose étoit faite.

Singulier.

J'eus fait, tu eus fait, il eut fait.

Pluriel.

Nous eumes fait, vous eutes fait, ils eurent fait.

Forme qui exprime un rapport de simultanéité avec une période où l'on est encore. Il y en a également deux ; & la différence est la même qu'entre les formes précédentes. L'une indique donc le temps où la chose se faisoit.

Singulier.

J'ai fait, tu as fait, il a fait.

Pluriel.

Nous avons fait, vous avez fait, ils ont fait.

L'autre indique le temps où la chose étoit faite.

Singulier.

J'ai eu fait, tu as eu fait, il a eu fait

Pluriel.

Nous avons eu fait, vous avez eu fait, ils ont eu fait.

Forme qui exprime un rapport de simultanéité avec une époque antérieure à une autre époque, qui est elle-même antérieure à l'époque actuelle.

Singulier.

J'avois fait, tu avois fait, il avoit fait.

Pluriel

Nous avions fait, vous aviez fait, ils avoient fait.

Voilà toutes les formes du passé. Il y en a six : *Je faisois, je fis, j'eus fait, j'ai fait, j'ai eu fait, j'avois fait* ; quelques-uns ajoutent *j'avois eu fait.* Nous en avons deux pour le futur.

La première exprime un rapport de simultanéité avec une époque postérieure, qui peut être ou n'être pas déterminée.

Singulier.

Je ferai, tu feras, il fera.

Pluriel.

Nous ferons, vous ferez, ils feront.

La feconde exprime un rapport de fimultanéité avec une époque poftérieure qui doit être
déterminée.

Singulier.

J'aurai fait, tu auras fait, il aura fait.

Pluriel.

Nous aurons fait, vous aurez fait, ils auront
fait.

Quelques-uns ajoutent une troifieme forme:
J'aurai eu fait.

MODE CONDITIONNEL.

Ce mode diffère de l'indicatif en ce que
l'affirmation devient conditionnelle.

Lorfqu'on affirme pofitivement que les chofes ont été, ou qu'elles feront, on peut avoir
befoin de diftinguer des époques plus ou moins
antérieures, & des époques plus ou moins pof-
térieures. C'eft pourquoi l'indicatif eft de tous

les modes celui qui a le plus de formes diffé-rentes.

Mais, lorsque l'affirmation devient condi-tionnelle, on n'a pas besoin de distinguer au-tant d'époques; &, en conséquence, les formes du mode conditionnel sont en petit nombre.

Forme qui, suivant les circonstances, ex-prime un rapport de simultanéité avec une épo-que actuelle, ou avec une époque postérieure.

Singulier.

Je ferois, tu ferois, il feroit.

Pluriel.

Nous ferions, vous feriez, ils feroient.

Forme qui exprime un rapport de simulta-néité avec une époque antérieure.

Singulier.

J'aurois fait, tu aurois fait, il auroit fait.

Pluriel.

Nous aurions fait, vous auriez fait, ils au-roient fait.

Autre forme qui exprime un pareil rapport.

Singulier.

J'eusse fait, tu eusses fait, il eût fait.

Pluriel.

Nous eussions fait, vous eussiez fait, ils eussent fait.

La première de ces deux formes marque plus particuliérement l'époque pendant laquelle on auroit fait; & la seconde marque plus particuliérement l'époque où la chose eût été faite & finie.

Forme qui exprime un rapport de simultanéité avec une époque antérieure à une époque, qui est elle-même antérieure à l'époque actuelle.

Singulier.

J'aurois eu fait, tu aurois eu fait, il auroit eu fait.

Pluriel.

Nous aurions eu fait, vous auriez eu fait, ils auroient eu fait.

J'eusse eu fait ne doit pas se dire, parce qu'il ne différeroit pas de *j'aurois eu fait.*

IMPÉRATIF.

Ce mode n'affirme point ; il commande. Il a deux formes pour le futur.

La premiere, qui ne détermine point l'époque où la chose doit se faire, semble commander qu'elle se fasse, à commencer au moment où l'on parle.

Singulier

Fais , qu'il fasse.

Pluriel.

Faisons, faites , qu'ils fassent.

La seconde commande que la chose soit faite avant une époque postérieure qu'on détermine.

Singulier.

Aie fait, qu'il ait fait.

Pluriel.

Aions fait , ayez fait, qu'ils aient fait.

La troisieme personne de ce mode est emprun-
tée du subjonctif, où nous la retrouverons.

On comprend pourquoi les formes de l'impératif n'ont point de premiere personne au
singulier. Lorsqu'on se commande à soi même,
on se sert de la seconde du singulier, *fais*, ou
de la premiere du pluriel, *faisons*.

SUBJONCTIF.

Dans ce mode, les rapports d'actualité,
d'antériorité & de postériorité sont moins exprimés par les formes que prend le verbe, que
par les circonstances du discours.

Forme qui peut exprimer un rapport de simultanéité avec une époque actuelle, ou avec
une époque postérieure.

Singulier.

Que je fasse, que tu fasses, qu'il fasse.

Pluriel.

Que nous fassions, que vous fassiez, qu'ils
fassent.

A ces questions, *fait-il beau?* ou *fera-t-il*

beau? je puis répondre également, *je ne crois pas qu'il fasse beau.*

Forme qui exprime un rapport de simultanéité avec une époque antérieure, ou avec une époque postérieure.

Singulier.

Que je fisse, que tu fisses, qu'il fît.

Pluriel.

Que nous fissions, que vous fissiez, qu'ils fissent.

Qu'on dise : *il a fait le voyage qu'il méditoit,* ou qu'on dise : *il le fera,* je puis également répondre : *je ne croyois pas qu'il le fît.*

Autre forme qui exprime un pareil rapport.

Singulier.

Que j'aie fait, que tu aies fait, qu'il ait fait.

Pluriel.

Que nous ayons fait, que vous ayez fait, qu'ils aient fait.

Il

Il a fallu que j'aie fait est un passé. *Je n'irai point chez vous que je n'aie fait* est un futur.

Autre encore qui exprime le même rapport.

Singulier.

Que j'eusse fait, que tu eusses fait, qu'il eût fait.

Pluriel.

Que nous eussions fait, que vous eussiez fait, qu'ils eussent fait.

Si on vouloit marquer plus particuliérement le temps où la chose eût été faite & finie, on pourroit se servir de la forme suivante.

Singulier.

Que j'eusse eu fait, que tu eusses eu fait, qu'il eût eu fait.

Pluriel.

Que nous eussions eu fait, que vous eussiez eu fait, qu'ils eussent eu fait.

Je doute néanmoins que cette forme soit

bien néceſſaire. Quant aux autres, on ne les emploie pas indifféremment, quoiqu'elles expriment les mêmes rapports. Le choix eſt déterminé par la forme qu'a pris le verbe de la propoſition principale. On dit, par exemple, *je veux que vous ayez fait ; & je voudrois que vous euſſiez fait.* Il faut ſe ſouvenir que le propre des formes du ſubjonctif eſt de marquer le rapport de la propoſition ſubordonnée à la propoſition principale.

INFINITIF.

Le verbe, dépouillé des acceſſoires qu'il avoit dans les modes précédents, devient à l'infinitif un nom ſubſtantif, ou un nom adjectif.

Nom ſubſtantif.

Faire.

Participes qui, ſuivant les circonſtances, ſont des ſubſtantifs ou des adjectifs.

Faiſant, fait, ayant fait.

Autre nom ſubſtantif.

Avoir fait.

On voit que dans la conjugaison du verbe *faire*, les formes varient comme les accessoires qu'elles expriment. C'est ce qui doit déterminer à les faire servir de dénomination aux formes des autres verbes.

Conjugaison du verbe auxiliaire

Avoir.

Il me paroît convenable de commencer les conjugaisons par l'infinitif, puisque, dans ce mode, le verbe est dépouillé des accessoires qu'il prend dans les autres.

INFINITIF.

Faire.	Avoir.
Faisant.	Ayant.
Fait.	Eu.
Ayant fait.	Ayant eu.
Avoir fait.	Avoir eu.

INDICATIF.

Singulier.

Je fais. — J'ai, tu as, il a.

Pluriel. —

> Nous avons, vous avez, ils ont.

Singulier.

Je faisois.　　　J'avois, tu avois, il avoit.

Pluriel.

> Nous avions, vous aviez, ils avoient.

Singulier.

Je fis.　　　J'eus, tu eus, il eut.

Pluriel.

> Nous eumes, vous eutes, ils eurent.

Singulier.

J'eus fait.　　　J'eus eu, tu eus eu, il eut eu.

Pluriel.

Nous eumes eu , vous eutes
eu , ils eurent eu.

Singulier.

J'ai fait. J'ai eu , tu as eu , il a eu.

Pluriel.

Nous avons eu , vous avez
eu , ils ont eu.

J'ai eu fait. Cette forme manque.

Singulier.

J'avois fait. J'avois eu , tu avois eu , il
avoit eu.

Pluriel.

Nous avions eu , vous aviez
eu , ils avoient eu.

Singulier.

Je ferai. J'aurai , tu auras , il aura.

X 5

Pluriel.

Nous aurons, vous aurez, ils auront.

Singulier.

J'aurai fait.

J'aurai eu, tu auras eu, il aura eu.

Pluriel.

Nous aurons eu, vous aurez eu, ils auront eu.

MODE CONDITIONNEL.

Singulier.

Je ferois.

J'aurois, tu aurois, il auroit.

Pluriel.

Nous aurions, vous auriez, ils auroient.

Singulier.

J'aurois fait.

J'aurois eu, tu aurois eu, il auroit eu.

Pluriel.

Nous aurions eu, vous au-
riez eu, ils auroient eu.

Singulier.

J'eusse fait.   J'eusse eu, tu eusses eu, il
eût eu.

Pluriel.

Nous eussions eu, vous eussiez eu, ils eussent eu.

J'aurois eu fait.   Cette forme manque.

IMPÉRATIF.

Singulier

Fais.   Aie, qu'il ait.

Pluriel.

Ayons, ayez, qu'ils aient.

SUBJONCTIF.

Singulier.

Que je fasse.   Que j'aie, que tu aies, qu'il
ait.

X 4

Pluriel.

Que nous ayons, que vous ayez, qu'ils aient.

Singulier.

Que je fiſſe.   Que j'euſſe, que tu euſſes, qu'il eût.

Pluriel.

Que nous euſſions, que vous euſſiez, qu'ils euſſent.

Singulier.

Que j'aie fait.   Que j'aie eu, que tu aies eu, qu'il ait eu.

Pluriel.

Que nous ayons eu, que vous ayez eu, qu'ils aient eu.

Singulier.

Que j'euſſe fait.   Que j'euſſe eu, que tu euſſes eu, qu'il eût eu.

Pluriel.

Que nous euſſions eu, que
vous euſſiez eu, qu'ils
euſſent eu.

Que j'euſſe eu fait. Cette forme manque.

Conjugaiſon du verbe auxiliaire

Être.

INFINITIF.

Faire.	Être.
Faiſant.	Étant.
Fait.	Été.
Ayant fait.	Ayant été.
Avoir fait.	Avoir été.

INDICATIF.

Singulier.

Je fais. Je ſuis, tu es, il eſt.

Pluriel.

Nous ſommes, vous êtes,
ils ſont.

Singulier

Je faisois.

J'étois, tu étois, il étoit.

Pluriel.

Nous étions, vous étiez, ils étoient.

Singulier.

Je fis.

Je fus, tu fus, il fut.

Pluriel.

Nous fumes, vous futes, ils furent.

Singulier.

J'eus fait.

J'eus été, tu eus été, il eut été.

Pluriel.

Nous eûmes été, vous eûtes été, ils eurent été.

Singulier.

J'ai fait.

J'ai été, tu as été, il a été.

Pluriel.

Nous avons été, vous avez été, ils ont été.

J'ai eu fait.   Cette forme manque.

Singulier.

J'avois fait.   J'avois été, tu avois été, il avoit été.

Pluriel.

Nous avions été, vous aviez été, ils avoient été.

Singulier.

Je ferai.   Je ferai, tu feras, il fera.

Pluriel.

Nous ferons, vous ferez, ils feront.

Singulier.

J'aurai fait.   J'aurai été, tu auras été, il aura été.

Pluriel.

Nous aurons été, vous au-
rez été, ils auront été.

MODE CONDITIONNEL.

Singulier.

Je serois.   Je serois, tu serois, il seroit.

Pluriel.

Nous serions, vous seriez,
ils seroient.

Singulier.

J'aurois fait.   J'aurois été, tu aurois été,
il auroit été.

Pluriel.

Nous aurions été, vous auriez été, ils auroient été.

Singulier.

J'eusse fait.   J'eusse été, tu eusses été, il
eût été.

Pluriel.

Nous euſſions été, vous euſſiez été, ils euſſent été.

J'aurois eu fait.　　Cette forme manque.

IMPÉRATIF.

Singulier.

Fais.　　Sois, qu'il ſoit.

Pluriel.

Soyons, ſoyez, qu'ils ſoient.

SUBJONCTIF.

Singulier.

Que je faſſe.　　Que je ſois, que tu ſois,
qu'il ſoit.

Pluriel.

Que nous ſoyons, que vous
ſoyez, qu'ils ſoient..

Singulier.

Que je fiſſe.　　Que je fuſſe, que tu fuſſes,
　　　　　　　　　qu'il fût.

Pluriel.

Que nous fuſſions, que vous
fuſſiez, qu'ils fuſſent.

Singulier.

Que j'aie fait.　Que j'aie été, que tu aies
　　　　　　　　été, qu'il ait été.

Pluriel.

Que nous ayons été, que
vous ayez été, qu'ils aient
été.

Singulier.

Que j'euſſe fait.　Que j'euſſe été, que tu euſ-
　　　　　　　　ſes été, qu'il eût été.

Pluriel.

Que nous euſſions été, que

vous eussiez été, qu'ils eussent été.

Que j'eusse eu fait. Cette forme manque.

Conjugaison des verbes en er.

Je ne transcrirai que les formes simples, parce qu'en substituant au participe *fait* le participe des verbes que nous conjuguerons, on aura les formes composées ; il faudra consulter le chapitre onzieme de la seconde partie de cette grammaire, pour savoir si on doit employer, dans ces formes, le verbe *être* ou le verbe *avoir*.

INFINITIF.

Faire.   Aimer.
Faisant.   Aimant.
Fait.   Aimé.

INDICATIF.

Je fais.   J'aime, tu aimes, il aime.

                 Nous aimons, vous aimez, ils aiment.

Je faisois.   J'aimois, tu aimois, il aimoit!

Nous aimions, vous aimiez, ils aimoient.

Je fis.   J'aimai, tu aima il aima, nous aimames, vous aimates, ils aimerent.

Je ferai.   J'aimerai, tu aimeras, il aimera, nous aimerons, vous aimerez, ils aimeront,

MODE CONDITIONNEL.

Je ferois.   J'aimerois, tu aimerois, il aimeroit, nous aimerions, vous aimeriez, ils aimeroient.

IMPÉRATIF.

Fais.   Aime, qu'il aime, aimons, aimez, qu'ils aiment.

SUBJONCTIF.

Que je fasse. Que j'aime, que tu aimes, qu'il aime, que nous aimions, que vous aimiez, qu'ils aiment.

Que je fisse. Que j'aimasse, que tu aimasses, qu'il

qu'il aimât, que nous aimaſſions, que vous aimaſſiez, qu'ils aimaſ-
ſent.

Verbes irréguliers de cette conjugaiſon.

Aller à la forme *j'aime*, fait *je vais* ou *je vas, il va, nous allons, vous allez, ils vont.*

A la forme *j'aimerai* : *j'irai, tu iras, il ira, nous irons, vous irez, ils iront.*

A la forme *j'aimerois* : *j'irois, tu irois, il iroit, nous irions, vous iriez, ils iroient.*

A la forme *aime* : *va, qu'il aille, allons, allez, qu'ils aillent.* On dit avec une *s, vas y*, & avec un *t, va-t-en.*

Puer, à la forme *j'aime* fait *je pus, tu pus, il put.* Au pluriel il eſt régulier : *nous puons, &c.*

Lorſque les verbes ſe terminent en *ger* à l'infinitif, on conſerve l'*e* dans toutes les for-mes, afin de conſerver la même prononcia-tion à la lettre *G. Juger, jugeois, jugeant.*

On retranche l'*e* dans les formes *j'aimerai, j'aimerois*, lorſque les verbes ſe terminent

Tom. I.   Y

en *ier* ou en *ner* ; & on prononce j'emploi-
rai, j'emploirois, je *continurai*, je *continurois*.

On écrit ordinairement ces mots avec un
e, furtout en profe.

Envoyer, aux formes j'*aimerai*, j'*aimerois*,
fait j'*enverrai*, j'*enverrois*.

Aux formes *nous aimions, vous aimiez*, les
verbes en *oyer* font *nous envoyions, vous en-
voyiez, nous employions, vous employiez*,
mais il vaut mieux éviter de fe fervir de ces
formes, qu'on ne trouve que dans les grammaires.

Conjugaifons des verbes
en ir.

Il y en a quatre.

INFINITIF.

Faire, faifant, fait.

finir.	fentir.	ouvrir.	tenir.
finiffant.	fentant.	ouvrant.	tenant.
fini.	fenti.	ouvert.	tenu.

INDICATIF.

Je fais.

je finis.	fens.	ouvre.	tiens.
tu finis.	fens.	ouvres.	tiens.
il finit.	fent.	ouvre.	tient.
nous finiſſons.	fentons.	ouvrons.	tenons.
vous finiſſez.	fentez.	ouvrez.	tenez.
ils finiſſent.	fentent.	ouvrent.	tiennent.

Je faiſois.

Je finiſſois. fentois. ouvrois. tenois;

le reſte de cette forme comme dans la conjugaiſon précédente.

Je fis.

je finis.	fentis.	ouvris.	tins.
tu finis.	fentis.	ouvris.	tins.
il finit.	fentit.	ouvrit.	tint.
nous finimes.	fentimes.	ouvrimes.	tinmes.
vous finites.	fentites.	ouvrites.	tintes.
ils finirent.	fentirent.	ouvrirent.	tinrent.

Je ferai.

Je finirai. fentirai. ouvrirai. tiendrai;
le refte comme dans la conjugaifon précédente.

CONDITIONNEL.

Je ferois.

Je finirois. fentirois. ouvrirois. tiendrois, &c.

IMPÉRATIF.

Fais.

finis.	fens.	ouvre.	tiens.
qu'il finiffe.	fente.	ouvre.	tienne.
finiffons.	fentons.	ouvrons.	tenons
finiffez.	fentez.	ouvrez.	tenez.
qu'ils finiffent.	fentent.	ouvrent.	tiennent.

SUBJONCTIF.

Que je faffe.

que je finiffe.	fente.	ouvre.	tienne.
que tu finiffes.	fentes.	ouvres.	tiennes.

qu'il finiſſe.	ſente.	ouvre.	tienne.
que nous finiſſions.	ſentions.	ouvrions.	tenions.
que vous finiſſiez.	ſentiez.	ouvriez.	teniez.
qu'ils finiſſent.	ſentent.	ouvrent.	tiennent.

Que je fiſſe.

que je finiſſe.	ſentiſſe.	ouvriſſe.	tinſſe.
que tu finiſſes.	ſentiſſes.	ouvriſſes.	tinſſes.
qu'il finît.	ſentît.	ouvrît.	tînt.
que nous finiſſions.	ſentiſſions.	ouvriſſions.	tinſſions
que vous finiſſiez.	ſentiſſiez.	ouvriſſiez.	tinſſiez.
qu'ils finiſſent.	ſentiſſent.	ouvriſſent.	tinſſent.

Verbes de la premiere conjugaiſon en ir.

Conjuguez, comme *finir*, *unir*, *punir*, & tous les verbes qui, a la forme je *fais*, ſe terminent en *ir* : j'*unis*, je *punis*.

FORMES IRRÉGULIERES. *Bénir* n'a qu'une forme irréguliere *bénit*, *bénite* : mais il a auſſi la forme réguliere *béni*, *bénie*. On dit *le pain béni*, *l'eau bénite* ; & en parlant des perſonnes, *elle eſt bénie*, *ils ſont bénis*.

Y 3

Fleurir qui au propre eſt régulier dans toutes ſes formes , eſt irrégulier au figuré dans les formes ſuivantes : *l'empire floriſſoit , les lettres étoient floriſſantes.*

Haïr n'eſt irrégulier que dans les formes *je hais , tu hais , il haït ,* où l'a & l'i ne ſont qu'une ſyllabe qui ſe prononce comme un *e* ouvert.

Verbes de la ſeconde conjugaiſon en ir.

Conjuguez , comme *ſentir ,* les verbes *conſentir , reſſentir , préſſentir , mentir , démentir , dormir , endormir , s'endormir , ſe repentir , ſervir , deſſervir , ſortir , partir , reſſortir ,* ſortir de nouveau , & *repartir ,* répliquer , partir de nouveau : mais *reſſortir* être du reſſort , *répartir* partager , & *ſortir* obtenir ſe conjuguent comme *finir.*

FORMES IRRÉGULIERES. *Bouillir : je bous, tu bous , il bout , nous bouillons ,* &c. je *bouillirai* ou *bouillerai,* je *bouillirois* ou *bouillerois.*

Courir, eſt en terme de chaſſe, *courre : couru, je courus , je courrai , je courrois.*

Accourir, *concourir*, *difcourir*, *parcourir*, *recourir*, *fecourir* fe conjuguent comme *courir*.

Fuir : *fuyant*, *je fuis*, *tu fuis*, *il fuit*, *nous fuyons*, *vous fuyez*, *ils fuient*.

Mourir : *mort*, *je meurs*, *tu meurs*, *il meurt*, *nous mourons*, *vous mourez*, *ils meurent*, *je mourus*, *je mourrai*, *je mourrois*, *que je meure*, *que je mouruffe*. Les formes compofées fe font avec le verbe *être*.

Vêtir : *vêtu*. *Revêtir* : *revêtu*. Ils font réguliers dans les autres formes. Cependant je doute qu'on puiffe dire, je *vêts*. *Je revêts* eft ufité.

Acquérir : *acquérant*, *acquis*, *j'acquiers*, *nous acquérons*, *j'acquerrai*, *j'acquerrois*.

Conquérir ne s'emploie gueres qu'aux formes fimples *conquérant*, *conquis*, *je conquis*, *je conquiffe*, & aux formes compofées *j'ai conquis*, &c.

Ouïr, défectueux aux formes *je fens*, *je fentois*, s'emploie aux autres : *ouï*, *j'ouïs*, *j'ouïs*, *j'ouïffe*, *j'ai ouï*.

Y 4

Faillir s'emploie au participe *failli*, à la forme du passé *je faillis* & aux formes composées *j'ai failli*, &c. les autres lui manquent.

Querir n'est susceptible d'aucune autre forme. *Envoyer querir*, *aller querir*.

Verbes de la troisieme conjugaison en ir.

Conjuguez, comme *ouvrir* les verbes *découvrir*, *entre-ouvrir*, *rouvrir*, *recouvrir*, *offrir*, *mésoffrir*, *souffrir*.

FORMES IRRÉGULIERES. *Cueillir : cueilli*, *je cueillerai*, *je cueillerois*. Il est régulier dans les autres formes. *Accueillir* & *recueillir* se conjuguent comme *cueillir*.

Saillir, dans le sens de s'avancer en dehors, n'a guere que cette forme, & celle du participe *saillant*.

Dans le sens de s'élancer, de s'élever, *saillir* s'emploie au participe *sailli* & quelquefois aux troisiemes personnes : *les eaux saillissent*.

Affaillir , treffaillir : *affailli , treffailli.* Le reſte eſt régulier & peu uſité.

Verbes de la quatrieme conjugaiſon en ir.

On conjugue, comme *tenir*, les verbes *appartenir , s'abſtenir , entretenir , détenir , maintenir , obtenir , retenir , ſoutenir , venir , ſurvenir , convenir ,* en un mot, tous ceux qui dérivent de *tenir* & de *venir.*

Conjugaiſon des verbes en oir.

INFINITIF.

Faire.	Recevoir.
Faiſant.	Recevant.
Fait.	Reçu.

Je fais. Je reçois, tu reçois, il reçoit, nous recevons, vous recevez, ils reçoivent.

Je faiſois. Je recevois , tu recevois, il recevoit , nous recevions , vous receviez , ils recevoient.

Je fis.　Je reçus, tu reçus, il reçut, nous reçûmes, vous reçûtes, ils reçurent.

Je ferai.　Je recevrai, tu recevras, il recevra, nous recevrons, vous recevrez, ils recevront.

CONDITIONNEL.

Je ferois.　Je recevrois, tu recevrois, il recevroit, nous recevrions, vous recevriez ; ils recevroient.

IMPÉRATIF.

Fais.　Reçois, qu'il reçoive, recevons, recevez, qu'ils reçoivent.

SUBJONCTIF.

Que je fasse.　Que je reçoive, que tu reçoives, qu'il reçoive, que nous recevions, que vous receviez, qu'ils reçoivent.

Que je fisse.　Que je reçusse, que tu reçusses, qu'il reçût, que nous reçusfions, que vous reçuffiez, qu'ils reçuffent.

On conjugue, comme *recevoir*, les verbes *appercevoir*, *décevoir*, *concevoir*, *percevoir*, *devoir*, *redevoir*.

VERBES IRREGULIERS. S'affeoir : S'af-feyant, *affis*, *je m'affieds*, *tu*, &c. *nous nous affeyons*, *vous vous affeyez*, *ils s'affeyent*, *je m'affeyois*, &c. *nous nous affeyions*, qu'il faut éviter ainfi que *vous vous affeyiez*, *ils s'af-feyoient*, *je m'affis*, *je m'affeoirai*, *je m'af-foirois*, *que je m'affiffe*.

Conjuguez de la-même maniere *affeoir*, *raf-feoir* & *fe raffeoir*.

Voir : *voyant*, *vu*, *je vois*, *nous voyons*, *je vis*, *je verrai*, *je verrois*, *que je voie*, *que je viffe*.

Entrevoir & *revoir* fe conjuguent comme voir. *Prévoir* a deux formes qui lui font par-ticulieres : *je prévoirai*, *je prévoirois*.

Pourvoir : *je pourvus*, *je pourvoirai*, *je pourvoirois*, *que je pourvuffe*. Le refte comme voir.

Surſeoire : ſurſis , ſurſeoirai , ſurſeoirois. **Les** autres formes comme *voir.*

Mouvoir : mouvant , mu , je meus , nous mouvons , je mouvois , je mus , je mouvrois , que je meuve , que je muſſe.

Pouvoir : pouvant , pu , je puis ou *je peux , tu peux , il peut , nous pouvons , vous pou-vez , ils peuvent , je pus , je pourrai , je pourrois , que je puiſſe , que je puſſe.*

Savoir : ſachant , ſu , je ſais , nous ſavons , vous ſavez , ils ſavent , je ſus , je ſaurai , je ſaurois , ſache , qu'il ſache , ſachons , ſachez , qu'ils ſachent , que je ſache , que je ſuſſe.

Valoir : valant , valu , je vaux , nous va-lons , je vaudrai , je vaudrois , que je vaille , que nous valions , que je valuſſe.

Vouloir : voulant , voulu , je veux , je vou-lus , je voudrai , je voudrois , que je veuille , que nous voulions , que je vouluſſe.

Choir : chu. il n'eſt uſité qu'à ces deux formes : encore eſt-il du ſtyle familier.

Déchoir n'a que le le participe *déchu* &

manque de la forme *ie ferois*. Les autres font
*je déchois , nous déchoyons, vous déchoyez,
ils déchoyoient, je décherrois, que je déchoie,
que je déchuſſe.*

Echoir : *échéant , échu , il échet ,* fans
premiere ni feconde perſonnes , *j'échus ,
j'echerrai , j'écherrois , que j'échoie , que
j'échuſſe.*

Seoir , pour être convenable , n'a que des
formes ſimples , & aux troiſiemes perſonnes
feulement. *Il fied , il féioit , il ſiera , il ſiéroit
qu'il ſiée.*

Seoir , pour prendre féance , n'a que cette
forme & le participe *féant.*

Conjugaiſons des verbes en re.

Il y en a cinq. Il femble que ce foit
beaucoup. Cependant on auroit pu en imaginer encore davantage : car les verbes de
cette terminaiſon font bien irréguliers. Pour
abréger , je fupprimerai les fecondes & troi-
fiemes perſonnes, que l'analogie fera facilement trouver.

INFINITIF.

Faire, faisant, fait.

plaire.	paroître.	réduire.	craindre.	rendre.
plaisant.	paroissant.	réduisant.	craignant.	rendant.
plait.	paru.	réduit.	craint.	rendu.

INDICATIF.

Je fais.

je plais.	parois.	réduis.	crains.	rends.
nous plaisons.	paroissons.	réduisons.	craignons.	rendons.

Je faisois.

je plaisois.	paroissois.	réduisois.	craignois.	rendois.
nous plaisions.	paroissions.	réduisions.	craignions.	rendions.

Je fis

je plus.	parus.	réduisis.	craignis.	rendis.
nous plûmes.	parûmes.	réduisimes.	craignimes.	rendimes.

Je ferai

je plairai.	paroîtrai.	réduirai.	craindrai.	rendrai.
nous plairons.	paroîtrons.	réduirons.	craindrons.	rendrons.

CONDITIONNEL.

Je ferois

je plairois.   paroîtrois.   réduirois.   craindrois.   rendrois.
nous plairions. paroîtrions.   réduirions.   craindrions.   rendrions.

IMPÉRATIF.

Fais

plais.   parois.   réduis.   crains.   rends.
qu'il plaise.   paroisse.   réduise.   craigne.   rende.
plaisons.   paroissons.   réduisons.   craignons.   rendons.

Que je fasse.

que je plaise.   paroisse.   réduise.   plaigne.   rende.
que nous plaisions.   paroissions.   réduisions.   plaignions.   rendions.

Que je fisse.

que je plusse.   parusse.   réduisisse.   plaignisse.   rendisse.
que nous plussions.   parussions   réduisissions. plaignissions. rendissions

Verbes de la premiere conjugaison en re.

Les verbes en *aire* se conjuguent comme *plaire*. Mais *faire*, qui a des formes diffé-

rentes, eſt la regle d'après laquelle on conjugue les compoſés, *contrefaire*, *défaire*, *redé-*
faire, *refaire*, *ſatisfaire*, *ſurfaire*. *Forfaire*
forfait, *malfaire malfait*, *méfaire méfait*,
parfaire parfait : ces quatre verbes n'ont que
ces deux formes.

Traire eſt irrégulier & défectueux. *Trait*,
trayant, *je trais*, *nous trayons*, *je trairai*,
je trairois, *que je traie*. Il ne s'emploie point
à la forme *je fis*, ni à la forme *que je fiſſe*.

Braire, *il brait*, *ils braient*, *il braira*, *ils*
brairont. Ce verbe n'eſt en uſage qu'à ces
formes.

Verbes de la ſeconde conjugaiſon en re.

Tous les verbes en *oître* ſe conjuguent
comme *paroître*. Il ne faut excepter que *naître*
qui a deux formes irrégulieres, *né* au participe, & je *naquis* à la forme *je fis*.

Paître, eſt défectueux. Il manque des formes ſimples *je fis*, *que je fiſſe* ; & il ne s'emploie aux formes compoſées que dans cette
phraſe du diſcours familier : *il a pu & repu*.

Verbes de la troiſieme conjugaiſon en re.

On conjugue comme *réduire* tous les verbes

bes en *ire*. Voici ceux qui font irréguliers. Les formes, dont je ne parlerai pas, font régulieres.

Circoncire : *circoncis* au participe , & *je circoncis* à la forme *je réduifis*.

Dire & redire : *vous dites , vous redites* à la forme *vous réduifez* ; *je dis , je redis* à la forme *je réduifis* ; *que je dife , que je rediffe* à la forme *que je réduififfe*.

Dédire, contredire, interdire, médire, prédire font *vous dédifez , vous contredifez* , &c. *maudire* fait *maudiffant, maudiffons, maudiffez, maudiffent*. Dans tout le refte ces verbes fe conjuguent comme *dire*.

Confire & fuffire font à la forme *je réduifis , je confis , je fuffis* ; & à la forme *que je réduififfe , que je confiffe , que je fuffife*.

Lire, élire, relire : *lu , je lus , que je luffe*.

Rire, fourire : *riant , ri, nous rions , vous riez , ils rient*. Il fait *je ris* à la forme *je réduifis*.

Écrire, circonfcrire, décrire &c : *écrivant , nous écrivons, vous écrivez, ils écrivent, j'écrivis , que j'écrive, que j'écriviffe*.

Tom. I.   Z

Frire, *frit*, *je frirai*, *je frirois*, impératif *fris*. Ce verbe n'a pas d'autres formes.

Tous les verbes en *uire* se conjuguent comme *réduire*, excepté *bruire* qui est tout à la fois irrégulier & défectueux. *Brayant*, *il bruyoit*, *ils bruyoient*. Voilà toutes les formes usitées. Il faut encore excepter *luire*, *reluire*, *nuire*, qui ont une irrégularité au participe *réduit* : ils font *lui*, *relui*, *nui* sans t.

On rapporte à cette conjugaison *boire*, *clorre*, *conclure* & leurs composés.

Boire, *buvant*, *bu*, *je bois*, *nous buvons*, *je buvois*, *je bus je boirai*, *je boirois que je boive*, *que je busse*.

Clorre, *je clos*, *tu clos*, *il clot*, sans pluriel, *je clorrai*, *je clorrois*. Les autres formes simples manquent, & il n'a que le participe *clos*.

Éclorre, *il éclot*, *ils éclosent*, *il éclorra*, *ils éclorront*, *il éclorroit*, *ils éclorroient*, *qu'il éclose*, *qu'ils éclosent*. Ce verbe n'a que ces formes.

Conclure, *concluant*, *conclu*, *je conclus*, *nous concluons*, *je concluois*, *nous concluïons*, je conclus, nous conclumes, je conclurai, je conclurois, que je conclue, que je conclusse.

Verbes de la quatrieme conjugaison en re.

Tous les verbes en *aindre*, *eindre*, *oindre*, se conjuguent comme *craindre*.

Verbes de la cinquieme conjugaison en re.

On conjugue, comme rendre, tous les verbes qui se terminent en *dre*, *pre*, *cre*, *tre*, *vre*. Les irréguliers sont :

Prendre & ses composés *apprendre*, *comprendre*, &c. *prenant*, *pris*, *je prens*, *nous prenons*, *je prenois*, *je pris*, *que je prenne*, *que je prisse*.

Coudre & ses composés *recoudre*, *decoudre* : *cousant*, *cousu*, *je couds*, *nous cousons*, *je cousois*, *je cousis*, *que je couse*, *que je coususse*.

Mettre & ses composés *permettre*, *commettre*, &c. *mettant*, *mis*, *je mets*, *je mis*, *que je mette*, *que je misse*.

Moudre, *émoudre*, *remoudre* : *moulant*, *mou-*

lu, *je mouds, nous moulons, je moulois, je moulus, que je moude que je moulusse.*

Absoudre, dissoudre : absolvant, absous & au feminin *absoute, j'absous, nous absolvons, j'absolvois, j'absoudrai, que j'absolve.* Les autres formes simples manquent.

Résoudre : résolvant, résolu & *résous* chacun avec une acception différente. Dans tout le reste il se conjugue comme *absoudre* : mais il n'est pas défectueux. On dit *je résolus, que je résolusse.*

Suivre, s'ensuivre & *poursuivre : suivant, suivi, je suis, nous suivons, je suivois, je suivis, que je suive, que je suivisse.*

Vivre, revivre & *survivre : vivant, vécu, je vis, nous vivons, je vivois, je vécus, que je vive, que je vécusse.*

Je ne conseille à personne d'étudier ces conjugaisons. C'est de l'usage qu'il faut les apprendre.

FIN du premier Tome.

www.ingramcontent.com/pod-product-compliance
Lightning Source LLC
Chambersburg PA
CBHW070713280326
41926CB00087B/1833